유아교육과 대안적 내러티브

Alternative Narratives in Early Childhood

유아교육과 대안적 내러티브
Alternative Narratives in Early Childhood

초판 1쇄 발행 2021년 6월 30일
초판 2쇄 발행 2022년 9월 30일

지은이 피터 모스
옮긴이 이연선·손유진·신은미·이경화·이진희·정혜영
펴낸이 김승희
펴낸곳 도서출판 살림터

기획 정광일
편집 온현정·송승호
북디자인 이순민

인쇄·제본 (주)신화프린팅
종이 (주)명동지류

주소 서울시 양천구 목동동로 293. 22층 2215-1호
전화 02) 3141-6553
팩스 02) 3141-6555
출판등록 2008년 3월 18일 제313-1990-12호
이메일 gwang80@hanmail.net
블로그 https://blog.naver.com/dkffk1020

ISBN 979-11-5930-193-3 93370

Alternative Narratives in Early Childhood

유아교육과
대안적 내러티브

피터 모스 지음

이연선·손유진·신은미·이경화·이진희·정혜영 옮김

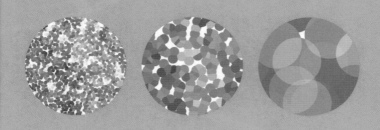

이 책을 쓰면서 루틀리지Routledge 출판사의 '유아교육 다시 읽기Contesting Early Childhood' 시리즈에 기여한 저자들과 이 책에서 참조했던 저자들의 연구들을 읽으면서 정보도 얻고 감동도 받았습니다.

이와 더불어 유아교육 분야의 동료들에게, 학생들과 현장 실천가들과 일하는 저보다 훨씬 더 많은 경험을 가지고 있는 유아교육 분야의 동료들에게, 그리고 앨리슨 클라크Alison Clark, 진 아이오리오Jeanne Iorio, 리즈 존스Liz Jones, 카린 무리스Karin Murris, 윌 파넬Will Parnell, 가이 로버츠 홈스Guy Roberts-Holmes 등 초고를 읽고 논평을 해 준 동료들에게 감사드리고 싶습니다. 동료들의 논평과 제안은 늘 저에게 자극을 주었으며 요점을 잘 지적해 주었다고 생각합니다.

그러나 여기 제시한 최종 텍스트에 대한 모든 책임은 저에게 있습니다.

차례

제**1**장

지배 담론,
대안적 내러티브와 저항 운동

새로운 시도라고 할 수 있는 이 시리즈는 유아기를 둘러싼 오늘날의
지배 담론에 의문을 제기하고 다양한 관점과 논쟁으로 이루어진
유아교육 분야의 대안적 내러티브를 제안한다.

몇 년 전에 저는 스웨덴의 동료 구닐라 달버그Gunilla Dahlberg와 함께 새로운 시리즈를 총괄해 달라는 요청을 받았습니다. 이 시리즈가 바로 '유아교육 다시 읽기Contesting Early Childhood(이하 CEC로 약칭)'입니다. 10여 년 전부터는 벨기에의 미셸 반덴부룩Michel Vandenbroeck 교수와 스웨덴의 리셀로트 마리에트 올슨Liselott Mariett Olsson 교수가 시리즈 편집장 역할을 맡아 지금까지 함께하고 있습니다. 2019년 현재 CEC 시리즈는 총 17권(https://www.routledge.com/ Contesting-Early- Childhood/book-series/SE0623 참조)에 이릅니다.

CEC 시리즈의 기획 의도를 언급하며 이 책을 시작하는 이유는 그 목적을 설명하고 중요성을 강조하여 실천적 의미를 전하기 위해서입니다. 저는 '현재의 지배 담론'을 돌아보고, 왜 그리고 어떻게 그 담론들에 의문이 제기됐는지를 기술하고, '대안적 내러티브'의 일부와 현재 유아교육에서 논의되고 있는 몇몇 '다양한 관점과 논쟁'을 제안하고자 합니다. 달리 표현하면, 이

책은 유아기 특히 유아교육에 대한 비판적 사유를 소개하는 책입니다.

여기에서 비판적 사유란 두 측면을 가지고 있습니다. 하나는 어떤 한 주제가 유일무이한 진리인 양 주장하고 있는 관점과 의견, 즉 유아교육에 대한 사유와 담론을 구성하는 수많은 대안 중 하나일 뿐이라는 사실을 망각한 지금의 '지배 담론'을 찾아내 문제를 제기하고 도전하는 과정입니다. 다른 하나는 대안을 구성·제안·탐색하여 한 주제에 대한 사유와 담론에 또 다른 방식들이 있음을 보여 주는 것입니다. 따라서 이러한 비판적 사유를 담은 이 책에서는 해체와 재구성, 회의와 희망 모두를 담아내고자 합니다.

그런 점에서 이 책은 비판적 관점에서 유아교육을 다시 읽고자 하는 입문자들을 위한 안내서라 할 수 있습니다. 익숙했던 영토에서 벗어나 유아교육에 대해 새롭게 사유하고 실천하는 방식들과 만날 수 있게 해 주는 교량 역할을 하고자 합니다. 저는 '다양한 관점과 논쟁으로 이루어진' 도발적인 대안 세계를 바라보면서, 이러한 세계가 실은 이전에도 소개됐지만 도대체 무슨 말인지 알아듣기조차 힘들게 하는 어렵고 추상적인 글쓰기 방식의 난해함으로 인해 적개심만 갖게 만들고 환영받지 못했음을 떠올립니다. 저 역시 그렇게 느꼈습니다.

따라서 이 책에서는 일상적인 글쓰기 방식과 다양한 사례를 통해 사람들이 새로운 사유, 대안적 관점과 논쟁을 어떻게 유아교육에 실제로 적용해 작동시키고 있는지를, 즉 그냥 이론만이 아닌 실천을 보여 줌으로써 그러한 난해함을 떨쳐 내 보려 합니다. 또한 지배 담론을 문제 삼으며 대안을 제시했을 때 출현하는 문제, 즉 '그렇다면 어떻게 해야 할 것인가'라는 문제도 다루어 보고자 합니다.

이 책은 누구를 위한 것일까요? 저는 학생들과 현장 교사들에게 도움이 되는 책을 의도했지만, 정책입안자, 학계, 학부모, 그리고 유아교육에 대해 깊게 고민하는 모든 사람에게 가 닿기를 바랍니다. 어떤 독자는 단순한 호기심에서 출발해 주류 바깥의 유아교육에서는 어떤 일이 일어나고 있는지를 알아내어 이 분야에 대한 이해를 확장할 수 있을 것입니다. 또 어떤 독자는 주류에 대해 불안함과 자신이 느끼는 환멸감을 더 잘 이해하고 표현할 수 있는 비평과 대안을 찾게끔 하는 현상들에 불편감과 저항정신을 가지고 있을 것입니다.

어떤 이들은 주류로부터 이미 돌아서서 멀어졌으며, 영국의 교육사회학자로서 교육계의 주요 비판 세력을 이루고 있는 스티븐 볼Stephen Ball의 표현대로 '거절의 정치학politics of refusal'을 향해 나아가고 있을 것입니다. 이는 "우리는 어떤 유형의 자아와 주체를 형성해 왔는가, 또한 그렇게 하지 않았다면 어떻게 됐을까"(Ball, 2016: 5)를 스스로에게 질문하게 합니다. '거절의 정치학'은 자아 보호를 포함하는 개인의 정체성 문제로서 "끊임없는 자기반성 과정과 외부 세계에 대한 비판에 초점이 맞춰져 있다. … [이것은] 자발적 불복종voluntary inservitude, 성찰적 불순종reflective indocility의 전술"(Ball, 2016: 8)입니다. 유아교육과 관련해 이러한 정체성 문제로 고민하는 이들, (이상한 나라의 앨리스처럼) '그렇다면 과연 나는 누구인가'를 자문하는 이들, 무작정 받아들이던 것을 줄이고 더 많은 질문을 제기하고자 하는 이들, 이 모두가 어떤 해답을 구하고 오랫동안 머물렀던 복종과 순종의 감정에서 벗어나는 데 이 책이 기여하기를 희망합니다.

그러나 '그렇다면 과연 나는 누구인가'라는 질문에 대해 '성찰적 비순종'을 전문가적 정체성의 통합적 부분으로 선택하는 것은 필수가 아니라 각자의 선택이라는 점을 처음부터 밝혀 둡니다. 그것은 학자로서 저의 선택이었습니다. 그 이유는 이 책에서 밝힐 것입니다. 저 역시 항상 비판적이었던 것은 아니며, 중년으로 접어들면서 비판적 정체성으로 돌아섰습니다. 그러나 여러분은 어쩌면 전문가로서의 이러한 비판적 정체성에 동의하지 않을지도 모르겠습니다. 유아교육에서 지금까지 발전해 온 '최상의 실제best practice'를 매우 잘 적용하는 유능한 관리자 또는 숙련된 전문가로서의 정체성을 더 선호하고 선택할 수도 있습니다. 대안적 관점보다는 주류의 관점을 택할지도 모르겠습니다.

서두에서부터 아주 분명하게 짚어 두고자 합니다. 그러한 선택으로서의 정체성이나 '자아 형태'를 비난하거나 유아교육의 '지배 담론'을 따르는 사람들, 즉 제가 곧 소개할 주류 내러티브를 선택한 사람들을 폄하하는 것은 이 책의 집필 의도가 전혀 아닙니다. 선택 자체보다는 선택이 존재하며 선택을 해야 한다는 사실을 인식하는 것이 중요합니다. 정체성 즉 '어떤 형태의 주체'가 되고자 하는지 선택할 때 여러분에게 적합하게 느껴지고 스스로에게나 다른 이들에게 정당화할 수 있는 정체성을 선택해야 하며, 나아가 여러분이 유아교육의 의미를 생성해 가는 것을 도와줄 수 있는 내러티브를 선택해야 하며, 다른 내러티브와 대안들이 존재하고 있음을 온전하게 이해한 상태에서의 선택이어야 할 것입니다. 따라서 대안들을 충분히 고려해 사려 깊게 내린 선택이라면, 저는 여러분이 택한 입장, 취해 갈 정체성에 대한 선택을 인정하고 존중할 수 있습니다. 제가 받아들이기 힘든 것은, 마치 선택의 문제가 아닌 양 입장과 정체성에는 대안이 전혀 없다는 식으로 하나의 입장과 정체성을 취하는 것입니다.

저는 이 책이 오늘날 유아교육의 '대안적 내러티브'와 '다양한 관점', 그리고 현장에서 서로 다르게 사유하고 말하고 행하는 방식 등의 일부를 여러분이 더 명료하게 파악하는 데 도움이 되기를 바랍니다. 여기서 '모두'가 아니라 '일부'라고 말한 점에 주목해 주시기 바랍니다. 저는 세상에 존재하는 참으로 다양하고 풍부한 내러티브와 관점을 모두 잘 알고 있다거나 이 책에서 모두 다루겠다고 주장하지 않습니다. 이 책이 여러분에게 불확정성과 불확실성을 남겨서 이전에는 당연시해 왔던 일들에 의문을 제기하고 더 기꺼이 비판적으로 되는 동시에 유아교육의 새로운 관점들을 유능하게 탐색할 수 있기를 바랍니다. 마지막으로, 이 책이 여러분이 앞으로 유아교육을 다르게 읽어 낼 수 있는 논쟁점과 대안을 보여 주는 저서 및 학술논문의 세계로 더 깊숙하게 들어가 다양한 글 읽기를 할 수 있도록 격려하는 역할을 할 수 있기 바랍니다.

이어지는 장章들에서 저는 여러분에게 유아교육에서 기본이 되는 쟁점 두 가지를 소개하고자 합니다. 바로 패러다임의 중요성, 그리고 정치와 윤리의 중요성입니다. 이어서 유아교육의 현재를 지배하고 있는 담론들에 진지하게 문제를 제기하는 네 가지 사례를 좀 더 자세히 들여다보고자 합니다. 첫 번째는 주류 지배 담론으로부터 상당히 멀리 떨어져서 특이성을 가진 고유한 유아교육을 실천해 온 레지오 에밀리아Reggio Emilia의 시립학교로, 대안적 내러티브를 보여 주는 중요한 사례입니다. 그리고 몇 가지 이론적 관점을 살펴볼 것입니다. 이 이론들은 유아교육을 구체적으로 다루지는 않지만 유아교육 분야의 연구자와 실천가들이 좀 더 새롭고 생산적인 방식으로 연구하고 활동할 수 있게끔 도와줍니다. 이는 유아교육을 더 풍부하게 해주고 대안적 내러티브의 창출을 도울 수 있는 '다양한 관점'의 일부입니다. 마지막 장에서는 이 입문서의 독자들과 유아교육을 위해 미래를 조명해 보고자 합니다.

내러티브, 지배 담론 그리고 대안

CEC 시리즈의 기획 의도는 세 가지 주요 개념을 연결합니다. ① 내러티브 또는 이야기(이 두 용어를 교차적으로 사용합니다)의 중요성, ② 특정 내러티브 또는 지배 담론의 권력, ③ 지배 담론에 저항하고 다퉈 보고자 하는 다른 내러티브, 즉 대안들의 존재입니다. 이러한 아이디어들을 더 명료하게 설명해 보겠습니다.

첫째, 내러티브의 중요성입니다. 내러티브란 자신, 삶, 가족, 다양한 관계 등을 어떻게 해석하고 의미를 구성하는지, 그리고 우리를 둘러싼 세상에서 어떤 일이 이루어지고 있는지에 대해 우리 스스로가 듣고 말하고 있는 이야기입니다. 종species으로서의 인류는 소통하고자 하며 이야기를 통해 존재성을 감지하려는 선천적 경향성을 가지고 있습니다(Bruner, 1990). 간단히 말하면, 이야기는 우리가 세상과 그 속에서의 위치에 대해 의미를 만드는 방식이며 우리의 존재를 더 의미 있게 해 주는 것입니다.

이러한 생각은 작가·예술가·철학자 등으로 구성된 환경단체인 '암흑의 산 프로젝트Dark Mountain Project*'에서 잘 드러나는데, 이들은 "[우리 시대의 집중적 위기는] 우리가 스스로에게 말해 온 이야기들 속에 자리하고 있다. … 우리는 스토리텔링의 역할이 단순한 즐거움을 주는 오락 이상의 것임을 강력하게 다시 주장하고자 한다. 우리가 실재를 엮는 것은 바로 이야기들을 통해서다"(Dark Mountain Project, 2009a)라고 말합니다.

그렇다면 이야기는 우리의 실재를 구성하거나 엮어 내면서 이에 수반하는 결과를 가져오는데, 때로는 나쁜 결과도 있습니다. 예컨대 인류가 환경에 저질러 온 파괴적 관계(그리고 다른 착취 관계들)를 정당화시키는 결과를 낳는 이야기도 있습니다. 이에 맞서 대항하고자 암흑의 산 프로젝트에서는 다음과 같이 말합니다.

> 우리는 문명화가 스스로 말해 온 이야기를 더 이상 믿지 않는다. … [세상은 이제] 생태적 붕괴의 시대에 들어섰고 물질적 위축과 사회정치적 해체가 이루어지고 있다. … 인류는 다른 모든 생명과 다르며 이들을 통제할 운명을 부여받았다고 했었다, 우리가 직면한 생태적 및 경제적 위기는 그저 기술적인 결함이라고, 측정할 수 없는 것은 하나도 중요하지 않다고 우리에게 들려주던 [이야기들]. 그러나 이러한 이야기들은 이제 그 힘을 잃고 있다. 우리는 이 이야기들이 우리 눈앞에서 떨어져나가는 것을 보고 있다(Dark Mountain Project, 2009b).

---

* 블로그를 통해 문명화 속에서 진보에 대한 맹신, 인간 중심적 사고, 자연으로부터 유리된 인간 등의 문제점에 대한 대화를 2년간 나누던 Dougald Hine과 Paul Kingsnorth가 2009년 옥스퍼드에서 성명서를 내면서, 비문명화(uncivilization)를 향한 이 프로젝트가 시작되었다고 한다. 세계 곳곳에서 인간 중심의 문명화에 반대하고 저항하는 사람들이 동참하면서 밤늦도록 캠프파이어 앞에서 또는 컴퓨터 화면으로 대화를 나누며 새로운 저널과 책의 출간, 페스티벌과 이벤트, 공동 프로젝트 등을 통해 객관적 '사실'로 위장된 신화들을 벗겨내며 다른 방식의 말하기와 실천하기를 시도하고 있다(https://dark-mountain.net 참조).—옮긴이 주

이야기는 도처에 존재합니다. 이야기는 각자 '실재 엮기weave'를 하고 있는 방식입니다. 이야기는 우리에게 자신이 생각하거나 행하는 것을 설명하고 정당화하게 합니다. 여러분의 시선이나 관점에 따라 이야기는 좋을 수도 나쁠 수도 있으며, 마음을 현혹시킬 수도 있고 미몽에서 깨어나게 할 수도 있으며, 도움이 되거나 해가 되는 결과를 낳을 수도 있으며, 기능 장애의 덫으로 우리를 가둘 수도 있고 앞으로 나아가도록 도울 수도 있습니다. 그 결과가 어떠하든 간에 우리가 스스로에게 그리고 다른 사람에게 말하고 있는 이야기들입니다. 아마도 가장 큰 위험이 도사리고 있는 순간은 우리 이야기가 단지 이야기의 하나라는 사실을 잊고 계시 또는 근원적 진리라고 믿어 버리게 될 때일 것입니다.

스토리텔링은 정책 결정에까지 중요한 영향을 미칩니다. 호주의 교육자 앨런 루크Allan Luke는 이것을 참으로 유려하게 표현했습니다. "성공한 정책이든 성공하지 못한 정책이든 궁극적으로는 서사시 또는 서사극이라 할 수 있다. 즉 해결해야 할 문제가 있고 주인공과 조연 참여자들이 있으며, 잘못된 출발과 막다른 길이 존재하고, 때로는 해피엔딩으로 때로는 비극으로 끝난다"(Luke, 2011: 17). 그의 관점에 따르면 정책 결정이란 감정에 치우치지 않는 기술 관료들이 증거를 비교하여 최선의 행동 경로에 도달하는 과정이 아니라, 서로 갈등하는 이야기들이나 실재를 엮거나 바라보는 다양한 방식들 간의 다툼이며 화자가 자신의 내러티브가 가지는 장점을 다른 사람들에게 설득해 내고자 하는 과정입니다.

이는 저로 하여금 지배 담론이라는 두 번째 아이디어로 이끕니다. 우리는 이야기 또는 담론, 즉 사물에 대해 사유하고 이야기하는 방식의 세상 속에서 살아가고 있습니다. 앞으로 저는 '담론적discursive'이라는 용어를 사용할 것인데, 이는 우리가 이야기나 담론을 통해 삶의 의미를 만들어 가는 방식을 지칭합니다. 그런데 다양한 이야기와 담론 중에서 어떤 것들이 특히 큰 영향력을 가질 수 있습니다. '암흑의 산 프로젝트'는 지금까지 인간을 환경으로부터 분리시키고 정복자로 보아 왔던 이야기들은 위기가 증가하고 악화되어 왔기에 점점 거짓으로 드러나 설득력을 잃었다고 말합니다. 그러나 그 이야기들은 강력한 세력으로서 존재했고 여전히 (최소한 일부에게는) 그러합니다. 너무도 큰 영향력을 휘둘러 경제와 사회 전반, 나아가 사람들의 생각하고 행동하는 방식, 요컨대 실재를 엮는 방식을 좌우하고 있습니다. 미셸 푸코Michel Foucault(이 책에서 중요하게 다룰 프랑스 철학자)의 표현을 빌리면, 그 이야기들은 '지배 담론'이 되어 왔습니다. 지배 담론이란 문제 제기가 이루어져야 할 것들로서, CEC 시리즈의 기획 의도에서 보았던 용어임을 상기할 수 있을 것입니다.

'지배 담론'이란 자신만이 사유하고 말하고 행동하는 유일한 방법이자 단일한 실재라고 주장함으로써 특정한 주제 분야, 예컨대 유아교육에서 결정적인 영향력을 가지고 있는 이야기들입니다. 지배 담론은, 푸코의 언어로 설명하면, 우리의 사유와 행위에 권력을 행사하는 '진리 레짐regime of truth'을 강제함으로써 우리가 무엇을 '진실'로 바라볼지, 어떻게 세상을 구성하거나 실재를 엮을지를 관리하고 통치합니다. 지배 담론에서는 "가정assumption과 가치를 보이지 않도록 만들고 지극히 주관적인 관점과 지식을 명백하게 객관적인 진리인 것처럼 바꾸어 어떤 것은 자명하고 실재적인 반면 다른 어떤 것은 의심스럽고 비실용적이라고 결정해 버리는"(Dahlberg & Moss, 2005: 17) 방식이 전형적으로 나타납니다. 지배 담론에서는 허구의 이야기를 논픽션의 사실이라고 주장하면서 스스로를 지극히 당연하고 결코 문제 삼을 수 없으며 불가피한 것으로 제시합니다. 지배 담론은 이것이 그저 세상이 돌아가는 방식이라고 주장합니다. 적용될 수 있는 조건을 더하거나 "제 의견으로는", "저에게는 그렇게 여겨지는데" 또는 "제 관점에서는"이라고 말할 필요도 없다고 합니다.

이렇게 자신이 단 하나의 유일한 진리라고 주장함으로써 지배 담론은 대안적인 담론이나 새로운 이야기의 목을 조릅니다. 지배 담론은 다른 방식으로 세상을 이해·해석하여 다르게 실재를 엮어 내는 것을 배제하고, 다른 이야기들을 무시하며 주변부로 몰아내거나 고사시킵니다. 대안적 관점이나 이야기를 제안하는 사람은 현실감이 없는 사람, 과거에 사는 사람, 자신이 무슨 말을 하는지 모르는 사람으로 치부되거나 그러한 제안을 하기에 적절하지 않거나 아예 터무니없는 위치에 있는 사람으로 폄하되고 묵살됩니다. 브라질의 철학자 로베르트 운제르Robert Unger(2005a)가 제안한 강렬한 이미지로 다시 설명하면, 지배 담론은 '대안 없는 독재dictatorship of no alternative'를 강제합니다. 대안은 없다고, 이것이 가능한 유일한 실재라고 대놓고 주장하거나 넌지시 말합니다.

제가 오늘날의 유아교육에서 가장 지배적인 담론이라고 생각하는 것을 곧 소개할 텐데, 여기서는 아주 간단하면서도 완전히 다른 맥락을 가진 예를 들고자 합니다. 바로 동화입니다. 널리 알려진 19세기 덴마크의 작가 안데르센이 들려주는 「벌거벗은 임금님」 이야기입니다. 두 명의 사기꾼 재단사weavers가 어떻게 실재를 엮어 냈는가에 대한 이야기로 '엮기의 실재'를 엮은 이야기입니다! 그들은 오만하고 어리석은 임금에게 큰돈을 준다면 멋진 새 옷을 만들겠노라고 약속합니다. 그들은 이 옷이 자신의 지위에 맞지 않는 자들과 우둔하고 무능한 자들에게는 보이지 않을 것이라고 말합니다. 임금은 그 말에 설득당해 "내가 그 옷을 입는다면 내 왕국에서 어떤 사람이 자신의 지위에 맞지 않는지를 찾아낼 수 있겠구나. 그리고 현명한 자들을 어리석은 자들로부터 구분해 낼 수 있겠구나"라고 믿게 됩니다. 임금이 자신의 '새 옷'을 입고서—물론 존재하지 않기에 완전히 벌거벗은 채—행진할 때 부적합하고 우둔하고 무능하다고 비난받을까 봐 두려워서 감히 그 누구도 임금의 옷이 안 보인다고 말하지 않습니다. 이러한 속임수에 감히 도전하여 "그렇지만 임금님은 아무것도 입고 있지 않아요!"라고 외칠 수 있었던 것은 한 어린아이뿐이었습니다.

이 이야기가 지배 담론을 완벽하게 예시한다고 주장한다면 옳지 않을 것입니다. 대부분 그러한 담론 또는 이야기를 받아들이고 전하는 사람들은 어리석거나 현혹되어 있거나 부정직한 것이 아니라, 자신이 말하는 것을 믿고 있으며 자신이 말하는 것이 공공의 선을 위한 것이라 여깁니다. 다른 사람들이 전혀 의심하지 않고 그러한 이야기를 진리로 받아들이고 있을 때 지배 담론에 의심을 품게 된 사람들은 종종 자신에게 돌아올 결과가 두려워 의심의 목소리를 내거나 대안을 제시하지 못하며, 만약 그렇게 한다 하더라도 마지못해 합니다.

안데르센은 지배 담론이 권력과 밀접한 관계에 있다는 사실도 잘 보여 줍니다. 어떤 이유에서인지 권력을 가진 사람들은 그러한 이야기를 좋아하는데, 지배 담론에 찬성함으로써 자신의 우월성을 지킬 수 있기 때문인 듯합니다. 그러한 이야기를 처음 듣고서는 특권을 누리는 채널을 통해 끊임없이 다시 말함으로써 그 영향력의 범위와 정도를 확장시킵니다. 권력을 가진 자, 정책을 만들어 내고 재원을 나누어 주는 자, 즉 안데르센의 이야기나 오늘날 유아교육에서의 임금은 그러한 이야기를 채택하며 그에게 예속된 사람들 또한 그렇게 합니다. 이러한 상호 강화라는 방식으로 '하나의' 이야기가 추진력과 영향력을 얻어 모든 사람의 입술에서 '유일한' 이야기로 됩니다.

이는 세 번째 아이디어인 지배 담론에 저항하거나 힘을 겨루어 보려는 대안의 존재로 이끕니다. 하나의 담론이 지배적일 수는 있으나 다른 담론이나 이야기들을 침묵시킬 수 있을 만큼 완벽하게 관리할 수는 없습니다. 동화 「벌거벗은 임금님」의 아이처럼 늘 누군가는 목소리를 내어 지배 담론에 싸움을 겁니다. 푸코의 주장대로, "권력이 있는 곳에 저항이 있"(Foucault, 1978: 95)습니다. 달리 표현하면, 저항이 없다면 그 관계는 더 이상 권력 관계가 아니라 완전한 노예 상태일 뿐입니다. 주종 관계가 되어서는 안 되며, 교육에서는 분명 더욱 그러합니다. 이러한 논지를 발전시킨 스티븐 볼은 "권력 그 자체처럼 저항은 다양한 형태로, 수많은 작은 행위와 스쳐 가는 순간 속의 점들로 이루어진 다양체multiplicity of points로서 배양되고 작동한다"(Ball, 2013: 32)고 덧붙입니다.

따라서 저항은 여러 가지 모양과 크기로 발견됩니다. CEC 시리즈의 기획 의도에서 말하는 "다양한 관점과 논쟁"의 목소리가 되는 대안적인 이야기들 속에서 표현됩니다. 이 이야기들은 권력으로 인해 목소리를 얻지 못하고 최소한 지금은 주변부로 밀려나 있지만, 어딘가에 존재하고 있기에 듣고자 하는 사람들에게는 들릴 것입니다. 그중의 한 이야기가 이후의 장에서 목소리를 얻을 것입니다. 여기에서는 전 세계적으로 다양하게 이루어지고 있는 저항 운동, 유아교육의 지배 담론과 다투며 대안을 탐색하고 있는 운동에 대해 이야기할 것을 제안합니다. 이 장에서 이러한 저항 운동을 조금 더 자세하게 언급하고자 합니다.

이러한 세 가지 개념, 즉 내러티브 또는 이야기의 중요성, 몇몇 이야기의 지배, 그러한 지배에 대한 저항의 가능성은 CEC 시리즈 제목을 잘 설명해 줍니다. 이 시리즈의 기본 전제는 단순합니다. 유아교육을 여러 각도에서 볼 수 있다는 것, 하나의 객관적 진리가 되는 관점은 없다는 것, 유아교육(또는 모든 교육)을 사유하고 말하고 행하는 방식은 많다는 것, 바로 이것입니다. 따라서 들어야 할 수많은 이야기가 있으며, 그 각각은 귀 기울여 들을 만한 가치가 충분하며, 또한 그 각각에 대해 의문을 제기하거나 논점을 다툴 수 있는데 특히 지배 담론이라면 그러할 것입니다.

누군가는 이러한 전제들이 불필요한 소요를 일으키고 불안과 불확실성을 가져오는 일이라 생각할 수도 있습니다. 그러나 제 관점에서는 '대안적 내러티브'와 그 기저가 되는 '다양한 관점과 논쟁'은 피할 수 없을 뿐만 아니라 환영해야 하는 것입니다. 다양성이 풍부한 세상을 반영하기 때문입니다. 다양성과의 마주침은 실험, 운동, 새로운 사유를 불러일으킬 수 있기에 생동감 넘치는 활기가 생성되도록 합니다. 더구나 민주주의는 대안의 창출, 구체화와 가치화, 그리고 대안들 간의 대결과 논쟁을 요구하기 때문에, 이는 교육의 민주적 정치를 위한 필요조건이라 할 것입니다. 건강하고 활기 넘치는 민주주의 사회에서 '다양한 관점' 간의 대결과 논쟁을 주장하는 CEC 시리즈의 기획 의도는 유아교육기관, 지역사회, 학계, 정책 입안자, 정치인들 사이에서 매일 모든 곳에서 이루어져야 합니다.

오늘날 이러한 일이 잘 일어나지 않거나 너무도 부족하다는 사실은 참으로 슬프고도 우려를 자아냅니다. 민주주의가 전반적으로 빈사 상태이듯 교육의 민주적 정치도 소멸하고 있습니다.[1] 다른 것들과 마찬가지로, 오늘

---

1) 유아교육에서의 민주주의 빈사 상태에 대한 하나의 예만 제시하자면, OECD에서 제안한 '국제 유아 학습 및

날의 교육은 다양한 프로젝트와 미래의 비전에 대한 활력 넘치고 신나는
논쟁으로 이루어지기보다는 한두 이야기에 의해 지배받고 있으며, 그 이야
기를 지키는 데 가장 적합한 관리 방식, 참으로 우리를 창피하게 만드는 대
안 없는 독재를 통해 명맥을 이어 가고 있습니다.

....

삶의 질 연구(International Early Learning and Child Well-being Study: IELS)'를 들 수 있다. 만 5세를 대상으로
표준화된 측정 도구를 사용해 네 가지 '유아 학습 영역'에 대한 국가 간 비교 평가를 하자는 이 계획은 2012년
에 처음 제안되어, OECD 국가의 정부 관계자들을 포함하는 몇 년간의 토론과 준비 작업을 거쳐 2016년에 추
진 결정이 내려졌습니다. 이 계획에 대한 정보는 2016년 여름 비공개로 추진 결정이 내려진 뒤에서야 유아교육
계에 전해졌으며, 이글을 쓰고 있는 2018년 초에도 주요 연구가 곧 시작될 것임에도 불구하고 많은 사람은 그
사실조차 인지하지 못하고 있습니다. 2016년 여름 이후 많은 우려가 표명되었음에도 OECD나 소속 국가들은
그 제안을 토론과 논쟁의 장에 열어 두거나 유아교육에 대한 국가 간 공동 작업 개발에 대한 대안적 접근방식
을 고려하고자 하는 그 어떤 시도도 하지 않았다. 이에 대해 좀 더 알고 싶다면 OECD 웹사이트(www.oecd.
org/edu/school/international-early-learning-and-child-well-being-study.htm)와 일련의 비판적 대응(예컨대 Moss et
al., 2016; Moss & Urban, 2017)을 참조하십시오. 이 장 후반부에서 IELS를 다시 언급할 것입니다.

유아교육의 두 가지 지배 담론

지금까지 '지배 담론'에 대해 상당히 많은 이야기를 했고 유아교육과 전혀 관계없는 「벌거벗은 임금님」의 예까지 들었습니다. 이제 좀 더 적합한 사례를 들고자 합니다. 저는 오늘날 유아교육의 지배 담론에 대해 상당히 비판적입니다. 곧 설명하겠지만, 저는 그러한 담론을 믿지도 좋아하지도 않으며 다른 이야기들을 선호합니다. 단지 제 마음을 움직이지 못했다고 해서 그 이야기들이 여러분에게 매력적이지 않으리라는 것은 아닙니다. 그것은 각자의 선택이지만, 여러분이 선택권을 가지고 있으며 선택을 내려야만 한다는 사실을 인지하시기 바랍니다. 그렇기만 하다면 괜찮을 것이며, 여러분의 결정을 존중할 것입니다.

시장 이야기

어떤 '지배 담론'은 지엽적인 영향력을 발휘하지만(달리 표현하면 일부 지역에서만 지배적이지만), 어떤 지배 담론은 그렇지 않습니다. 예컨대 저의 조국인 영국이나 다른 영어권 국가에서 보편적으로 들을 수 있는 (현재 다른 곳에서는 덜 크게 들리는) 지배 담론 중 하나는 '시장market 이야기'입니다. 이것은 유아교육이 시장에서 경쟁하는 서비스 제공자들에 의해 학부모-소비자parent-consumer의 구미에 맞게 제공되어야 한다는 이야기입니다. 이에 따르면 서비스 제공자 간의 끊임없는 경쟁이라는 원리로 이루어지는 시장 체제가 가장 효율적이면서도 가장 혁신적이고 가장 적은 비용으로 가장 높은 품질을 보장하며, 각각의 소비자(즉 학부모)로 하여금 자신의 기호 및 주머니사정에 가장 적합한 서비스 제공자(예컨대 어린이집, 유치원, 학교 등)를 선택할 수 있게 해 준다는 것입니다. '학부모의 선택'은 이 이야기에서 거듭 마주치는 주제이며, 가장 중요한 가치로 간주됩니다. 시장의 주요 목적은 부모가 일하러 나간 동안 어린 자녀를 안전하게 돌보는 것이기 때문에 이 이야기에서는 '유아교육'보다는 주로 '보육'에 대해 말합니다. 이 시나리오에서 '보육'은 학부모-소비자가 보육 시장에서 경쟁하는 서비스 제공자들 중에서 선택하여 비용을 지불하는 일용품이자 상품입니다.

영국 같은 국가에서 이 이야기가 어떻게 의심 받지 않고 전해지는지를 이해하게 해 줄 발췌문이 여기 있습니다. 2013년 『더 위대한 보육: 품질 향상 및 학부모 선택권 확대More Great Childcare: raising quality and giving parents more choice』라는 보고서에 영국 정부는 "부모에게 유아교육의 선택권을 더 주어야 한다. … 새로운 제공자가 시장에 진입하기 더 쉽게 만드는 동시에 기존 제공자가 확장할 수 있도록 해 줌으로써 이를 달성할 것이다"(Department for Education[England], 2013: 13)라고 적혀 있습니다. 2년 뒤 같은 정권 하에서 영국 교육부는 미국에 본사를 둔 다국적기업이자 '세계 4대' 글로벌 기업의 하나인 딜로이트Deloitte 회계법인에게 영국의 '유아교육 및 보육 시장의 경제성 평가'를 의뢰했습니다. 딜로이트 보고서는 "현재의 시장이 가진 강점 및 약점"을 기술하면서 "'전형적' 사업의 실제를 면밀하게 검토한 결과, 시장 전반에 걸쳐 효율성을 높일 수 있는 가능성이 상당하다"(Department for Education[England], 2013: 9)는 결론을 내렸습니다.

한편 '영국의 건강관리 시장을 주도하는 정보회사'라고 자칭하는 한 업체에서 『영국 보육 시장 보고서Children's Nurseries UK Market Report』를 내놓았는데, 2014년에 벌써 13판이 출간되었습니다. 이 보고서는 (그 구입비로 1,000파운드 이상을 지불하려는 사람들에게) "영국 시장의 가치, 수용력, 점유율, 보육비와 시장 소비, 직원 임금, 기업 침투도penetration에 관한 특별 자료", "경기가 고비를 넘김에 따른 보육 시장 성공 전망에 대한 통찰", "보육 시장에서의 새로운 전략 개발과 주요 기업 및 조직 활동 트렌드" 등을 제공한다고 홍보합니다. 그 보고서의 출판업자는 "보육사업, 투자자, 지자체 당국, 보육 정책 입안자/기획자, 조정자, 무역 단체와 시장 평가자 등을 포함하여 영국에서 어린이에게 보육 서비스를 제공하는 데 관여된 모든 조직에 필수적인 사업 분석서"(LaingBuisson, 2014)임을 보증한다고 말합니다.

이 업체가 영국에서 급성장하고 있는 보육 시장을 상대로 이윤을 취하는 유일한 기업 서비스 회사가 아닙니다. 또 다른 회사는 자신들이 보육을 포함한 다양한 분야에서 "구입 및 판매 사업을 위한 선도적 전문 자문업체"라고 묘사합니다. 2017년 6월 맨체스터에서 열린 보육 엑스포 웹사이트에 게시한 글에서 이 회사는 다음과 같이 자신감을 드러냈습니다.

크리스티 앤드 코Christie & Co 자문회사의 보육 및 교육 담당 팀은 2017년 일사분기 동안 기존 판매자와 시장으로의 새로운 진입자 모두에게서 왕성한 활동을 보았습니다. 우리 회사는 소규모 자산 보유자부터 이미 이 분야에 관계하고 있거나 진입 중에 있는 대규모 그룹까지 영국 보육 시장에 대한 세계적인 관심을 목격하고 있습니다.

'금 본위제'처럼 영국 교육을 기준으로 찾는 동양의 투자자들로부터 관심이 높아지고 있으며, 이는 영국의 운영자들이 보육 사업을 확장하여 아시아로 진출하거나 중국 개발자들과 긴밀하게 협력하여 보육 환경을 조성할 수 있는 기회를 넘치게 제공합니다. 영국의 유럽연합 탈퇴Brexit 이면의 파운드화 하락으로, 영국 시장으로 이동하여 화폐 차익을 얻으려는 해외 투자자들에게도 상당히 좋은 기회가 존재하며 기업 비자의 허용으로 해외 투자자의 활동 범위가 확장되었습니다(www.childcareexpo.co.uk/the-state-of-the-uk-childcare-market-by-christie-co).

오늘날 영국에서 유아교육과 특히 '보육'은 사실상 시장화된 사업으로 간주되며, 서비스 제공자를 기업인으로, 서비스 자체를 투자 기회로 여기는 사례를 끝도 없이 제시할 수 있습니다. 이러한 내러티브에 논쟁거리가 있다는 사실을 전혀 인식하지 못하거나 정당화할 필요성이 있다는 생각조차 못하고 있습니다. 제 논점이 분명히 전달되었기를 바랍니다. 유아교육에서 시장 이야기는 영국의 지배 담론으로서 (한 고위 공무원의 오만한 표현에서처럼) "이 동네에서 유일한 쇼"(Archer, 2008)인 듯, 자명하고 불가피한 것으로 취급되고 있습니다.

다행스럽게도 우리 주변에 있는 비판의 목소리들은 시장화된 사업으로서의 유아교육에 반대하면서 시장 이야기 그 자체조차 설득력을 가지지 못한다는 사실을 보여 주고 있습니다. 그러나 이러한 목소리는 쉽게 들을 수 없으며, 정부뿐만 아니라 싱크탱크, 학계 연구자, 기업인 등을 비롯해 지배 담론을 심화시킴으로써 생계를 유지하는 모든 사람이 쏟아 내는 수많은 문서 속에서는 전혀 찾아볼 수 없습니다. 저의 은유를 섞어 보자면, 지배 담론은 무시당하거나 부적절하다고 비난받을지 모른다는 두려움에 많은 사람이 올라타 있는 선거 유세 차량과 같습니다.

질과 고수익 이야기

이번에는 제가 오늘날 유아교육을 가장 강력하게 지배하고 있는 담론이라고 생각하는 것을 살펴보고자 합니다. 이것은 그 목소리의 크기와 영향의 범위가 방대합니다. 이 지배 담론은 독단적으로 계속 말해지고 있을 뿐만 아니라 개별 국가를 넘어서서 세계은행, 유네스코, OECD, 유럽연합처럼 강력한 국제적인 기구나 단체가 가진 전 세계적 영향력을 통해 그 목소리가 증폭되고 있습니다. 저는 이를 '질과 고수익' 이야기라고 부릅니다.

학계 연구자들이, 정부의 정책 문건들에 의해서, 그리고 영향력을 미치고 싶어 하는 사람들이 전하는 이 이야기의 예는 참으로 많습니다. 아마 여러분에게 익숙한 것도 많을 것입니다. 하나의 사례는 OECD라는 매우 영향력 큰 국제기구에서 온라인으로 출간한 팸플릿 『질 높은 유아교육과 보육에 투자하기 Investing in High-Quality Early Childhood Education and Care』입니다.

유아교육 및 보육(ECEC)을 **투자**로 보는 것은 합리적인데, 현재의 투자가 미래의 이익을 많이 창출할 수 있기 때문이다. 그리고 경제적 이득뿐만 아니라 개인과 사회 전체의 안녕 등의 형태로도 편익을 가져올 수 있다. 노벨상 수상자인 제임스 헤크먼 James Heckman 같은 경제학자들은 유아기 학습이 이후의 학습을 위한 토대가 되기 때문에 좋은 투자가 된다는 사실을 증명해 왔다. 이러한 경제학자들은 유아교육 프로그램에 투입된 달러, 유로 또는 엔화는 제도권 학교교육에 투입된 동일한 비용에 비해 **더 높은 투자 대비 수익**을 산출한다는 중요한 통찰을 주었다. … [그러나] 유아의 성취 결과를 달성하고 더 장기적인 사회적·경제적 수익을 얻으려면 유아교육과 보육이 충분한 질적 수준을 갖추어야 한다. … 현재 OECD에서는 질을 높일 방법을 쉽게 찾아볼 수 있도록 온라인 정책 도구상자를 개발하고 있다. … 그 도구상자에는 체크리스트, 자기 평가 양식, 연구 보고서 개요, 전략적 방안 목록 등이 포함될 것이다 (OECD, 2011a: 1, 7, 8. 강조는 원저자).

이것은 언뜻 보기에는 분명한 시작·전개·결말을 가진 단순한 이야기로 여겨집니다. 그 시작은 광폭하리만큼 경쟁적이고 서로 먹고 먹히는 글로벌 시장경제에서의 국가 생존을 포함한 온갖 문제로 가득한 세계, 그리고 현재 국가의 '인적 자본'을 충분히 활용하는 데에서의 실패를 포함한 일련의 경제적·사회적 문제로 구성됩니다. 전개는 유아에게 정확하게 혼합한 '휴먼 테크놀로지'를 적용하는 것이며(곧 '인적 자본'과 '휴먼 테크놀로지'에 대해 자세히 이야기하겠습니다만, 여기서는 인간의 경제적 잠재성 실현 및 '질' 개념의 실현 개념으로 생각하면 됩니다), 결말은 유아기의 조기 중재에 들어간 투자에 대한 고수익의 환원, 즉 최초 소요비용에 비해 돌아오는 파운드, 유로 또는 달러가 훨씬 많을 것이라는 약속입니다. 이 이야기의 교훈은 조기 중재가 '질' 높게 제대로 이루어지기만 한다면 교육과 고용 성과가 향상될 것이며 사회적 문제는 감소할 것이고 글로벌 시장경제에서 점점 심해지는 경쟁의 소용돌이 속 '국제 시합'에서 이길 수 있게 되리라는 것입니다.

이 이야기에서 해결된다고 하는 문제들의 범위는 상당히 넓은데, 앞에서 언급했던 보고서에서 약속한 '좋은 도구상자'를 기획한 또 다른 OECD 문건의 발췌문을 통해서도 알 수 있습니다.

> 점차 많은 연구에서 유아교육과 보육(ECEC)이 광범위한 혜택, 예를 들어 어린이의 행복감과 평생학습의 토대가 되는 학업 성취 결과의 향상, 성취도에서의 형평성 증가와 빈곤 감소, 세대 간 사회적 유동성 증가, 여성의 노동시장 참여 증대, 가임여성 1인당 출산력 증가, 사회 전체를 위한 사회경제적 발전 등을 가져다준다는 사실을 인정한다(OECD, 2012: 9).

재정 수익에 대한 주장도 마찬가지로 대단합니다. 예컨대 영국의 한 보고서는 "미국식 접근과 평가에서 가장 조심스럽고 신중한 제안에서조차 … 의견이 일치되는 것은 유아기에 잘 설계된 교육 중재에 대한 투자에 돌아오는 수익은 투입 비용을 넘어설 뿐만 아니라 주식시장에서의 수익률을 유의미하게 초과한다는 것이다. 투자된 1달러당 1.26~17.92달러에 달하게 환원된다"(Wave Trust, 2013: 38)고 결론 내리고 있습니다. 2011년의 영국 정부 보고서 『조기 중재: 현명한 투자, 엄청난 절약Early Intervention: Smart Investment, Massive Savings』이 집약적으로 보여 주는 멋진 미래 전망과 골드바로 가득 찬 표지 사진은 그 메시지에 매력을 더해 줍니다(Allen, 2011). 이 이야기에서 좋아하지 않을 부분이 어디 있겠습니까! 일찍 중재하고 특별한 요소인 '질'을 더했더니, 모두가 행복하게 살았더라는 이야기입니다.

질과 고수익 이야기에서 주요한 플롯은 인적 자본 이론human capital theory(HCT)입니다. 이것은 조기 중재와 정확한 '휴먼 테크놀로지', 그리고 이후에 가장 수익성 좋은 환원 간의 관계를 설명하는 이론입니다. HCT는 "현대 경제학에서 가장 영향력 있는 이론의 하나로 발전했다. … [그리고] 개인이 물질적 이득을 늘리는 수단이자 전체 경제가 진보하는 주요 수단으로서 개인의 교육을 매우 강조한다"(Gilies, 2011: 224-225)고 합니다. 1950년대에 공식적으로 소개되어 시카고학파 경제학자들이 주로 발전시킨 HCT는 인간 행동에 관한 특정한 가정에 기초합니다.

> 개인은 미래에 급여를 더 많이 받으려는 희망으로, 교육과 훈련[에 대한 투자]을 통해 자신의 경제적 이익을 극대화하려는 존재로 가정된다. … 이러한 접근은 방법론적 개인주의methodological individualism와 밀접하게 연관되는데 … 이는 모든 사회적 현상의 뿌리가 개인의 행동에서 발견될 수 있다고 보는 학설에 따른 것이다(Tan, 2014: 1-2).

이러한 가정을 바탕으로 HCT는 교육과 훈련이 수입을 높이고 글로벌 시장경제의 경쟁에서 성공하는 데 중요한 지식과 기능의 획득을 통해 인적 자본을 증가시킨다고 주장합니다. 시카고대학교의 제임스 헤크먼(앞에서 인용한 OECD 이야기의 주인공 중 하나)과 같이 HCT를 이끄는 주요 학자들은 유아기는 교육에 투자하기에 최적의 시기라고 주장하는데, 유아는 스스로 생각하고 행동하여 자신의 교육에 계획적으로 투자하는 합리적이고 실리적인 의사결정자라 할 수 없기 때문에 정부와 부모가 대신 유아교육에 재정 지원해야만 이후에 아이들과 사회가 인적 자본 증가에 따른 후속적 실현이라는 보상을 거둬들일 수 있다는 것입니다. 이 시나리오 속에서 유아는 경제적 잠재성의 단위, 어린 나이에 정확한 기술공학 실제 또는 '휴먼 테크놀로지'를 적용함으로써만이 실현될 수 있는 잠재성으로 간주됩니다.

이제 잠시 벗어나서 휴먼 테크놀로지라는 용어를 설명해 보고자 합니다. '테크놀로지'라는 용어를 들으면 기계와 부품을 생각하지만, 테크놀로지 개념은 사람들을 더 잘 통제하고 통치하고자 하는 목적을 가진 사람들에 의해 사람들에게 적용되는 과정 및 작동 방식으로 확장해서 생각할 수 있습니다. 영국 사회학자 니컬러스 로즈Nikolas Rose는 휴먼 테크놀로지를 "원하는 특정 효과를 생산하고 원하지 않는 특정 사건을 피하려는 기대에서 행동을 교정하려는 열망이 가득 찬 정권의 테크놀로지다"라고 표현합니다. 그들의 목적은 "피통치자에게서 특정 형태의 성취 결과를 달성하기 위해서" 인간의 능력을 이해하고 관리하는 것입니다. 일부는 상당히 통속적이고 일부는 아주 정교한 다양한 기법을 수단으로 삼으며, "실천적 지식 형태, 지각 모드, 추정 실제, 어휘, 권위 유형, 판단 형태, 건축 양식, 인간 능력, 비인간적 물체와 도구"(Rose, 1999: 52)를 다룹니다.

이것이 현실에서는 어떤 모습이겠습니까? 오늘날의 유아교육을 잠시 생각해 보면 그러한 테크놀로지의 사례가 쉽게 떠오릅니다. 어린이가 어떠해야 하는지를 토론하면서 우리가 사용하는 개념과 어휘를 포함하는 유아 발달 지식, 달성해야 할 도달점으로서의 발달 및 학습 목표, 어린이와 성인이 무엇을 해야 하는지를 촘촘하게 정의하고 구체화한 유아교육과정, 어떻게 교육해야 하는지를 구조화한 '발달에 적합한 실제developmentally appropriate practice(DAP)' 같은 교육 실천과 여타 프로그램, 목표나 교육과정과 프로그램을 규정짓는 전문가 집단의 권위, 프로그램과 목표의 요구를 잣대 삼아 유아의 수행을 측정하는 유아 관찰 기법과 규준 지향의 평가 방법, 교직원과 기관의 수행을 평가하는 관리와 점검 중심의 평가 체제, 성과에 따른 근로자 임금 체계, 테크놀로지 개선 방법을 제공하기 위해 '무엇이 효과적인가'를 다루는 유형의 연구 등이 그 예입니다.

가장 최근에 그리고 가장 강력하게 유아교육에서 떠오르고 있는 '휴먼 테크놀로지'는 '데이터화dataification' 또는 '데이터 감시datavelliance'입니다. 이는 더욱더 정밀하게 어린이와 교직원을 모니터링하고 관리하기 위해, 즉 미리 정해 둔 성취 기준과 도달점을 고분고분 따르고 있는지 확인하기 위해 표준화 검사에 기초해 유아에 관한 데이터를 수집·분석하는 것입니다. 영국의 유아교육기관 세 곳에 대한 연구에서 가이 로버츠 홈스Guy Roberts-Holmes와 앨리스 브래드버리Alice Bradbury는 이 최신 테크놀로지에 대한 교사들의 표현을 다음과 같이 보고합니다.

> 그들은 데이터 산출의 요구에 점차 지배되었다. … 연구에 참여한 유아 교사가 수집해야 하는 평가 데이터의 초점은 기초 단계(영국의 영유아기 교육과정)를 통한 지속적 향상이라는 개념이었다. 앞을 향해 나아가고 있는지 확인하기 위해 모든 유아를 추적했다. 유아의 점진적인 진보 상황을 보여 주기 위해 점점 더 상세한 데이터를 요구했다. … [한 어린이집 원장은 다음과 같이 말했다.] "이렇게 많으니, 도대체 어디서 멈출 수 있겠어요! 보건 데이터, 교육 데이터, 가족 지원 데이터, 복지 데이터. 그래서 정말 정직하게 털어놓으면, 이렇게 많은 데이터를 항상 제대로 다룬다는 것은 불가능할 뿐이라는 거죠! 그래서 저는 데이터를 관리할 수 있는 사람들을 두고 있어요(Roberts-Homes and Bradbury, 2016: 605).

점점 양이 늘어나는 데이터 수집은 그다음 단계, 즉 민간 사업체와 계약을 맺어 데이터 처리 및 분석을 맡기는 방식으로 이어졌으며, 그들은 자신들의 테크놀로지 서비스에 비용을 지불하는 유아교육기관과 학교에 표준화된 형태(예컨대 표)로 데이터를 처리해 보내 줍니다(영국의 유아교육과 초등교육에서 증가하는 데이터와 자료 분석의 지배성에 대한 자세한 설명은 Bradbury and Roberts-Homes, 2017 참조). 이런 식이라면 얼마 뒤에는 인간의 직접적 개입이 전혀 없이 유아·성인·학교의 평가와 감시를 가능하게 만드는 데이터 처리 및 분석뿐만 아니라 어린이로부터의 데이터 수집까지 수행 평가의 모든 단계를 처리해 주는 테크놀로지와 알고리즘이 개발되지 않을까요?

유아교육에서의 휴먼 테크놀로지는 주로 지역 및 국가 수준에서 작동해 왔습니다. 그러나 이제는 OECD가 이끌고 있는 국제적 테크놀로지의 발달도 목격하게 됩니다. OECD는 35개 회원국뿐만 아니라 더 많은 국가의 교육에 점점 더 지대한 영향을 주고 있습니다. 예컨대 엄청난 규모의 국제학업성취도평가Programme for International Student Assessment(PISA)를 통해서 영향력을 발휘하고 있습니다. 2000년에 최초로 실시된 PISA는 3년에 한 번씩만 15세 학생들을 표집하여 과학·수학·읽기 평가를 실시하고 있는데, 회원국을 넘어서 현재 72개국의 50만 명에 달하는 학생들에게까지 확대되었습니다.

이제 OECD는 '유아교육 성취 결과'를 국가별로 비교하는 '국제 유아학습 및 삶의 질 연구IELS'를 시작했습니다. 앞의 각주 1에서 ILES 평가가 유아교육에서 민주주의가 허물어지고 있는 현 상태를 대표적으로 예시해 준다고 언급했습니다. 이 새로운 프로젝트는 2017년에서 2020년 사이에 제1주기 평가를 시행할 예정인데, OECD에 따르면 "인지적·사회적·정서적 기능을 균형 있게 대표하며, 전반적으로 유아의 조기 학습에 대한 일관되고 신

뢰도 높은 통찰을 제공"하고 "유아기에 변화가능성을 가진"(OECD, 2015: 18) 일
련의 '영역'을 평가하기 위해 보편적이고 표준화된 도구로 참여국가의 만 5
세 표본집단의 수행을 측정할 것입니다. PISA와 마찬가지로 IELS 결과는
틀림없이 리그전 순위표처럼 제시되고(OECD에서 하지 않더라도 누군가 그렇게 할 것입니
다), 참가국들의 유아 수행을 비교할 것이며, 수행 개선과 그에 따른 리그전
순위 향상 방법에 대한 OECD의 국가별 권고 사항이 제시될 것입니다. 이
는 어린이와 성인 모두를 통치하기 위한 테크놀로지의 목록에 새로 첨가될
주요 내용이 될 것이며, 이들 국가의 교육과정, 성취 결과 그리고 교육 자체
에 획일성이 증가하는 결과를 낳게 될 것입니다. 이러한 기술공학적인 접근
은 비판적 사고를 불러일으키는 비교 작업이 아니라 그저 통제의 도구로 될
것입니다.[2]

　　앞에서 테크놀로지가 어린이들로부터 직접 평가 데이터를 취하는 데
얼마만큼의 시간이 걸릴지 궁금해 했습니다. IELS는 그에 대한 답을 제공
합니다. OECD는 "훈련된 연구자가 동석하여 관리"하되 "어린이들이 태블
릿을 통해 [표준화] 평가를 모두 끝낼 것"(OECD, 2017: 17)을 제안하고 있으며, 이
방법은 이미 그들의 대규모 PISA 연구에서 데이터 수집 방법으로 도입했
던 것입니다. 따라서 데이터는 유아가 태블릿에서 입력하면 바로 중앙정보

---

2) 명백하게 OECD는 IELS가 PISA만큼 성장·확산되어, 유아기에서 만 15세 평가(PISA)를 거쳐 고등교육에 대한
평가 즉 대학 학습 성취 결과 평가(Assessment for Higher Education Learning Outcomes: AHELO), 그리고 성인
의 사회적 기능을 평가하는 국제 성인 역량 평가 프로그램(Programme for the International Assessment of Adult
Competencies: PIAAC)까지 촘촘한 망으로 구성된 국제 평가의 일부가 되기를 바라고 있습니다. 이 글을 집필
하고 있는 지금, 단지 세 나라 즉 영국·에스토니아·미국만 IELS 제1주기 평가에 참여하기로 했는데, 이는 평가
자료의 신뢰성을 확보하기에 불충분하여 OECD에서는 제1주기 평가 이후에 더 많은 국가가 참여할 것으로 기
대하고 있습니다.

처리 및 분석 기관으로 그대로 흘러갈 것이며(최소한 OECD에서는 그렇게 기대하고 있으며), 거기에서 숫자가 표와 그림으로 요약되어 표시될 것입니다. 그리고 시간이 흐르면서 각 정부가 수행 지표로서 IELS 결과를 다른 국가들과 비교하면서 국가 수행을 향상시키고자 노력하게 됨에 따라서 그러한 표와 그림은 수많은 유아교육 정책 입안자와 교직원의 수행을 점차 변화시킬 것으로 OECD는 기대하고 있습니다.

휴먼 테크놀로지에 대해 마지막으로 하고 싶은 말은, 테크놀로지가 각각 하나로서는 특별히 크게 문제되지 않을 수 있다는 것입니다. 그렇지만 이들을 함께 묶어서 테크놀로지 배치로 연결시키거나 또는 OECD처럼 시각적 도표로 나타내어 "체크 리스트, 자체 평가 양식, 연구 요약서, 전략 선택지 목록 등을 포함하는 정책 도구상자"를 만들어 낸다면 아주 강력한 힘을 발휘할 것입니다. 따라서 각각의 테크놀로지가 연결되어 서로를 강화함으로써 부분의 총합 이상으로 훨씬 더 커진다는 점, 그리하여 전체로 합쳐서 질과 고수익이라는 지배 담론의 중요한 일부를 형성한다는 사실을 이해하는 것이 중요합니다.

신자유주의: 큰 이야기

지배 담론은 그저 우연하게 지배적인 것이 되지는 않습니다. 갑자기 나타나서 고유하게 내재된 장점으로 지배적으로 되는 것이 아니라는 뜻입니다. 사유, 대화, 행위, 세상의 의미구성 등에 특정 관점을 가진 어떤 이야기가 왜 널리 보급되고 지배적인 담론이 되는지, 왜 권력자들에 의해 채택되는지, 왜 그 이야기들이 확장되어 더 멀리 넓게 퍼지는지, 왜 모든 곳에서 개인이나 기관 차원에서 모두 '질', '성취 결과', '프로그램', '증거 기반', '인적 자본' 같은 단어를 사용하는지를 들여다보면 항상 이유가 있습니다.

질과 고수익 이야기가 오늘날 획득한 지배적 위치는 무엇으로 설명할 수 있을까요? 이 이야기를 더 자세하게 파헤쳐 봅시다. 이것은 재정적 수익성을 포함하여 예정된 일련의 성취 결과들이 달성할 수 있는 방법 측면에서 매우 큰 확실성을 가진, 분명 상당히 쓸모 있고 빈틈없는 이야기입니다.

이 이야기의 결말이 요구하는 것은 테크놀로지에 대한 초점으로, 즉 인간에게 적용되는 테크놀로지 실제가 심장부처럼 중시됩니다. 따라서 이는 관리와 통제에 관한 이야기입니다. 마지막으로 덧붙일 중요한 사실은 투자·수익·자본 등과 같은 언어를 사용하는 경제제일주의 관점이 숨겨져 있다는 것입니다.

이러한 특징을 염두에 두고서 내린 제 결론은 질과 고수익 이야기(앞에서 언급했던 시장 이야기도 마찬가지)가 그렇게 강력한 힘을 발휘하게 된 것은 오늘날 세상에 작동하고 있는 더 넓은 정치·경제적 세력, 특히 경제학자 케이트 로워스Kate Raworth가 "20세기 신자유주의 이야기"(Raworth, 2017: 68)라고 한 또 다른 이야기(대본과 주인공 배역이 있는 '연극'과 '쇼'라고도 부릅니다)가 담고 있는 경제 및 정치의 지배성 때문이라는 것입니다. 신자유주의 이야기는 제2차 세계대전 이전에 처음으로 나왔으며, 1945년 이후까지 작지만 충분한 재정 지원을 받은 경제학자 집단에 의해 유지·작용되다가 1970년대에 점점 더 큰 목소리를 내기 시작했습니다. 1980년대에는 폭넓은 관심을 받으며 영향력을 키워 미국에서는 레이건 대통령, 영국에서는 대처 수상의 재임 시기에 채택되었고 이후 세계의 여러 곳에 신자유주의 정책이 확산되었습니다. 그 이후로 신자유주의는 "영국, 미국 그리고 전 세계의 정치 구도를 변형시켜"(Steadman Jones, 2014:

329) 왔습니다.

오늘날, 영국의 환경운동가 조지 몬비엇George Monbiot은 다음과 같이 말합니다.

> 신자유주의가 들려주는 이야기는 … 정치·경제 체제, 그리고 거의 모든 삶을 지배하고 있다. … 그리하여 우리의 언어, 우리가 직면하는 선택지에 대한 이해, 우리 자신에 대한 개념화에까지 서서히 침투한다(Monbiot, 2017: 29).

모든 지배 담론처럼 이 이야기 또한 이미 널리 퍼져서 많은 사람이 중립적이며 자명한 진실인 것처럼, 만들어 낸 허구가 아니라 마치 불변하는 사실을 진술한 것으로 여기고 있습니다.

그렇다면 이렇듯 강력하면서 모습을 드러내지 않는 신자유주의 이야기는 도대체 무엇일까요? 몬비엇은 "오늘날 회자되는 정치 내러티브 중에서 가장 강력한 것"이라는 이 이야기를 다음과 같이 간결하게 요약해 주고 있습니다.

> 신자유주의가 들려주는 이야기는 우리를 **경쟁자**로 규정하며, 동료들을 앞서고자 하는 충동이 그 어떤 충동보다 강하다고 말한다. 이 충동은 장려되고 계발되어야 한다고 주장한다. 우리의 민주적 선택은 **구매와 판매** 행위에 의해 가장 잘 발휘되는데, 이는 자동적으로 우수한 성과는 보상하고 비효율성은 응징하는 과정이다. 자연적으로 **승자와 패자의 위계**를 밝힘으로써 '시장' 원리는 계획이나 설계로 고안해 낼 수 있는 것보다 훨씬 **효율적인** 체제를 만든다.

시장에 의해 규정되고 시장으로 정의되면서 인간 사회는 마치 **사업체**처럼 모든 측면을 운영하며 사회적 관계는 상업 거래로 이미지화되고 사람들은 **인적 자본**으로 재규정된다. 사회의 목적과 목표는 **이윤 극대화**다(Monbiot, 2017: 30. 강조는 원저자).

따라서 신자유주의 이야기는 개인들의 끊임없는 경쟁·선택·계산에 기초하여 개인적 관계를 포함한 삶의 수많은 단면이 모두 경제 관계로 환원될 수 있으며 환원되어야만 한다고 보며, 각 개인은 인적 자본을 구성하는 하나의 단위 요소이며, '호모 에코노미쿠스homo economicus' 또는 경제적 인간으로서 살아가고 행동해야 한다고 여깁니다. 이 경제적 합리성과 자기 이익을 추구하는 주체는 경쟁적 공급자들로 이루어진 다수의 시장으로 구성된 세계에서 자신의 경제적 이득(환원되는 수익)을 최대화하고자 끊임없이 노력하면서 "신념을 가지기보다는 순응하며, 원칙에 따라 행동하기보다는 융통성 있게 굽힌다"(Ball, 2013: 139). 사실상 시장이 모든 것에 대한 답이라고, "인간의 활동·발달·성장에서 최고로 높은 궁극의 영역"(Steadman Jones, 2014: 270)이라고 믿고 전념하는 시장근본주의market fundamentalism가 신자유주의의 핵심입니다.

신자유주의는 우리에게 잔혹한 경쟁, 계속되는 선택과 냉정한 계산의 세계, 끊임없이 개인적 이익을 추구하는 세계상을 제시합니다. 이는 승자와 패자의 세계, 불안정과 불평등의 세계이며, 모든 사람이 증가하는 노동·효율성·생산성을 향해 계속 질주하도록 하고 불평등은 "피할 수 없는 필요악"(Steadman Jones, 2014: 338)이라고 간주합니다. 이는 또한 세금은 적게 내고 작은 정부를 지향하며 공공기관을 민영화하는 세계이며, "보건·교육·주택 같은 공공 서비스 분야에도 전혀 적절하지 못한 자유경쟁 시장을 도입"(Steadman Jones, 2014: 268)하는 세계입니다. 간단하게 말하면, 무조건 공영은 나쁘고 민영은 좋다고 말하는 것입니다. 이것은 최상의 선택에 대한 계산의 정확성을 증가시키고 이러한 최상의 선택들이 약속한 대로 실현되도록 통제를 강화함으로써 효율성과 수익을 최대화하는 강력한 휴먼 테크놀로지를 요구하는 세계입니다. 이 세계는 글로벌 경제 컨설팅 전문회사인 맥킨지의 모토인 "모든 것은 측정될 수 있으며 측정되는 것은 모두 관리될 수 있다"에 잘 요약되어 있습니다. (측정과 관리에 의존하는 조직의 이 진술문 뒤에 숨어 있는 가정, 가치관 그리고 오만에 대해, 나아가 유아교육에서 실행될 경우 생길 수 있는 결과에 대해 잠시 생각해 볼만 합니다.)

신자유주의 이야기는 경제에만 한정된 것이 아니며 모든 것을 경제로 축소시키고 맙니다. 경제가 삶의 모든 양상, 사회적·문화적·미학적·정서적·정치적 측면 모두를 삼켜 버리고 신자유주의의 경제적 규칙·관계·실제로 포섭합니다. 사실상 이 이야기는 "삶, 우주 그리고 모든 것"[3]에 대한 해답을 제공한다고 주장하며, 모든 것을 집어삼키는 이러한 신자유주의의 내러티브 안에서 교육은 (시장 이야기에서처럼) 또 다른 시장화된 상품일 뿐만 아니라, (질과 고수익 이야기에서처럼) 원재료라 할 수 있는 어린이를 정확한 테크놀로지와 엄격한 관리에 맡긴다면 인적 자본의 최대 가능성 실현을 통해 환원될 수익성을 수량화하고 예측할 수 있는 또 다른 투자로 생각하게 됩니다. '호모 에코노미쿠스'와 '인적 자본'은 인간을 경제 논리로 이루어진 세상에서 살아남으

---

3) 더글러스 애덤스(Douglas Adams)의 걸작인 코믹 SF 소설 『은하수를 여행하는 히치하이커를 위한 안내서』의 팬들은 아마 이 문구를 알아볼 것입니다. 이 초현실적 SF 소설에서 초지능을 지닌 범차원적 존재인 한 무리가 삶과 우주 그리고 모든 것에 대한 궁극적 질문의 답을 구할 목적으로 특별히 제작한 슈퍼컴퓨터 디프 소트(Deep Thought)를 학습시켰습니다. 디프 소트가 750만 년에 걸쳐 그 답을 계산하고서는 42라고 답했습니다. 디프 소트의 답은 자신에게 지시했던 존재가 실제로 그 궁극적인 답이 무엇인지 결코 모를 것이기 때문에 그답은 어차피 무의미하다는 사실을 지적합니다.

려고 고군분투하는 근본적으로 경제적인 존재로만 바라보는 신자유주의가 가진 동일 이미지의 양면일 뿐입니다.

지배 담론과 겨루기

지배 담론과 겨루기 위해서는 무엇보다도 그것을 있는 그대로 이해하는 것, 즉 단지 이야기일 뿐이기에 모든 이야기처럼 분석하고 문제제기하고 비판할 수 있는 것임을 인식하는 것이 필요합니다. 지배 담론이 과연 무엇인지, 과연 무엇을 하려는 것인지 알아야 할 필요가 있는데, 이에 대해 포르투갈의 사회학자 보아벤투라 데 수사 산토스Boaventura de Sousa Santos는 다음과 같이 말했습니다. "[지배 담론은] 특정 지역에 제한되고 문화적으로도 제한된 담론을 성공적으로 글로벌화한 것으로서, 보편적 진리 주장이라 자처하면서 모든 경쟁 담론을 '지역화'해 버린다"(Santos, 2004: 149). 따라서 오늘날의 지배 담론은 이전에는 지역에서 전해지던 민간 설화, 원래는 말하는 사람도 듣는 이도 거의 없던 주변부의 내러티브였다는 사실을 항상 기억하시기 바랍니다. 또한 벌거벗은 임금을 떠올리면서 이야기꾼의 자신감 넘치는 목소리와 대범한 주장에 감각이 마비되어 비판적 힘이 무뎌지지 않도록 하십시오. 이렇게 말했지만 비판적 이해를 행하기란 사실 말처럼 쉽지 않으며, 특히 같은 이야기를 반복해서 자꾸 말하는 사람들과 문서에 둘러싸여 있을 때, 그리고 그들이 신성한 칙서처럼 다루면서 다른 이야기들이 존재한다는 사실을 인정하지 않거나 지배 담론을 조금도 의심하지 않을 때 더욱 그러할 것이라는 사실을 잘 알고 있습니다.

그러나 그 장애물을 한번 뛰어넘어 선다면 여러분은 벌거숭이 임금의 새 옷을 처음으로 의심하는 큰 도약을 하게 될 것이며, 현재의 지배 담론들에 문제를 제기하고 겨뤄 보는 것이 가능해질 것입니다. 왜라는 질문을 던지는 것이 좋은 출발점이 될 것입니다. 왜 우리는 오늘날 유아교육을 행하는 방식에 대해 이렇게 많이 이야기하는 것일까요? 이러한 질문 제기는 시장 이야기 및 질과 고수익 이야기를 '상대화'하고 '역사화'하는 것입니다. 다른 말로 표현하면, 특정한 역사적 상황과 세력의 연접 덕분에 세상 밖으로 나와 국제화할 수 있었던 "특정한 지역·문화의 담론"으로 각 이야기를 대하는 것입니다. 이렇게 할 때 우리는 이러한 상황과 세력(예컨대 신자유주의)이 무엇인지를 들여다볼 수 있게 되며, 또한 이러한 이야기들이 진리와는 아주 거리가 멀다는 사실, 유아교육에 대해 말할 수 있는 수많은 가능한 이야기 중 그저 두 가지일 뿐이라는 사실을 알게 됩니다.

왜라는 질문을 했다면 이제 겨루기는 다음 단계로 나아갈 수 있습니다. 바로 지배 담론을 비판적으로 바라보는 것입니다. 이때 취할 수 있는 하나의 접근 각도는 지배 담론이 그 자체로서 과연 믿을 만한지 따져 보는 것입니다. 지배 담론의 주장이 실제로 이루어지고 있는 걸까요?

CEC 시리즈 중 하나인 『유아교육의 변혁적 변화와 진정한 유토피아 Transformative Change and Real Utopias in Early Childhood Education』에서 저는 시장 이야기와 그 이야기가 실제로 어떻게 작동하는지 들여다보았습니다(Moss, 2013). 저는 누더기처럼 기워 놓은 증거들이 그다지 설득력이 없다고 결론 내렸습니다. "유아교육에서 시장을 지지하는 사례는 그 자체의 언어로 판단했을 때 아무리 잘 봐 주어도 기껏해야 검증되지 않는다고 말할 수 있습니다"(Moss, 2013: 52). 스티븐 볼과 캐럴 빈센트Carol Vincent는 유아교육 서비스의 실제 지역 시장을 다룬 극소수의 연구 중 하나를 실시하고서 더욱 직설적인 결론을 내립니다. "[영국의] 보육 시장은 결코 시장의 논리대로 움직이지 않으며 … 사실상 매우 비효율적인 시장이다"(Ball and Vincent, 2006: 38). 이는 자유로운 시장을 가정하는 신자유주의에 대해 더 실망스러운 결과를 보고한 일반적 연구들을 볼 때 그리 놀랍지 않을 것인데, 역사학자들은 신자유주의 정치학이 "시장에 대한 헌신적 지지는 구체적인 실증적 검증과 비판을 거친 적이 거의 없으며" 이는 "정치인들과 공무원들이 마치 마법에 걸린 것처럼 작동[하게]" 하는 "신앙 기반faith-based 정치"라고 기술합니다(Steadman Jones, 2014: 333).

이 책에서 저는 질과 고수익 이야기에 대해 같은 결론에 이르렀습니다. 자세히 검토해 보면 그 이야기의 주장은 증명되지 않은 것이며, 사실상 신뢰할 수 없는 것임을 알 수 있습니다. 시장 이야기와 마찬가지로 질과 고수익 이야기는 사실적 다큐멘터리가 아니라 꾸며 낸 이야기로, 저는 단연코 믿지 않습니다. 왜냐고요? 이야기꾼들이 자신의 이야기를 지지하기 위해 끝없이 연구 결과들을 인용하지만, 한걸음 뒤로 물러서서 더 큰 그림을 보면 그 이야기는 말이 되지 않기 때문입니다. 임금이 옷을 입고 있지 않다는 것은 자명합니다!

이 이야기에 신빙성을 부여하기 위해 사용된 연구들의 대부분은 한 국가, 바로 미국에서 나옵니다. 그러나 많은 연구가 지엽적이고 유아 중재 프로젝트에 제한된 경우가 많으며, 국가 전체로 보았을 때 미국은 예측했던 고수익에 도달하지 않았습니다. 또한 1인당 GDP로는 전 세계에서 가장 부유한 국가 중 하나이긴 하지만 국민에 대한 보건 및 복지 측면에서는 계속해서 열악한 기록을 보이고 있습니다. 국제적으로 미국은 OECD 회원국 중에서 아동 빈곤이 가장 심각한 국가 중 하나입니다(OECD, 2018). 더구나 아동 빈곤은 전국 수준의 유아 중재 프로그램인 헤드 스타트Head Start가 1965년 시작된 이래로 전혀 나아지고 있다고 할 수 없으며, 전체 인구 중에서도 유아(만 5세 이하)가 가장 높은 빈곤율을 경험하는 현상이 지속되고 있습니다. 시기에 따라 유아 빈곤율에서 약간의 변동이 있었다면 경제적 변동이나 소득 재분배 같은 다른 정책 수단으로 인한 것으로 분석됩니다.

미국에서 현재 일어나는 사건들은 사회적으로 심각하게 분열되어 있고 불만으로 가득 차 있으며, 상당수의 구성원이 배제되고 분노하며 소외되어 있다는 증거를 넘치게 제공합니다. 무슨 일이 일어나고 있는 걸까요? 질과 고수익 이야기는 왜 실현되지 않는 걸까요? 유아·가족·사회에 유아 중재 프로그램보다 훨씬 더 큰 영향을 끼치는 다른 일들이 일어나고 있기 때문입니다.

일자리, 특히 좋은 일자리가 줄어들고 있으며, 경제 성장의 열매가 상위 1퍼센트에게로만 흘러가면서 소득은 정체되어 있습니다. 노벨 경제학상을 수상한 경제학자 조지프 스티글리츠Joseph Stiglitz는 이러한 불평등의 급증을 '대분기Great Divergence'라고 부릅니다.

1980년에서 2013년 사이에 [미국에서] 가장 부유한 1퍼센트의 평균 실질소득은 (물가상승률을 감안할 때 461,910달러에서 1,119,315달러로) 142퍼센트 증가했으며, 국가 전체의 소득 중 이들이 차지하는 몫이 10퍼센트에서 20퍼센트로 2배가 되었다. 최상위 0.1퍼센트는 이보다 더 큰 수익을 얻고 있다. 같은 기간 동안 이들의 평균 실질소득은 236퍼센트(물가상승률을 감안할 때 157만 1,590달러에서 527만 9,695달러로) 증가했으며 국가 전체의 소득 중에서 이들이 차지하는 몫은 3.4퍼센트에서 9.5퍼센트로 거의 3배가 되었다. 같은 기간 동안 중위 가정의 소득은 단지 9퍼센트 증가했다. 나아가 이러한 증가는 사실상 이 기간의 초기 몇 해 동안에 이루어진 것이며, 1989년에서 2013년 사이에는 0.9퍼센트 줄어들었다. ⋯ 소위 2008~2009년 경제 대침체Great Recession에서 회복하던 첫 3년 동안, 달리 표현하면 미국 경제가 성장세로 되돌아서던 때 소득 증가 의 91퍼센트는 온전히 상위 1퍼센트에게로 돌아갔다(Stiglitz, nd: 1-2).

그 이후로도 상황은 나아지지 않았습니다(Alvardo, Chancel, Piketty, Saez and Zucman, 2017). 전 세계적으로 보았을 때 미국은 현재 부유한 국가들로 구성된 OECD에서 가장 불평등한 사회의 하나입니다. 2011년에 발간된 OECD 보고서『불평등은 왜 계속 증가하는가Why Inequality Keeps Rising』에 따르면 미국은 "OECD(34개 회원국 중)에서 칠레, 멕시코, 터키에 이어서 네 번째로 불평등 수준이 심각한 국가다. 노동 가능 연령층에서의 불평등은 1980년 이래로 지속적으로 심화되어 총 25퍼센트가 증가했다"(OECD, 2011b)고 합니다. 불평등을 "불가피한 필요악"(Steadman Jones, 2014: 338)으로 간주하는 신자유주의 통치 체제하에서 이러한 불평등의 심화 현상이 나타났던 것입니다.

불평등은 그 자체로도 악이지만 그로 인한 악영향은 멀리까지 넓게 퍼집니다. 영국의 전염병학자인 리처드 윌킨슨Richard Wilkinson과 케이트 피킷Kate Pickett은 뛰어난 저서『영혼의 수준: 평등한 사회가 왜 더 나은가The Spirit Level: Why More Equal Societies Almost Always Do Better』에서 불평등이 "폭넓은 성과 전반에서 사회적 역기능을 야기하는 것으로 보인다"(Wilkinson and Pickett, 2009: 174)는 주장을 증명하는 수많은 자료를 제시한 바 있습니다. 이들은 다음과 같이 말합니다.

[그] 증거들은 불평등을 감소시키는 것이 사회 환경의 질을 향상하는 데, 그리고 이에 따라서 우리 모두(부유층 포함)에게 삶의 질을 높이는 데 가장 좋은 방법임을 보여 준다. … 평등해질수록 모든 인구의 웰빙이 향상될 뿐만 아니라 국가의 성취 기준이나 여러 다양한 분야에서의 수행을 해 내는 데 열쇠가 된다는 사실이 명백하다. … 왜 어떤 국가가 다른 국가보다 더 잘하거나 더 못하는지를 알고자 한다면 첫 번째로 확인해야 할 것은 불평등의 정도다. … 예를 들어 만약 한 국가가 학령기 아동의 교육 성취 평균을 높이고자 한다면, 교육 성취에서의 사회적 격차를 더 가파르게 만드는 불평등 문제를 해결해야 한다 (Wilkinson and Pickett, 2009: 29-30).

많은 국가 간의 불평등에 관련된 수년간의 연구 결과에 토대한 이러한 결론은 영국의 주요 유아 중재 프로그램의 하나인 슈어 스타트Sure Start의 전임 책임자가 자신의 경험을 회고하면서 했던 이야기와 공명합니다.

저는 사회계층 간에 부의 재분배가 의미 있게 이루어지지 않고서는 당신이 어디에서 태어났는지, 부모가 누구인지가 여전히 인생의 기회를 좌우하는 지대한 결정 요인으로 남을 것이라고 생각합니다. … 아무리 잘하더라도 유아기 서비스가 전반적 불평등을 줄일 수 있다고 보는 [슈어 스타트의] 기대는 비현실적입니다. 더 폭넓은 사회 개혁으로 이러한 변화가 이루어질 수 있을 것입니다(Eisenstadt, 2011: 160-161).

이렇듯 자세하게 들여다보고 비판적으로 생각하면 지배 담론들은 설득력을 잃기 시작합니다. 모든 복잡하고 난처한 상황이 마법처럼 지팡이를

한 번 흔들면 사라져 버릴 수 있을 것이라 생각하는 듯합니다. 사실, 이것은 미국의 유아 중재 프로그램인 헤드 스타트를 설계했던 핵심 인물 중 한 명인 미국의 심리학자 에드워드 지글러Edward Zigler가 2003년 헤드 스타트 40주년을 기념하는 짧은 학술논문을 쓰면서, 그 제목을 「마법을 믿는 것은 40년으로 충분하다40 Years of Believing in Magic Is Enough」라고 달았을 때의 관점입니다. 지글러는 다음과 같이 결론을 내렸습니다.

> 빈곤과 관련된 문제들을 영원히 구제할 수 있는 마법은 없다. … [유아기 중재로] 성취 격차를 없앨 수 있을 것이라 기대하는 것은 요정 대모님에게 과도하게 의존하는 것이다. … 가난한 아이들을 중산층 계급으로 밀어 올릴 수 있는 마법의 약이 정말 없는 것인가? 그 마법의 약에 의료 서비스, 보육 서비스, 좋은 주택, 가족의 충분한 수입, 마약과 폭력이 없는 양육 환경, 모든 역할 측면에서 적절한 부모 지원, 학교에서의 모든 학생을 위한 평등한 교육이 함께 더해질 때에만 가능하다. 이러한 삶의 필수 조건들이 없다면 이런 일을 가능하게 해 줄 수 있는 것은 오직 마법뿐이라 하겠다(Zigler, 2003: 10).

더 자세히 비판적으로 탐구해 보면 지배 담론은 믿을 수 없을 뿐만 아니라 위험하다는 것도 알 수 있습니다. 제가 이렇게 말하는 데는 세 가지 이유가 있습니다.

첫째, 질과 고수익 이야기는 "개인을 한가운데에 위치시키고 사회 구조보다 인간 주체를 강조"(Tan, 2014: 3)하는 인적 자본 이론의 논조에서 언급했던 방법론적 개인주의를 채택하고 있는 것으로서, 원인과 결과에 대해 개인에게 책임을 돌리는 개인주의적 관점을 강화시키는 것입니다. 우리는 자신에게나 다른 사람에게 저지른 문제에 대해 빈곤층만 직접 비난하기를 원하지는 않으면서도 질과 고수익 이야기를 받아들임으로써 그 해결책은 그들의 외부에 그들을 넘어서서 있음을 간과하고 은연중에 문제는 그들에게 있으며 오로지 그들, 그들의 태도와 행동을 바꾸어야 해결될 것이라고 말하게 됩니다. 빈곤층의 이러한 약점을 고쳐 주기 위한 기술적 교정 장치를 찾게 되고 나머지 사람들은 아무 일 없다는 듯 평온하게 살아가기를 바라는 것입니다. 그렇게 함으로써 질과 고수익 이야기는 기득권의 이득과 은밀하게 결탁해 불평등과 배타주의 그리고 이러한 불평등을 줄이는 데 필요한 훨씬 더 어렵고 열띤 논쟁으로부터 관심이 멀어지게 합니다. 사회의 근원적인 변화, 즉 소득과 부와 권력의 재분배가 필요한데, 이러한 변화는 강력한 권력을 가진 자들(이들은 미국을 비롯해 여러 국가의 정책에 재원을 대고 정치인을 후원하고 로비하면서 대정부 영향력을 증가시켜 왔는데, 이는 자신들이 마땅히 부담해야 하는 세금을 회피하는 데 도움이 되는 더 교활한 방식이기도 합니다)로부터 격렬한 반대를 불러일으킬 것입니다.

둘째, 질과 고수익 이야기는 높은 수익을 얻기 위해서는 더욱더 정확하고 일관되게 필요조건을 처리하는 데 훨씬 더 효과적인 휴먼 테크놀로지를 찾아서 어린이 그리고 어린이와 함께하는 성인을 더욱 통제하고 관리할 것이라는 매우 가능성 높은 앞날을 걱정하게 만듭니다. 왜냐하면 이것은 본질적으로 처방·예측·규제의 이야기로서 정교하게 계산된 투입과 세세하게 구체화된 산출은, 제4장에서 전혀 다른 이야기를 들려줄 레지오 에밀리아 유아교육에서 매우 가치 있게 여기는 예기치 못한 것과 갑작스러운 것, 놀라워하기와 감탄하기를 위한 여지를 전혀 남기지 않습니다.

이는 특정한 지배 담론이 왜 그렇게 위험한지에 대한 세 번째이자 궁극적인 이유로 이끕니다. 질과 고수익 이야기는 목적이 아닌 수단(효과적 테크놀로지)에 집중합니다. 지금 여기에서 그리고 미래에 우리가 어린이들에게 무엇을 원하는가의 문제는 과연 어떤 공동체·사회·세상을 만나게 되기를 원하는가라는 심오한 문제를 제기하는 것이기도 합니다. 질과 고수익 이야기는 그렇게 하는 대신, 단지 더 잘 관리되기만 할 따름인 미래를 가정하면서 점점 더 증가하는 경쟁과 소비와 손익계산으로 가득한 이 세상에 억지로 맞추어 어린이들을 '미래에 사용할 수 있게' 해 두는 것입니다. 유아교육은 이 과정에서 핵심 역할을 하는 것으로 가정되는데, 이는 치열한 경쟁 환경에서 생존할 수 있는 호모 이코노미쿠스로부터 인적 자본의 마지막 한 방울까지 짜내려는 것입니다.

그렇지만 그러한 세상은 바람직하지 않을 뿐만 아니라(이것이 우리가 아이들과 사회를 위하여 진정으로 원하는 것일까요) 다원적인 환경 위기와 테크놀로지로 인해 일자리가 많이 사라져서 장기적으로 많은 사람이 경제적 유용성을 완전히 잃게 될 것이라는 점에서 지속가능성을 가지지도 못합니다(Harari, 2016).[4] 목적을 희생시키고 수단에 초점을 맞추는 것은 근시안적이며 분별력 없는 일입니다.

질과 고수익 이야기에서는 유아교육이 가장 먼저 해야 하고 무엇보다 중요하게 여겨야 하는 것은 기술적인 문제, 즉 고수익을 얻는 데 가장 알맞은 테크놀로지를 찾아내는 일이라고 말합니다. 학교 준비이든, 학습 목표이

---

[4] 고용 및 일자리의 미래는 논쟁의 여지가 상당히 많다고 생각합니다. 유발 하라리(Yuval Harari)의 주장처럼 파멸을 담은 시나리오가 과도하게 비관적이고 지나치게 과장된 것이며 오히려 자동화가 우리 모두를 이롭게 하는 것으로 증명될 수도 있을 것입니다. 그러나 이는 사회와 시민이 공공의 선을 추구하여 실현하려는 목적에 마음을 모으고 그 과정을 민주적으로 통제할 수 있는 준비가 되어 있을 때 가능합니다. 그러한 능동적이고 민주적인 개입이 없다면 결과는 전반적으로 해로울 것이기에 "자동화로 인해 야기될 가능성이 가장 높은 결과는 부·소득·권력에서의 불평등 증가"(Roberts, Lawrence and King, 2017: 3)일 것입니다.

든, 인적 자본의 실현이든, 경쟁력 있는 노동력이든 목적은 점검조차 하지 않고 그대로 받아들여 당연시하면서 이야기의 초점을 수단에 맞추어 무엇이 효과적으로 작동하는지, 어떤 휴먼 테크놀로지가 목적을 충족시킬 것인지, 투자로부터 욕망을 부추기는 이윤이 배당될지에 집중합니다. 그러나 저는 교육이란 테크놀로지에 제한되는 것이 아니며 가장 먼저 그리고 무엇보다 중요하게 정치적 실제라고 생각합니다. 이는 제3장에서 주제로 다룰 내용입니다. 교육은 항상 정치적 질문을 묻는 데서 시작합니다. 벨기에 정치철학자 샹탈 무페Chantal Mouffe는 정치적 문제란 "그저 전문가들이 해결할 기술적인 문제가 아니라 … 충돌하는 대안들 중에서의 선택을 요구하는 의사결정이 항상 포함"(Mouffe, 2007)되는 문제라고 정의합니다.

저는 이미 이러한 질문 몇 가지를 던졌으며(예를 들어 우리 아이들을 위해 무엇을 원하는가), 제3장에서 더 제안할 것입니다. 여기서 강조하고 싶은 것은 정치적 질문들은 우리로 하여금 교육의 근원적 토대를 깊게 생각해 보도록 한다는 것입니다. 그러나 질과 고수익 이야기에서 펼치지는 유려한 주장은 당연시되는 목적의 달성을 위한 효과적 휴먼 테크놀로지를 찾아내는 데 집중하게 만듦으로써 비록 어렵더라도 절실하게 필요하고 삶에 활력을 불어넣어 줄 수 있는 과제들로부터 우리의 관심을 돌리게 만듭니다.

저항 운동 만나기

저는 앞에서 유아교육의 지배 담론에 의문을 제기하여 겨뤄 보고자 하면서 대안적 관점과 내러티브를 풍부하게 제공하고 있는 국제적인 공동체의 '저항 운동resistance movement'을 언급했습니다. 저항 운동은 무엇이며 누가 하고 있을까요? 저항 운동은 서로 다른 바람·관점·가치·관심으로 추동되는 다양한 사람으로 구성된 복잡한 다양체입니다. 다양한 공간에서 이루어지고 있으며 많은 포럼을 통해 표현되고 있습니다.

어떤 이들은 프뢰벨Friedrich Froebel, 몬테소리Maria Montessori, 듀이John Dewey, 프레네Célestin Freinet, 프레이리Paulo Freire, 말라구치Loris Malaguzzi 같은 이전의 교육학자들로부터 영감을 얻습니다. 어떤 이들은 레지오 에밀리아의 시립학교 같은 현대의 프로젝트로부터 영감을 얻습니다. 캐나다 원주민이나 뉴질랜드의 마오리 공동체 등과 함께 유아교육에 대한 사회·문화적 접근을 통해 다양한 공동체의 고유한 전통과 지혜를 인식하고 그 가치를 중시하며 축복하려는 교육자들의 노력에서는 문화적 다양성이 중요한 역할을 합니다. 어떤 이들은 다양한 학문 분야(예컨대 철학, 사회학, 정치학, 페미니즘과 아동기 연구)와 **이론가**(예컨대 바흐친, 푸코, 데리다, 레비나스, 들뢰즈, 바라드 등. CEC 시리즈에서 모두 소개되며 일부는 이 책의 후반부에 나올 것입니다)의 다각적 관점에 대해 열정을 가지고서 배우고 있습니다.

여러분이 원한다면 '대안 담론'과 '다원적 시선 및 논점'을 가진 저항 운동의 목소리들을 어렵지 않게 들을 수 있습니다. 이러한 목소리를 초대하지 않는 싱크탱크나 정부 기관, 국제기구 등의 토론 원고나 정책 문건에서는 매우 어렵겠지만, 많은 공간에서 분명하게 말하고 있는 저항 운동의 목소리를 발견할 수 있습니다. 이 목소리를 들을 수 있는 공간은 다음과 같습니다.

연차 국제학술대회를 개최하고 있는 유아교육 재개념화 그룹(Tobin, 2007; Bloch, 2013; http://receinternational.org 참조), 미국교육학회AERA의 유아교육에 대한 비판적 관점 분과(https://sites.google.com/site/cpecesig/home), CEC 시리즈와 '비판적 유아기문화연구Critical Cultural Studies of Childhood' 시리즈(www.palgrave.com/gp/series/14933)의 저서들, 『유아교육·보육의 재개념화: 비판적 질문, 새로운 상상 그리고 사회운동: 독자Reconceptualizing Early Childhood Care and Education: Critical Questions, New Imaginaries and Social Activism: A Reader』(Bloch, Swadener and Cannella, 2018), 학술지 《유아기의 현안Contemporary Issues in Early Childhood》이나 《페다고지 저널Journal of Pedagogy》, 대안적 이야기를 소개하는 학부 및 대학원 수업, 새로운 이야기에 이끌린 학생들의 박사학위 논문, 레지오 에밀리아와 협력하는 많은 국가별 네트워크와 페다고지 전통이나 페다고지 프로젝트에 관심을 가진 네트워크 등입니다. 지배 담론에 반대하고 대안을 지지하는 캠페인을 벌이는 단체, (저와 가까운 곳에서 이루어지는 사례를 소개하면) 평가와 책무성에서 극도로 규범적이며 표준화시키려는 영국 정부의 교육 정책을 바꾸기 위해 함께 협력하고 있는 초등교육 관련 단체 및 개인 연합체인 '시험점

수 그 이상More Than a Score(https://morethanascore.co.uk/who-we-are/)' 같은 연대 기구도 잊어서는 안 될 것입니다.

　　이러한 저항 운동에 참여하는 다양한 사람은 여러 이유로 질과 고수익 이야기 같은 지배 담론에 의문을 제기하고 논쟁을 펼쳐 겨루어 보고자 합니다. 이들은 제가 앞에서 간략하게 소개한 것들과 같은 이유로 이러한 이야기들에 반대할 수도 있습니다. 다른 이야기를 더 바람직하고 만족스러운 것으로 여길 수도 있지만, 대부분 질과 고수익 이야기(또는 시장 이야기)를 말하는 사람들과는 삶에 대한 관점이 근본적으로 달라서 새로운 렌즈를 통해 세상을 바라보며 매우 다른 의미를 만들어 갑니다. 달리 표현하면, 이들은 패러다임 차원에서 다른 위치에 서 있기를 선택했으며, 이는 제가 이제 살펴보고자 하는 패러다임의 문제와 관련된 것입니다.

각 장의 마지막에는 흥미롭고 유용할 만한 토론 질문 몇 가지를 제시하겠습니다. 그러나 가장 중요한 질문은 이 책의 각 장을 읽은 후 여러분(개인 또는 그룹)이 떠올리는 질문입니다. 질문으로 넘어가기 전에 먼저 각자 생각해 보고 토론해 보시기 바랍니다.

- 이 장은 독자로서의 여러분(또는 그룹으로서의 여러분)에게 어떤 질문을 던집니까?

- 어떤 점이 특히 흥미롭고 중요하며 깊게 생각해 볼 만하다고 느끼셨습니까?

- 정말 동의가 어려운 것은 무엇입니까? 저와 함께 어떤 논쟁을 벌이고 싶습니까?

- 이해하기 어려웠던 부분은 무엇입니까?

- 더 알아보고 싶었던 부분은 무엇입니까?

- 어려운 부분은 어떻게 해 보시겠습니까? 더 알아보고 싶었던 부분이 있다면 어떻게 하시겠습니까?

말씀드렸던 대로, 여러분의 질문이 가장 중요합니다. 다음은 여러분이 그 질문들을 제기하고 토론해 본 이후에 시간이 있다면 고려해 볼 만한 질문들입니다.

- 유아교육에서 일어나는 일들을 이해하고 실재를 엮는 방식으로 스토리텔링이라는 아이디어가 어떻게 느껴지셨습니까? 여러분께 도움이 되었습니까, 아니면 적절하지 않다고 여겨졌습니까?

- 「벌거벗은 임금님」에 나오는 아이와 같은 기분이 들었던 적은 없었나요? 언제, 왜 그랬을까요? 어떻게 하셨습니까? 어떻게 했었더라면 좋았겠다고 생각하십니까?

- 지배 담론으로 '시장 이야기'와 '질과 고수익 이야기'를 했습니다. 동의하시나요? 유아교육의 다른 지배 담론에 관한 이야기를 알고 계십니까? 어떤 이야기인가요?

- 여러분의 경험에서 유아교육을 지배하는 이야기를 가장 큰 목소리로 말하는 이들은 누구일까요?

- 유아교육에서의 '휴먼 테크놀로지'에 대한 몇 가지 예를 들었습니다. 여러분은 어떤 다른 예를 제시하시겠습니까?

- 알고 있는 저항 운동가가 있습니까?

제**2**장

패러다임의 중요성

오늘날 유아교육에서 '다양한 관점과 논쟁'은 왜 있을까요? 대안적인 내러티브는 왜 들려오는 걸까요? 아마도 가장 중요한 이유는 위치성positionality과 관련이 있을 것입니다. 위치성은 많은 개인과 조직이 서로 다른 위치에서 어떻게 (유아교육을 포함한) 세계를 보고 이해하는지에 대한 것입니다. 이러한 위치는 성별, 나이, 인종, 모국어, 장애, 성적 취향 등과 같은 타고난 개인차로 인한 것일 수 있습니다. 젊은 레즈비언 마오리족 여성은 나이든 이성애자 백인 영국 남성인 저와는 세상을 다르게 바라볼 수 있습니다. 이러한 위치는 직업, 학문 분야, 정당 또는 사회운동 같은 특정 집단에의 개인적 소속 때문일 수도 있고 패러다임 때문일 수도 있습니다. 이러한 위치하기positioning의 영향력은 강력하지만 종종 보이지 않거나 때로는 알아차리지 못할 수도 있습니다.

다른 패러다임에 위치한다는 것은 매우 다른 관점과 담론을 생성하는데, 왜냐하면 사물을 보고 이해하는 데 매우 다른 방법을 만들기 때문입니다. 그러나 오늘날 유아교육의 지배 담론—이를테면 질과 고수익 이야기 또는 시장 이야기—에서 패러다임의 중요성이 인정된 경우는 대단히 드뭅니다. 우리가 살펴보게 될 것처럼, 이러한 지배 담론은 실제로 자신의 관점이 세계를 보고 이해하는 유일한 방법이라고 믿기 때문에 다른 관점들의 가능성을 인정하는 것이 어렵습니다. 이러한 이야기를 들려주는 자들은 그것이 사물의 실제이며 자신은 있는 그대로 말할 뿐이라고 주장하지만, 사실은 사물에 대한 특정한 입장일 뿐이며 특정한 위치에서 특정한 방식으로 사물을 보는 것입니다.

이 장에서는 패러다임이라는 개념에 익숙하지 않은 독자들에게 그것을 소개하고 그 의미를 명확하게 해 줄 실례들을 제공하고자 합니다. 이 장을 관통하는 주제는 우리 중 누구든 유아교육(또는 실제로는 삶의 다른 면)과 관계를 맺을 때 가장 중요한 것이 바로 패러다임이라는 것입니다. 저는 우리가 패러다임의 위치, 즉 우리 각자가 인정하고 책임져야 하는 선택에 대해 생각하고 결정해야 할 필요성을 직면하는 것이 중요하다고 생각합니다. 일단 패러다임을 인정하게 되면 선택과 책임은 피할 수 없게 됩니다.

패러다임이란 무엇인가

패러다임이란 세계와 그 세계 속에서의 경험을 보고 해석하고 이해하는 렌즈와 같은 기본적 신념 체계basic belief system입니다. 즉 세계관 또는 사고 방식이라 생각할 수 있습니다. 이 체계는 우리 각자가 가지고 있는 생각과 가설 및 가치의 집합체나 묶음으로 구성되는데, 양육이나 교육을 통해 의심 없이 재생산되거나 반대로 도전받고 변화되기도 합니다. 패러다임은 존재론ontology(실재reality란 무엇인가), 인식론epistemology(어떻게 아는가)과 방법론methodology(어떻게 알아낼 수 있는가)을 포함한 모든 것에 대한 우리의 생각에 영향을 미칩니다. 가장 중요한 점은 하나의 패러다임 위치, 즉 특정한 사고방식 또는 특정한 관점에서 자명하고 당연하게 보이는 것들이 다른 위치에서는 전혀 그렇지 않는다는 것입니다.

이 자리에서 고백해야 할 것 같습니다. 저는 중년이 되어서야 패러다임을 이해하고 그 중요성을 알게 되었는데, 왜냐하면 그때 이러한 쟁점에 직면하도록 자극해 주었던 어떤 사람과 함께 일할 행운을 얻었기 때문입니다. 그전에 저는 세계에 대해 제대로 생각해 보거나 대안이 있다는 것을 인정하지도 않았고 특정 패러다임의 입장(실증주의positivisim로 나중에 더 살펴볼 예정입니다)

에서 세계를 보는 것에 익숙했습니다. 그러나 시간이 지남에 따라 경솔했던 저의 패러다임 위치는 점점 더 저를 실망시켰습니다. 특히 점점 더 당황스러워지는 문제('질에 대한 문제'로 역시 나중에 더 살펴볼 것입니다)에 대한 만족스러운 답변을 찾지 못하도록 했습니다. 저의 동료와 패러다임에 대한 이슈에 직면하면서 그리고 어쩔 수 없이 생각하고 선택하게 되면서 제 자신만의 답을 찾는 새로운 방법을 열어 갈 수 있었습니다. 그래서 독자들에게 패러다임의 중요성을 촉구함으로써 제가 이러한 쟁점에 대해 조금 더 일찍 고민을 시작했었다면 어땠을까 하는 경험을 말해 보고자 합니다.

사실 역사가로서의 배경을 가지고 있는 저는 정말로 그렇게 했었어야 했습니다. 왜냐하면 역사는 패러다임의 실례들로 가득하며, 실제로 전체 공동체나 사회가 전혀 다른 사고방식을 가지고 다른 방식으로 삶과 세계를 보게 될 때 패러다임의 전환을 가져온 실례들로 가득 차 있기 때문입니다. 우선 패러다임에 대한 실례를 하나 들어 보도록 하겠습니다. 이는 유아교육이나 심지어 패러다임에 대한 현대 논쟁과는 전혀 관련이 없지만, 역사가인 저의 관심을 끌기에 충분했습니다. 이는 변화된 패러다임이 인간 집단의 세상 보는 방식을 어떻게 완전히 바꿀 수 있는지에 대한 확실한 실례를 제공합니다. 이는 영국의 역사가 데이비드 우턴David Wootton의 『과학 발명 Invention of Science』에서 비롯된 것입니다. 이 책은 교육을 잘 받은 영국 남성이 1600년의 세계를 어떻게 보는지를 1730년대(이런 좋은 교육이 대부분 남성에게 국한된 시기)의 상응하는 사람과 비교하는 것에서부터 시작합니다.

[전자는] 마녀가 바다에서 배를 가라앉히는 폭풍을 일으킬 수 있다고 믿었다.
… 그는 영국에서는 아닐지라도 늑대인간이 존재하리라 믿는다. 또한 벨기에

서 마녀가 발견될 것이라 생각하고 있다(16세기 프랑스 철학자인 장 보댕Jean Bodin
은 그러한 문제에 대해 인정받은 권위자였다). 그는 마녀 키르케Circe가 오디세우스의
무리를 진짜로 돼지로 바꿨다고 믿는다. 그는 생쥐가 짚더미에서 저절로 생성
된다고 믿는다.

그는 당대의 마술사를 믿는다. 존 디John Dee와 아그리파 폰 네테스하임
Agrippa von Nettesheim(1486~1535)에 대해 들어 본 적이 있을 것이다. 아그리파
의 검은 개 몬쉐Monsieur는 변장한 악마라고 생각한다. 런던에 산다면, 사람들
이 마술을 써서 도난당한 물건을 되찾는 데 도움을 주기도 하는 의료 전문가
이자 점성술사인 사이먼 포먼Simon Forman에게 상담 받는다는 것을 알고 있을
것이다. 그는 유니콘은 못 보았지만, 유니콘의 뿔은 본 적이 있다.

그는 살인자가 나타나면 죽은 시체가 피를 흘리게 될 것이라고 믿는다. 상
처를 낸 단검에 문지르면 상처를 치료할 수 있는 연고가 된다고 믿는다. 신이
인류가 해석할 수 있도록 자연을 설계했기 때문에 식물의 모양·색깔 및 질감
이 약으로 어떻게 작용할 것인지에 대한 단서가 될 수 있다고 믿는다. 아직 아
무도 그 방법을 알고 있을 것 같지는 않더라도 비금속을 금으로 바꿀 수 있다
고 믿는다. 자연이 진공 상태를 싫어한다고 믿는다. 무지개가 신의 계시이며
혜성은 악을 미리 알려 주는 것이라고 믿는다. 우리가 꿈을 어떻게 해석할 줄
안다면 꿈이 미래를 예언한다고 믿는다. 당연히 지구가 가만히 있고 24시간
마다 한 번씩 태양과 별이 지구 주위를 돈다고 믿는다. … 점성술을 믿지만 자
신이 태어난 시간을 정확히 알지 못하기 때문에 가장 뛰어난 점성가라도 자
신이 책에서 찾을 수 있는 것보다 더 말해 주지는 못할 것이라고 생각한다.

125년을 빠르게 돌리자 교육받은 영국 남성은 전혀 다른 세계를 보고

있습니다. 그는 그야말로 새로운 렌즈로 세상을 보기 때문입니다.

[1730년대] 우리 영국인은 망원경과 현미경을 통해 보게 된다. 진자시계와 막대 기압계를 가지고 있으며, 튜브 끝 부분에 진공이 있음을 알고 있다. (적어도 교육받고 꽤 교양 있는 사람 중에서) 마녀, 늑대인간, 마술, 연금술 또는 점성술을 믿는 어느 누구도 알지 못한다. 그는 『오디세이아』가 사실이 아니라 허구라고 생각한다. 유니콘이 신화 속 동물임을 확신한다. 식물의 모양이나 색깔이 그 의학적 용도를 이해하는 데 어떤 의미도 있다고 생각하지 않는다. 육안으로 볼 수 있을 만큼 큰 생명체는, 심지어 파리조차도 자연 발생하지 않는다고 믿는다. 그는 상처를 냈던 무기로부터 상처를 낫게 해 줄 연고가 만들어진다거나 살인자가 나타나면 죽은 시체가 피를 흘릴 것이라고 믿지 않는다.

개신교 국가의 교육받은 모든 사람과 마찬가지로 지구가 태양 주위를 돌고 있다고 믿고 있다. 무지개가 굴절된 빛에 의해 생성되며 혜성이 지구상의 우리 삶에 아무런 의미가 없음을 알고 있다. 그는 미래를 예측할 수 없음을 안다. 심장은 펌프라는 사실을 알고 있다. 작동하는 증기기관을 본 적이 있다. 그는 과학이 세상을 변화시킬 것이며, 현대인은 가능한 모든 측면에서 고대인을 앞질렀다고 믿는다. 어떤 기적이든, 심지어 성경의 기적이라도 믿기 어려워한다.

과연 무엇이 이런 심오한 관점의 변화를 이끌어 냈을까요? 우턴은 그 변혁을 '과학 혁명'으로 설명하는데, 그것은 사람들 삶에서의 변혁뿐만 아니라 인간이 세계와 인류의 위치를 어떻게 이해하고 생각하는지에 대한 변혁을 초래했습니다. 이러한 혁명으로 또는 적어도 초기 혁명 단계의 결과로, 1730년대 교육받은 영국인은 그의 선조와는 매우 다른 사고방식을 갖게 되었고, 이로 인해 세상의 의미를 매우 다른 방식으로 만들며 매우 다른 결론을 도출하게 되었습니다.

이것은 매우 특정한 예입니다. 세상을 보고 이해하는 방식의 변화는 분명히 거대하고 쉽게 파악됩니다. 1730년대를 살고 있는 교육받은 영국인(그리고 오늘날 우리)에게 1600년의 세계는 이제 이치에 맞지 않고 믿기 어려운 것으로 여겨집니다. 더욱이 우리는 여기에서 시간이 지남에 따른 사고방식의 변화를 보고 있습니다. 교육받은 영국인은 한 세기가 지나는 동안 어떻게 사물을 다르게 보게 되었을까요? 이것은 패러다임 변화에 대한 역사적 설명입니다.

그러나 다른 패러다임이 공존할 수 있으며, 실제로 공존하고 있습니다. 실제로 1730년대 유럽에서 그랬습니다. 과학 혁명이 가져온 변화는 일정하지 않았습니다. 그 영향은 (교육을 거의 받지 못했거나 전혀 받지 못했던 대다수 사람들과는 대조적으로) '교육받은' (대륙의 다른 나라들과는 달리, 또는 적어도 가톨릭 국가의 사람들과는 대조적으로) 영국인에게 가장 많이 느껴졌습니다(우리는 그 변화가 영국 여성에게는 어느 정도까지 일어났는지 모릅니다). 18세기 초에 이르러 서로 다른 위치와 장소에 있는 다른 사람들은 매우 다른 패러다임의 위치에서 세상을 다른 방식으로 보고 이해했습니다. 게다가 우리는 여기서 세계의 한 부분인 유럽만 고려하고 있습니다. 다른 곳에서는 세계를 매우 다른 렌즈로 보았을 수도 있고, 실제로 보게 될 수도 있을 것입니다.

실증주의와 후기근본주의

이제 현재의 패러다임을, 적어도 현대 서구 문화에서 발견되는 몇몇 패러다임을 살펴보고자 합니다. 저는 현대 다른 문화에서의 패러다임을 탐구할 지식과 경험이 부족하지만, 세상을 보는 다양한 방법의 생성을 가능하게 하는 풍부한 다양성을 가진 다른 곳들이 있음 알고는 있습니다.

미국의 사회학자 패티 래더Patti Lather는 '패러다임 확산proliferation'에 대해 언급하면서 '패러다임 표'를 만들었습니다(표 2-1 참조). '예측predict', '이해understand', '해방emancipate', '해체deconstruct', '다음next?'이라는 폭넓은 다섯 가지 패러다임 위치를 상단 제목으로 배치하고 그 아래에 각 패러다임이 추구하는 특징을 제시했습니다(Lather, 2006). 래더는 이 표를 "질적 연구라는 강의에서 학생들이 영역을 지도로 그리는 데 도움을 주기 위해서"(Lather, 2006: 36) 사용했습니다. 표 아래에 첨부된 주석에서 래더가 언급했듯이 "이 모든 패러다임은 오늘날 동시에 작동하고 있지만" 역사적인 차례로 나타났습니다. 저는 이 표에서 '예측'과 '해체'라는 제목 아래에 있는 두 가지 패러다임, 즉 실증주의positivism와 후기근본주의postfoundationalism(네 번째 열에 열거된 많은 포스트 이론들에서 사용되는 포괄적 용어)의 위치를 대조해서 살펴보고자 합니다.

표 2-1 수정된 패러다임 표

예측	이해	해방	해체**	다음?
• 실증주의* • 혼합 연구 방법	• 해석주의* • 자연주의	• 비판주의* • 신마르크스주의	• 후기구조주의 • 포스트모던	• 신실증주의
	• 구성주의 • 현상학	• <페미니즘> • 비판적 인종 이론	• 퀴어 이론 • <담론 분석>	
	• 문화기술지	• 프락시스 기반 • 프레이리 기반 참여적 실행 연구		
	• 상징/상호작용 • 해석적 혼합 연구방법		• 후기식민주의 • 포스트포디즘 • 포스트휴머니즘 • 후기비판주의	• 후기 이론 • 신실용주의 • 시민 탐구 • 참여/대화적 • 정책 분석

		• 게이와 레즈비언
		  이론
		• 비판적 문화기술지
			• 후기 패러다임
			• 디아스포라
			  (Ohn Caputo)
			• 후기 모든 것
			  (Fred Erickson)
				후기-후기

주석: * 가장 일반적으로 사용되는 용어입니다.

　　 ** 왼쪽의 '모더니즘, 구조주의, 인본주의 이론/담론'에서 오른쪽의 '포스트모더니즘, 포스트구조주의, 포스트휴머니즘 이론/담론'으로의 전환을 나타냅니다.

　　 < >는 교차 패러다임 이동을 나타냅니다.

　　 포스트 이론에서 모든 개념(언어, 담론, 지식, 진리, 이성, 힘, 자유, 주체 등)은 해체됩니다. 이 모든 패러다임은 오늘날 동시에 작동하지만, 그 표현에는 역사적 의미가 있습니다. 오귀스트 콩트(1778~1857)는 19세기 실증주의를 제안했습니다. 사회구성주의는 피터 버거와 토마스 루크만의 『사회 구성의 현실』(1966)에서 종종 나온 것입니다. 해방 패러다임은 프랑크푸르트학파와 1960년대와 1970년대의 사회운동에서 비롯되었으며, 제2차 세계대전 이후 비판에서 시작된 포스트 패러다임에는 미셸 푸코(1926~1984), 자크 데리다(1930~2004), 질 들뢰즈(1925~1995) 등이 있습니다. 패러다임 전환은 기존 패러다임의 부적절한 설명력에 대한 반응 형성으로 발생합니다. 따라서 예를 들어 해방적 패러다임에 서 있는 이는 실증주의와 해석주의에 대한 비판뿐만 아니라 이론적 가정을 잘 알고 있습니다. 또한 하나의 패러다임에서 출발한 몇몇 이론들은 다른 패러다임에서 채택될 때 상당히 변화한다는 점도 주목해야 합니다; 예를 들어, 후기구조주의적 페미니즘은 해방주의적 페미니즘과는 상당히 다릅니다. 전통적 과학은 실증주의적이지만, 과학의 가정이 해석적 또는 후기 패러다임에서 다시 고려될 때 그것은 동일하지 않습니다. 예를 들어, 과학은 존재론·인식론 및 방법론의 관점에서 모든 패러다임에서 동일하지 않습니다.

출처: Lather, 2006.

물론, 단지 이 두 가지 패러다임의 위치에만 머무르는 것이 패러다임을 너무 단순화하거나 축소하는 것이 아닌가 하는 우려가 되기도 합니다. 변명을 하자면, 여기서 모든 것을 다 설명하기에는 공간이 한정되어 있을 뿐만 아니라, 이 두 가지 패러다임의 위치들은 특히 오늘날 유아교육에 영향을 많이 미치고 있으며, 제1장에서 논의했던 '다수의 관점과 논쟁'을 일으켰다는 점에서 중요하기 때문입니다. 더욱이 이러한 위치들은 표 아래 '주석'에서 래더가 '**'로 표기한 것의 어느 한쪽으로 딱 떨어지며, 이는 생각의 근본적 전환을 나타냅니다. 한쪽에는 "모더니즘, 구조주의, 인본주의 이론/담론이 … [다른 쪽에는] 포스트모더니즘, 포스트구조주의, 포스트휴머니즘 이론/담론"이 있습니다. 마지막으로, 표에 있는 다른 위치들은 이 중요한 주제에 대해 더 깊이 파고들기를 원하는 사람들이 연구하고 함께 발전시켜 가야 한다는 점을 강조하고자 합니다.

실증주의

우리는 다시 유행하는 실증주의, 즉 '신실증주의neo-positivism' 또는 "재실증주의화repositivization"(Lather, 2006) 시대에 살고 있다고 주장되고 있습니다. '신'과 '재'는 실증주의 사상의 오랜 역사, 그 기복, 그리고 적응과 생존을 위한 회복력을 반영합니다. 실증주의는 주로 19세기 전반기에 걸쳐 이루어졌으며, 사회학의 창시자 중 한 사람인 프랑스 철학자 오귀스트 콩트Auguste Conte(1797~1857)의 저작에서 시작되었습니다. 실증주의는 각기 다른 시기에 강하게 논쟁을 불러일으켰습니다. 예를 들어, 래더의 표에서 각각 '이해'·'해방'·'해체' 항목에 있는 해석주의·비판주의·포스트모던의 비판을 전쟁 후 여러 해 동안 받았습니다. 그러나 신자유주의 위상의 성장에 편승하여 1980년대부터 실증주의가 다시 반등하고 있습니다.

실증주의가 무엇일까요? 이 패러다임의 위치는 특히 오늘날 유아교육의 지배적 담론 안에서 널리 퍼져 있습니다. 래더가 '예측'이라고 명명한 것처럼, 실증주의는 예측하고 그에 따라 통제하고자 하는 욕구, 그리고 그것이 올바른 절차와 기법을 정확하게 적용한다면 가능할 것이라는 믿음을 표출합니다. 예측 및 예측가능성에 대한 실증주의의 위치와 신념의 중심에는 발견될 수 있고 그러고 나면 언어로 정확하게 표현하고 전달할 수 있는 객관적인 실재가 존재한다는 생각이 있습니다. 다시 말해 실증주의는 과학적 방법의 적용을 통해 가치중립적, 맥락 중립적 지식, 즉 객관적 진실Truth(단수 형태)을 밝힐 가능성, 나아가 이러한 지식의 기저에서 보편적이고 체계적인 이론과 법칙, 즉 복제가능성과 그에 따른 예측을 허용하는 이론과 법칙을 발견할 가능성을 믿습니다. 이렇게 과학적 지식이 세상을 변화시킬 수 있다고 봅니다.

세계에 대한 이러한 관점은 수많은 가정, 즉 실증주의 패러다임에서 가치 있게 여기는 보편성, 객관성, 확실성, 안정성, 폐쇄성 등의 가정으로 가득 채워져 있습니다. 예컨대, 위치성에 구애받지 않고 맥락과 관점에서 자유롭고, 최종적이고 정확한 결론에 도달하는 것이 중요하고 가능하다고 보는 가정, 과학에 의해 생산된 지식과 승인된 방법만이 사실일 수 있다는 가정, 언어는 그 의미에서 투명하며 그렇기 때문에 의사소통이란 모호하지 않은 의미를 전달하는 과정이라는 가정, 그리고 세계 또는 적어도 인류를 포함하는 사회계는 별개의 변수 체계로서 이해될 수 있다는 즉 그 각각은 분리해서 연구하고 작용할 수 있으며 특정한 변수의 효과를 별개로 이해하기 위해 다른 변수들의 효과를 '통제'하는 양적 연구의 개념으로 표현될 수 있다는 가정으로 채워져 있습니다. 실증주의는 복잡성, 상호연결성 또는 단순화할 수 없는 삶의 혼란스러움에 익숙한 패러다임은 아니라고 말할 수 있습니다. 엘리자베트 생 피에트Elizabeth St. Pierre가 이렇게 주장했듯이 말입니다.

> [실증주의와 관련된] 이러한 많은 개념은 인간 존재의 지저분하고 우발적인 표면 아래로 아주 깨끗하고 근원적인 토대, 확실성의 기초가 되고자 하는 오래된 욕망을 보여 준다. … [그것이 지속되는 것은] 최종 결정자로서 가치중립적 사실에 근거한 질서 있고 진보적이며 예측 가능한 경험과학에 대한 낭만 때문이다(St. Pierre, 2012: 493).

이러한 패러다임의 주요 행위자는 "'객관적인' 지식을 발견할 수 있는 공평하고 합리적인 주체"(St. Pierre and Pillow, 2000: 6)입니다. 이 주체는 냉정하고 전문적인 입장을 취하는 과학자의 모습으로 전형화할 수 있는데, 세계 위에서 '신의 관점'을 가진 주체 자신은 실재를 정확하고 권위 있게 나타낼 수 있다고 생각합니다. 이러한 실증주의의 주체는 권력이나 정치, 맥락이나 우발적인 사태 등에 영향을 받지 않고, 사회적 문제와 질병에 대해 과학적으로 도출된 해결책, 즉 효과적인 증거를 제공할 수 있는 능력을 가진, 진정한 지식의 생산자로서 특권을 얻습니다.

제가 실증주의와 신자유주의의 관계에 대해 이미 암묵적으로 시사했듯이, 실증주의 패러다임은 신자유주의가 경제적·정치적 체제로서 부각되는 과정에서 새롭게 탄력을 얻었습니다. 두 패러다임은 서로 보완하고 지지합니다. 생 피에르가 설명했듯이, 신실증주의와 신자유주의는 다음과 같은 점을 공유하고 있습니다.

> 가치중립적·수학적·'과학적'이며, 자유시장의 가치, 경제적 합리주의, 효율성
> 모형 … 즉 아웃소싱, 경쟁적 개인주의, 기업가정신 및 민영화 … 서비스로 사
> 용되는 지식을 생산하는 목표. 이러한 이데올로기에서 모든 것은 과학화되고
> 통제를 목적으로 (탈가치적인) 수학적 데이터로 축소되어야 한다(St. Pierre, 2012:
> 484).

냉철한 실증주의 과학자는 신자유주의의 이기주의적 호모 에코노미쿠스와 아주 가깝다고 볼 수 있습니다. 둘 다 합리적이고 객관적이며 계량화된 계산을 할 것이며, 예측가능성과 통제라는 이익을 위해 세계와 삶을 숫자로 환산할 수 있다고 기대합니다. 우리는 맥킨지의 모토인 "모든 것은 측정될 수 있고, 측정된 모든 것은 관리될 수 있다"는 본질적인 실증주의 믿음의 진술로 돌아갑니다.

실증주의 패러다임은 신자유주의와 겨루어 보고자 하는 자들의 반대에 직면할 수 있을 것입니다. 그러나 이 패러다임은 다른 이유들, 특히 하나로 통일된 과학 이론unified theory of science을 가정하기 때문에 논쟁이 뒤따릅니다. 과연 그것은 무엇일까요? 흔히 '과학주의'로 알려진 신념, 즉 자연과학(예, 물리학, 화학, 생물학 등)의 가정과 방법이 인문학과 사회과학을 포함한 모든 학문에도 적합하며 필수적이라는 신념입니다. 다시 말해서, 자연과학이든 사회과학이든 간에 모든 과학은 객관적 지식과 보편적 법칙에 대한 동일한 가정을 공유하고 동일한 과학적 탐구 방법을 사용하기 때문에 유사하게 다루어질 수 있다는 신념입니다. 영국의 정치철학자 존 그래이John Gray는 다

음과 같이 실증주의의 주요 원칙을 제시합니다.

> 통일된 과학을 추구하는 것은 사회과학이 자연과학과 방법론 면에서 다를 바
> 가 없다는 것을 의미한다. 둘 다 자연 법칙을 발견하려 한다. 진짜 지식은 오직
> 과학적 탐구로부터만 나온다는 것이다. 그리고 사회과학을 포함한 모든 과학
> 은 수학 법칙의 보편성과 확실성을 추구한다(Gray, 2009: 271).

따라서 콩트는 수량화되지 않거나 "모든 인간의 지식에서 단일 법칙으
로 축소되는 통일된 과학으로 예상되지 않는 것"(Gray, 2009: 271)은 어떤 것도
없다고 믿었습니다. 이러한 신념은 "자연 세계와 마찬가지로 사회적 세계에
도 법과 규칙성이 기저에서 작동하는 질서가 존재하며 … [그리고] 사회적 세
계의 법칙은 과학적으로 이해할 수 있다"(St. Pierre, 2012: 487-488)는 개념에 바탕
을 둡니다.

통일된 과학의 가능성에 대한 이러한 신념은 오늘날 실증주의 패러다
임을 채택하는 사람들 사이에서 지속되는데, 그 기본적인 가정은 다음과
같이 요약할 수 있습니다.

> ① 자연과학의 목적·개념·방법은 사회과학에 적용 가능하다. ② 실재는 정확
> 한 측정 방법을 통해 알 수 있다고 보는 진리의 대응 이론은 사회과학에 적합
> 하다. ③ 사회 연구의 목적은 문화와 역사를 초월하는 인간 행동의 보편적 법
> 칙을 만드는 것이다. ④ 사실/가치 이분법, 즉 이론으로 가득 찬 관찰의 차원
> 과 가치로 가득 찬 이론의 차원을 모두 부정하는 것은 '객관적인' 사회과학의
> 근거를 만든다(Lather, 1991: 172).

그러나 자연과학과 사회과학의 동등성에 의문을 제기할 만한 강력한 근거가 있습니다. 기본적인 문제는 자연 세계와 사회적 세계의 본질적인 차이에 있습니다. 덴마크의 경제지리학자인 벤트 플뤼브비에르Bent Flyvbjerg는 예측에 높은 가치를 지닌 자연과학의 접근법은 사회과학에서는 작용하지도 않고 작용할 수도 없으며, 그렇게 하려고 노력하는 것은 단순한 시간과 노력의 낭비이고, 사람·가족·지역 및 사회의 문제이자 그들이 행동하는 예방적인 방법일 뿐이라고 주장합니다.

> 우리가 얼마나 수학적·통계적 모델링이 사회과학을 지배하도록 내버려 두었는가를 떠나서, 사회과학은 자연과학적 의미에서 과학화될 것 같지는 않다. 왜냐하면 모델링하여 알아보고 있는 현상이 사회적인 것이며, 따라서 자연 현상이 하지 않는 방식으로 '답변하기' 때문이다(Flyvbjerg, 2006: 39).

마찬가지로 존 그레이는 우리가 자연적 세계나 물리적 세계를 연구하는 것과 같은 방법으로 인간 세계와 사회적 세계를 연구할 수 없다고 주장합니다. 그 이유는 다음과 같습니다.

> 사회적 대상은 인간이 어떻게 생각하는지에 관계없이 존재하는 별이나 돌 같은 것이 아니다. 사회적 대상은 부분적으로 인간의 인식과 신념에 의해 만들어지며, 인식과 신념이 바뀌면 함께 변화한다. … 우리의 변화하는 신념이 끊임없이 이를 바꿔 놓기 때문에 사회에 대한 객관적인 지식을 가질 수는 결코 없을 것이다(Gray, 2009: 110).

그렇다면 문제는 사회라는 세계에는 상수도 규칙성도 없고, 움직임과 다양성, 무수한 맥락과 복잡성만이 존재한다는 것입니다. 세상은 불가피하게 혼란스럽기 때문에 불변하는 법칙이나 신뢰할 수 있는 예측 결과를 찾는 것은 불가능할 수밖에 없습니다. 놀랄 것도 없이, 존 그래이는 "여러 형태의 사회과학[경제학 포함]이 물리학에서와 같은 하나의 법칙을 포함하고 있다고는 생각하기 힘들다"(Gray, 2009: 272-273)고 주장합니다.

실증주의 패러다임은 가정·신념·가치에 대한 사고방식과 그에 따른 세계관을 가지기 때문에 어떤 진영에서는 불신의 대상입니다. 그 가정이나 신념은 완전히 믿을 수 없는 것이거나 최소한 상당히 논쟁의 여지가 있어 보입니다. 어떤 사람은 실증주의에서 사실이라고 보는 것들을 거부하고 실증주의가 무시하는 것들을 받아들이면서 실증주의와 매우 다른 패러다임의 위치를 택하고 더 많은 의문을 제기합니다. 그러한 대안적 입장 하나를 제시해 보겠습니다. 이는 제가 유아교육에서 저항 운동이라고 명명했던 것 중에서 실질적인 관심을 끌고 있는 것입니다. 그러나 이는 '유일한 대안'이 아니라 하나의 대안이라는 점을 인지하고 강조할 필요가 있습니다.

후기근본주의

먼저 간단히 당부의 말씀을 드리고 싶습니다. 실제로 패러다임의 명칭은 몇몇 강조와 관점의 차이를 제외하고 기본적인 핵심 아이디어는 공유하고 있을지도 모릅니다. 따라서 제가 실증주의와 매우 다른 입장을 취하는 패러다임을 후기근본주의로 명명한다면, 이것은 포스트모더니즘, 후기구조주의, 후기식민주의, 포스트휴머니즘, 그리고 표 2-1에 열거된 다른 '포스트'

를 포함한 다양한 이론적 관점을 수용하는 것으로 이해해야 하며, 이러한 관점들은 같은 입장이지만 다른 주제에 또는 다른 렌즈로 시선을 집중시킵니다.

광범위하게 정의된 후기근본주의 패러다임은 실증주의의 기본 원칙 또는 기초에 도전합니다. 후기근본주의는 복잡성과 맥락, 불확실성과 잠정성, 주관성과 해석이라는 사회적 세계에서의 불가피성을 인식할 뿐만 아니라 이를 가치 있게 여깁니다. 세계는 상호 연결과 얽힘으로 이루어져 있으며, 별개의, 측정 가능한, 조절 가능한 변수로 나눌 수 없습니다. 언어는 실재의 종노릇을 하면서 실재의 객관적이고 사실적인 묘사를 재현하고 표현하는 투명하고 중립적인 도구가 더 이상 아닙니다. 대신에, 우리가 사용하는 언어는 실제로 현실을 구성합니다. 그러므로 담론, 우리가 그것에 대해 말하는 방식에 의해 사물의 의미를 만드는 방법(언어의 '담론적' 역할), 그리고 지배 담론들이 사용하는 언어를 통해 우리가 의미를 만들거나 실재를 엮어 가는 방식을 통치하려고 하는 방법이 중요합니다.

요약하면, 다른 언어는 다른 실재를 만듭니다. 만약 사물을 생각하고 이해하는 방식을 바꾸고 싶다면, 그에 대해 생각하고 말하는 새로운 언어를 찾을 필요가 있습니다. 저는 이것을 제4장에서 질과 그에 따른 고수익에 관한 이야기와 레지오 에밀리아의 이야기에서 나타난 유아교육에서 다루는 언어를 대조하며 설명하고자 합니다. 언어의 구성적 역할에 대한 이러한 이해는 '언어적 전회linguistic turn'라고 합니다.

언어와 담론의 역할은 인식론에 대한 매우 다른 관점을 가지고 있는 실증주의와 후기근본주의의 패러다임에 기여합니다. 즉 이 두 패러다임은 사회적 세계의 지식이 무엇인지를 매우 다르게 이해하고 있습니다. 후기근본주의자들은 이렇게 이해합니다.

> 과학의 비판적 철학을 기반으로 절대적인 진리와 보편적으로 정리된 지식 체계의 가능성을 거부한다. 대신에, 지식은 '진리 담론의 경제'에 의해 만들어지는 것으로 이해되며, 의미는 경쟁하는 지식의 상호작용에서 나온다고 본다. 어떤 지식은 지배적인 의미와 실제를 정당화하고 지지하는 반면, 어떤 지식, 흔히 주류가 아닌 지식은 헤게모니적 담론에 도전한다. … **이 관점은 과학적 지식을 '참이 아닌' 것으로 만들지는 않는다. 그보다는 우리에게 대문자 진리Truth를 다른 방식으로 이해할 것을 요구한다. 사회적 관계보다 미리 존재하고 발견되기를 기다리는 절대적이고 불변인 것이 아니라, 세계를 이해하는 특별한 위치에 있는 우연한 산물로서 이해해야 한다.** … 주요 쟁점은 특정 담론이나 세계관이 특권을 부여받는 조건과, 그들이 만들어 내는 진실과 거짓 사이에서 만들어진 구별이 어떻게 논쟁될 수 있는지를 이해하는 것이다(Otto, 1999: 17. 강조는 원저자).

그러므로 이러한 관점에서 보면 대문자 지식Knowledge과 대문자 진리Truth가 아닌, 소문자 지식knowledges와 소문자 진리truths가 있는 것입니다. 사회적 세계 바깥에 어떤 위치도 없으며 있을 수도 없습니다. 냉정한 과학 관찰자가 객관적이며 안정적이며 보편적인 지식을 알게 되어 이 새로 발견한 실재를 정확하고 객관적으로 표상하여 결과적으로 보편적이고 예측 가능한 법칙을 만들 수 있는 '신의 관점'이 아닙니다. 후기근본주의 입장에서 볼 때 사회적 세계를 알고자 하는 사람은 불가분하게 그 세계의 일부이고 그 세계에 묶여 있으며 특정 위치에서 그리고 특정한 관점에서 보고 이해합니다. 사회적 세계에 대한 지식은 최종적이고 포괄적인 앎이 결코 될 수 없기 때문에 불가피하게 주관적이고, 결과적으로 부분적이고 지속적이며 잠정적입니다. 그래서 다양한 지역적 실제·관점·지식의 세계에서는 모두의 지지를 받는 하나의(단수의) 대문자 진리가 아니라 사물이 다른 관점과 맥락에서 어떻게 보이는지를 반영하는 사회적으로 구성된 (복수의) 소문자 진리가 있습니다.

따라서 후기근본주의는 존재론(실재란 무엇인가)과 인식론(어떻게 알 수 있는가)에서 사회적 구성주의자의 접근을 채택합니다. 이는 사회적 세계 또는 인간의 세계와 그것에 대한 우리의 지식이 사회적으로 구성된다는 것으로, 이 과정에서 우리 모두는 인간으로서 다른 사람들과의 관계에 적극적인 참여자가 됩니다.

> 사회적 구성이란 사회적 과정이며, 세계에 우리 자신이 직접 관여하는 것 외에는 존재할 수 있는 방법이 없다. 세계는 항상 우리 자신에 의해 이해되거나 구성되는 **우리의** 세계이며, 고립된 것이 아니라 인간 행위 주체들이 모인 공동체의 일부이며, 그 공동체의 다른 사람들과의 적극적인 상호작용과 참여를 통해 이루어진다. 이러한 이유로 지식과 지식 구성은 항상 맥락 특수적이며 가치 판단적이며, 보편적 진리와 과학적 중립성에 대한 모더니즘적 믿음에 도전한다(Dahlberg, Moss and Pence, 2013: 23).

앞서 언급한 '통일된 과학'의 가능성에 대한 의구심으로 되돌아가면, 사회적 구성주의자는 '인간의 세계는 자연적·물리적 세계와 다르므로 반드시 다르게 연구해야 한다'는 전제에서 출발합니다(Klenke, 2016: 21). 따라서 존재론 및 인식론에 대한 다른 접근법뿐만 아니라 다른 방법론(어떻게 알아내는가)을 취합니다. 제4장에서 레지오 에밀리아의 유아교육을 논하면서 '당신이 가지고 있는 어린이의 이미지는 무엇입니까'라는 질문으로 표현된 사회적 구성주의적 접근법의 실례를 찾아볼 수 있을 것입니다.

이 시점에서 세 가지를 제시해 두는 것이 중요합니다. 첫째, 우리가 자연 세계와 물리학보다는 사회적 세계와 사회과학에 대해 여기서 이야기하고 있다는 것을 계속 기억해야 합니다. 후기근본주의는 통일된 과학을 추구하지 않습니다.

둘째, 특히 이 책의 주제처럼 '후기 진리post-truth', '대안적 사실', '가짜 뉴스' 같은 용어가 매일 헤드라인을 장식할 때 우리는 데이터와 사실을 지식과 진실로부터 구별해야 합니다. 데이터와 사실은 객관적으로 진실일 수 있습니다. 서로 전혀 다른 세 가지 예를 들면, 파리는 프랑스의 수도이고, 제2차 세계대전에서 홀로코스트가 발생했으며, 지구온난화는 지금 일어나고 있으며 인간의 활동이 주요 원인입니다. '지식'은 우리가 사물에 대해 만드는, 즉 우리가 실재를 구성하거나 엮은 의미입니다. 우리는 이 과정에서 데이터와 사실을 사용하지만, 어떤 데이터와 사실을 어떻게 사용하는가는 개별적으로 그리고 집단 사이에서 다양할 것입니다. 그래서 (때로는 새로운 정보가 밝혀질수록 진실은 변하지만) '사실'에 관해서 우리는 대문자 진실에 대해 말할 수 있습니다. 그러나 사회적 세계에 대한 지식에 관해서는 서로 경쟁하는 소문자 진리를 말할 필요가 있습니다.

셋째, 후기근본주의는 상대화시킵니다. 왜냐하면 다원적 관점의 사회적 세계에서 객관적으로 옳은 답은 있을 수 없기 때문입니다. 그렇다고 어떤 것이든 괜찮다고 보는 것은 아니며, 미학적·도덕적 동등성의 세계와 혼동되어서는 안 됩니다. 후기근본주의 패러다임에서 위치에 있다는 것은 평가하지 못하고 결론이나 판단에 도달할 수 없다는 것을 의미하지 않으며, 미학적 또는 윤리적 선택을 포기하는 것을 의미하지도 않습니다. 비록 우리가 그렇게 해야 한다고 요구하고 있지만, 우리는 할 수 있고 또 해야만 합니다. 우리는 이러한 과정과 우리의 선택에 책임을 져야 합니다. 우리는 보편적 지식과 진리를 주장하는 입장이나 중립적인 잣대 또는 객관적인 전문가로 가정되는 누군가에게 책임을 떠넘길 수는 없습니다. 이것은 폴란드 사회학자 지그문트 바우만Zygmunt Bauman(1925~2017)이 포스트모더니즘 윤리에 대한 글(다음 장에서 더 자세히 논합니다)에서 내린 결론입니다. 그는 후기근본주의 패러다임이 가져다주는 것은 책임감의 감소가 아니라 오히려 더 큰 책임감이라고 강조합니다. 이러한 위치를 채택하는 것은 쉬운 선택 방법이 아니며, 오히려 우리가 선택한 것의 도덕성에 대해 더 깊이 인식할 것이라고 주장합니다. 우리가 좀 더 의식적으로 선택하고 그 선택의 도덕적 내용을 명확하게 파악해야 한다는 것입니다(Bauman, 1995: 7).

　　그러므로 후기근본주의 패러다임에서 상대화는, 몇몇 사람이 주장하는 것처럼, 책임을 회피하는 것이 아닙니다. 반대로, 우리에게 더 많은 것을 요구합니다. 우리가 생각하는 것이 옳은지 또는 좋은지를 결정하는 것은, 예를 들어 유아교육에서처럼, 피할 수 없습니다. 책임은 우리에게 있습니다.

　　한 가지 더, 실증주의와 포스트 패러다임의 차이점으로 주목해야 하는 것은 바로 지식과 권력의 관계입니다. 실증주의적 관점에서 지식은 권력과 구별될 수 있고 구별되어야 합니다. 지식의 목표는 거리의 유지, 독립성의 주장, 조종과 검열로부터의 방어입니다. 요약하면 권력에 의한 오염과 부패를 피하는 것입니다. 이러한 조건이 갖춰져야 정말로 필요한 객관적이고 보편적인 진리를 찾고 추구하는 것이 가능합니다.

그러나 후기근본주의 관점에서 이것은 불가능한 소망일 뿐입니다. 지식과 힘은 공생 관계로 불가분하게 뒤얽혀 있습니다. 권력은 지식을 통해 작동하는데, 권력을 가진 이들의 숨은 의도를 지켜 주고 이익을 높여 주고 효과성을 증진시키는 그러한 (부분적이며, 관점에 따른) 지식만 지지하기에 진정한 지식으로 간주되는 것은 사실상 권력의 함수이며 권력이 선호하고 정당화하는 지식일 뿐입니다. 이러한 조건에서 CEC 시리즈의 하나인 『유아교육 연구에서 푸코 실행하기: 후기구조주의 아이디어의 적용-Doing Foucault in Early Childhood Studies: Applying Poststructural Ideas』에서 호주의 학자 글렌다 맥노턴 Glenda MacNaughton은 "지식은 결코 이데올로기에서 자유로울 수 없다. 왜냐하면 모든 지식은 편향되고 불완전하며 특정 집단의 이익과 연결되어 있기 때문이다"(MacNaughton, 2005: 22)라고 주장합니다. 다양한 지식과 진리 주장이 있습니다. 예를 들어, 어린이와 유아교육에 대한 많은 지식과 진리 주장은 서로 영향력과 권력을 갖고자 경쟁하며 유일한 진실로 받아들여지도록 애쓰는데, 이러한 상황은 누구의 지식이 중요하고 권력을 얻으며, 누구의 지식이 소외되고 억압되는지와 같은 질문으로 이어집니다.

그래서 특정한 전문가의 목소리가 신자유주의 정부와 조직의 믿음과 욕망을 담은 유아교육에 관한 이야기를 제공하듯이, 그러한 강력한 기관이 이러한 이야기들을 채택하는 것에 의해서도 이러한 전문가의 목소리가 타당성을 획득하고 증폭되어 널리 전파됩니다. 사회과학자와 정책 입안자 사이의 이러한 상호 작용에서 권력의 세계관과 목표를 함께하고 지지하는 지식은 정책 결정에 포함되고 타당성을 인정받고 사용되지만, 반면에 (예를 들어, 저항 운동으로부터 나온) 그렇지 않은 지식은 배제됩니다. 트리샤 그린할프 Trisha

Greenhalgh과 질 러셀Jill Russell이 주장하듯이, 그것은 '증거 기반 정책 결정'이라는 가면 뒤에 숨겨진 권력 게임입니다.

> 어떤 질문을 할지, 어떤 증거를 종합해 작성할지, 어떻게 종합한 내용을 정책수립 테이블에 올릴지에 대한 선택을 포함해 정책 수립을 위한 증거를 선정하고 제시하는 것은 논리적인 의사결정 순서에 넣어야 할 객관적 사실의 수집이 아니라, 수사학적 논쟁 게임에서의 움직임으로 간주되어야 한다. '증거 기반 정책 결정'이라는 표현 자체가 본질적으로는 정치적인 문제에 대한 기술적해결책이 있음을 시사한다(Greenhalgh and Russell, 2006: 1-2).

이러한 지식과 힘의 관계에서 전문가와 권력기관은 서로 의지합니다. 네가 내 등을 긁어 주면 나도 네 등을 긁어 줄게 식으로, 서로 질문이나 논쟁의 여지를 거의 남기지 않고 다른 많은 지식은 하찮게 여기는 상호 의존으로 이어집니다.

짧은 덧붙이는 글

유아교육에서의 패러다임을 다루기에 앞서, 패러다임이 아닌 것이 무엇인지, 추가하자면 여러 가지 중 패러다임이 아닌 것에 대한 명확한 구분을 덧붙여 이야기하고자 합니다. 저는 연구자들이 '양적' 또는 '질적'과 같이 선택한 연구 방법과 패러다임을 동일시하고 있음을 알게 되었습니다. 예를 들어, 연구자들은 대규모 표본에서 추출한 많은 데이터 세트를 수집·분석하기도 하고 반구조화된 면담에서 얻은 자료와 같은 소수 사례를 중심으로 집중적으로 분석하기도 합니다. 이것은 패러다임이라기보다는 방법론의 차이입니다.

실증주의자는 숫자의 분석에 통계적 기법을 적용해 양적 연구 방법에 의존할 가능성이 더 높은 반면, 후기근본주의자는 숫자나 통계 기법을 피하고 면담이나 다른 자료로부터 생성된 복잡한 물질을 해석해 내기 위해 질적으로 접근할 수 있습니다. 그러나 실증주의자가 질적 연구 방법을 더 많이 사용하지 않아야 하거나 후기근본주의자가 양적 연구 방법을 사용하지 않아야 할 이유가 없으며, 실증주의자나 후기근본주의자 모두 다른 연구 방법으로 보완할 수 있습니다. 다시 말해, 둘 다 '혼합 연구 방법mixed methods'을 사용할 수 있습니다.

패러다임의 차이는 사용된 방법론이 아니라 생산된 지식에 대한 가정 그 자체에서 나타납니다. 실증주의자는 자신이 세상을 있는 그대로 표상하고 있다고 또는 최소한 사물의 진짜 상태를 드러내는 목표에 점점 더 가까워지고 있다고 믿을 것입니다. 즉 실증주의자는 데이터가 어떤 실재를 말하거나 보여 준다고 말합니다. 후기근본주의자는 자신이 세계에 대해 부분적으로 해석해 냈다고 믿으며, 특정한 관점으로부터 온 것이지만 그들이 인정한 해석이 다른 사람들에게 만족스럽고 유용하다고 입증되기를 바랍니다. 후기근본주의자는 자신의 해석이 미래의 연구 또는 정책을 위한 신선한 이해를 발생시키고, 새로운 사고를 불러일으키고, 새로운 방향을 여는 데 도움이 되기를 바랍니다. 그러므로 패러다임이 만들어 내는 차이는 방법론이 아니라 인식론에서 연유합니다.

유아교육과 패러다임

유아교육은 인간 활동의 어떤 다른 분야보다 패러다임의 영향을 받습니다. 25여 년 전, 유아교육 재개념화Reconceptualising Early Childhood Education 운동의 창시자 중 한 명인 미미 블로흐Mimi Bloch는 미국의 유아교육은 출판물이든 학회든 대학이든 이론과 방법 모두 실증주의 패러다임과 밀접하게 연관되어 있다고 주장했습니다(Bloch, 1992). 보편적이고 탈맥락회된 이론의 가능성, 분리가능한 변수들로 구성된 시스템으로 환원될 수 있는 사회 세계, 이론과 실제의 유의미한 구분의 가능 등이 실증주의에 따라오는 신념들의 예입니다. 미국의 유아교육 연구자이자 재개념주의자 조 토빈Jo Tobin은 다음과 같이 주장했습니다.

> 미셸 푸코, 미하일 바흐친, 주디스 버틀러, 프레더릭 제임슨, 미셸 드 세르토, 장 보드리야르, 자크 데리다, 가야트리 스피박, 호미 바바 등과 같은 후기구조주의자들은 어린이와 관련한 연구를 거의 또는 전혀 하지 않았지만, 그들의 이론이 유아교육에 적용되기를 간절히 바란다(Tobin, 2007: 29).

실증주의 규칙, 오케이!

저는 후기근본주의적 패러다임 안에서 작업해 온 이러한 이론가들이 어떻게 유아교육에 적용되었는지는 이어지는 장들에서 보여 줄 것입니다. 그러나 여기서는 유아교육에서 패러다임의 중요성을 설명하기 위해 또 다른 예를 들어 보겠습니다. 다른 패러다임에 위치하여 세상을 보는 것이 어떻게 매우 다른 이해를 만들어 내는 것일까요? 그 예는 질에 관한 것이고 논쟁은 간단합니다. '질'이라는 개념은 실증주의 패러다임에서 볼 때 타당하지만 후기근본주의 패러다임에서 타당하다고 볼 수 없습니다.

실제로 단어의 빈도를 계산하지는 않았지만, '질'은 오늘날 유아교육에서 가장 많이 사용되는 단어 중 하나일 것입니다. 이 단어는 누구에게나 어디에서든 쓰이며, 의심할 여지없이 자명하게 바람직한 것으로서 당연한 방식으로 예외 없이 사용됩니다. 그것은 유아교육에 발생하는 좋은 일, 그리고 특히 제1장에서 논의했던 고수익의 열쇠를 가지고 있는 것 같습니다. 이러한 관점에서 질의 유일한 문제는 본질적으로 기술적 문제일 뿐입니다. 즉 어떻게 질을 정의하고 어떤 방법으로 그것을 얻을까, 어떤 '휴먼 테크놀로지'가 고수익 창출을 '가져다줄' 가능성이 가장 높을까라는 측면에 관심을 둡니다.

그러나 저는 '질'은 개념적으로나 단어 자체로 심각한 문제가 있으며, 그것이 단지 기술적인 차원만이 아니라서 몇 년 전부터 더 이상 '질'과 관련된 연구를 하지 않겠다는 결론을 내렸습니다. 제가 살펴본 '질의 문제'는 무엇일까요? 그리고 그 문제를 해결하는 데, 적어도 제가 만족할 만큼 해결하는 데 패러다임이 어떻게 도움이 되었을까요? 이 질문에 답하기 위해서는 시간을 조금 거슬러 올라가야 합니다.

유아교육에서 '질'에 대한 관심 그리고 그 실천과 결과에 대한 중요성은 1980년대 이후 급증했습니다. 다시 한 번 우리는 왜 그런지를 질문해야 합니다. 그 당시 사람들은 왜 '질'에 대해 많은 이야기를 하기 시작했을까요? 그리고 왜 그것이 오늘날까지 '질'에 대한 논쟁으로 이어지고 있을까요? 제가 대답을 해 본다면, '질'은 부활하는 실증주의적 패러다임의 일부로 나타났는데, 앞서 살펴본 것처럼 신자유주의의 승리로 1980년대 이후부터 제2의 또는 제3의 흐름을 맞이했습니다. '질'은 신자유주의 세계의 필수 요소인 관리주의의 이익을 제공하는 실증주의적 개념입니다.

제 생각을 설명해 보겠습니다. 경쟁적인 시장 사회에서 고수익을 창출하려면 성과를 평가하기 위한 정확하고 측정 가능한 결과뿐만 아니라 성과 기준의 설정이 필요하며, 이는 성과를 개선하기 위한 지속적인 추진을 가능하게 합니다. 이러한 기준들은 전문적으로 도출되어야 하며, 증거에 근거해 신뢰성 있게 측정할 수 있어야 합니다. 또한 보편적이고 객관적이며 안정적이어야 합니다. 이것은 어디에서 '질'이 나오는지에 관한 것입니다. 왜냐하면 '질'은 유아교육 서비스를 언제 어디서든 평가할 수 있는 기술 수행의 기준을 줄여서 표현하는 것으로, 과학적 방법을 사용하는 전문가에 의해 발견되고 공개되고 측정될 수 있는 '저기 바깥에서' 기다리는 기준이기 때문입니다. 이렇게 베이징, 방갈로르, 베를린, 보스턴 등에서 사용한 것과 같은 측정 방법(아마도 맥락에 따라 작은 변수들과 함께)으로 전 세계에서 '질'을 측정하고 비교할 수 있습니다. 조금 달리 표현하면, '질'은 정상화normalisation의 기술—성과를 평가할 수 있는 규범을 세워 정책과 실천을 규정하는 기술—이며, 맥락에 관계없이 세계 어느 곳에서나 성과를 비교할 수 있다고 주장하는 원거리 조종 테크놀로지technology of distance이며, 수행 표준에 대한 설정과 측정을 통해 멀리서 지배·관리할 수 있는 강력한 도구를 제공하는 규제 테크놀로지technology of regulation입니다.

그러나 1990년대에 유아교육에서의 '질'은 적어도 어떤 사람들에게는 그리 단순하게 보이지 않기 시작했습니다. 즉 '질'에 대한 문제가 기술적인 영역을 넘어 철학적이고 정치적인 문제로까지 확대되었던 것입니다. 특히 맥락·복잡성·다원성·주관성에 대한 인식이 높아졌습니다. 다음과 같이 질에 관해 주장하는 연구자들이 점점 많아졌습니다.

- 질은 주관적이고 가치에 기반하는 상대적이며 역동적인 개념이며, 질이란 무엇인가에 대한 다양한 관점 및 이해가 가능합니다.
- 질에 대한 작업은 공간적·시간적으로 맥락화되고, 문화적으로 다른 중요한 형태의 다양성을 인식해야 합니다.
- 질을 정의하는 과정, 예컨대 누가 관여하고 어떻게 처리되는지 자체가 논쟁의 대상이 되었습니다. 특히 유아교육기관에 관심이 있는 광범위한 다른 이해관계자를 배제하려는 소수의 전문가 집단의 우위로 인해 과거에 이 과정이 어떻게 운영되었는가에 대한 질문이 제기되었습니다.

1996년, 두 명의 미국 연구자가 쓴 글은 이와 관련된 논쟁의 분위기를 보여 줍니다.

사회의 하위문화와 가치의 다원성은 질에 대한 유일의 명확한 정의가 존재하지 않는다는 사실을 말해 준다. 이는 시각에 따라 변하는 상대적인 개념이다. … 실제로 질은 역동적이고 상대적인 개념이므로 다양한 요인이 진화함에 따라 질에 대한 인식도 변한다(Bush & Phillips, 1996: 66-67).

이러한 논쟁은 바로 '질'을 다양하게 정의할 가능성으로 이어집니다. 질의 정의는 시간이 지나면서 변할 수 있는 다른 관점으로부터 다른 지리적 맥락과 주체에서 구성되고, 각 정의는 적어도 객관적인 과학적 발견의 개념처럼 가치와 맥락에 기인합니다. 이를 깨닫게 되면서 '질에 대한 문제'가 새롭게 나타났습니다. 이렇게 새롭게 나타난 문제의 가장 즉각적인 징후는 '질' 개념이 무의미하고 쓸모없게 될 것이라는 전망이었습니다. 왜냐하면 '질에 대한 하나의 명확한 정의' 대신에 각각 서로 다른 관점의 집합으로 구성된 '질'에 대한 많은 다른 정의가 있다면 소통과 비교 및 평가는 불가능해질 것이고, 질은 정상화, 원거리 및 규제의 기술로서 가치를 잃고 더 이상 관리를 위한 도구로 사용할 수 없게 될 것이기 때문입니다. 단일하고 보편적이고 객관적인 기준 대신에 유아교육에서 주관적인 주장들이 경쟁하고 대립하는 혼란에 직면하게 됩니다. '질'이 무엇을 의미하는지는 아무도 더 이상 알 수 없을 것입니다.

그러나 이러한 혼란스러운 전망 아래에는 보다 심오한 문제가 있었습니다. 바로 전문적 지식과 측정이라는 본질적으로 기술적인 문제로 접근해 온 것이 가치와 의미의 모순되는 철학적·정치적 문제로 될 수 있다는 불안감이었습니다. 유아교육의 세계는 진리, 그리고 그것과 함께 확실성을 발견하기보다는 다양한 관점과 모호함에 대한 관점 그리고 의견 차이로 대체되는 진정한 합의의 가능성에 직면했습니다. 미국 교육철학자 빌 리딩스Bill Readings는 보편성과 관련해 '우수성excellence' 개념에 대한 비판은 '질'과 유아교육기관에도 똑같이 적용될 수 있다고 했습니다.

우수성에 대한 측정은 인지적 확실성 또는 명확한 해답을 근본적으로 도출할 수 없다는 점에서 철학적인 의문들을 제기한다. 그러한 의문들은 수량화quantification의 논리와 근본적으로 상충되기 때문에 반드시 더 많은 논쟁을 불러일으킬 것이다(Readings, 1996: 24).

이것은 구닐라 달버그Gunilla Dahlberg와 앨런 펜스Alan Pence 그리고 제가 『유아교육과 보육에서 질의 담론을 넘어서기Beyond Quality in Early Childhood Education and Care』(Dahlberg et al., 2013)를 쓸 때 마주한 분명치 않았고 혼란스러운 입장이었습니다. 1999년에 출판된 이 책은 새로운 '질과 관련된 문제'에 맞섰고, 첫 번째 영문판의 부제처럼 '포스트모던 관점'이라는 다른 패러다임의 입장을 채택함으로써 맞설 수 있었습니다. 이러한 재위치하기repositioning는 우리가 상당히 다른 방향에서 '질과 관련된 문제'에 접근할 수 있고 그 문제에 대해 새로운 통찰력을 얻을 수 있도록 해 주는 필수적인 것으로 드러났습니다.

우리의 결론은 다음과 같았습니다.

- '질'은 특정한 가정과 가치를 지닌 매우 특정적인 의미의 개념이며 예를 들어 실증주의와 같은 특정 패러다임의 산물이므로 자연적인(자명한) 것도 중립적인(객관적인) 것도 아니다.
- '질'의 개념은 맥락, 복잡성, 가치, 다양성, 주관성, 다양한 관점, 그리고 불확실하고 다양하다고 이해되는 세계의 여러 특징을 수용할 수 있도록 재개념화되기는 어렵다. '질과의 문제'는 그것이 가고자 의도한 적이 없는 방식으로 개념을 재구성하기 위해 노력하는 것으로는 설명될 수 없다.

- 맥락, 복잡성, 가치, 다양성, 주관성 및 다양한 관점이 중요하고 불가피한 것으로 간주되는 경우 다른 패러다임의 입장을 취할 필요가 있다. 예를 들어 포스트모더니즘(또는 더 넓게 후기근본주의)과 같은 입장은 그것들을 존중하고 환영하고 어려워하지 않는다.

- 이렇게 하면 '의미 만들기meaning making'라는 다른 개념과 함께 갈 수 있다. '의미 만들기'는 보편적인 기준과 측정 방법에 대한 전문가 주도의 탐색이 아니라 '특정한 페다고지 작업에서 진행되고 있는 작업의 의미를 만들기 위해 유아교육기관과 그 프로젝트에 대한 이해'를 구축하고 심화하는 것이다(Dahlberg et al., 2013: 112). 이러한 의미 만들기는 항상 다른 사람들과의 관계에서, 즉 대화·반성·논쟁 및 해석을 수반하는 공동 구성의 참여 과정에서 발생한다.

- 이러한 방식으로 의미를 만들거나 구성하고 이해를 심화시키는 것은 그 자체로 가치가 있다. 그러나 사람들은 그렇게 이해된 작업에 대한 판단(평가), 즉 지금 여기 그리고 미래의 우리 아이들을 위해 우리는 무엇을 원하는지에 대한 광범위한 질문과 관련하여 내리는 판단으로 이어지는 것을 선택할 수도 있다. 이러한 질문은 반복해서 제기되어야 하며, "좋은 삶이란 무엇인가"와 "인간이 된다는 것은 무엇을 의미하는가"에 대한 더 큰 질문과 관련되어야 한다(Dahlberg et al., 2013: 113).

- '질'의 개념은 종종 평가 척도의 점수에 기초한 숫자로 표현되는 사실의 탈맥락한 객관적 서술이 되는 반면에, 의미 만들기의 개념은 때때로 가치 판단—'객관성에 대한 통계적 주장 뒤에 숨지 않고' 책임을 져야 하는 판단—으로 이어져 반성과 해석의 연속적인 과정을 요구한다. '질' 개념

은 경영 회계 형태로 이어질 수 있는 반면, '의미 만들기' 개념은 민주적 책임론에 훨씬 더 가깝다.

'질에 대한 문제'는 (유아교육 분야 전반에 걸쳐 많은 사람이 '질'과 그 실증적 토대를 넘어서는 것이 불가능하다고 생각하기 때문에 여전히 문제가 되고 있음에도 불구하고) 적어도 우리가 만족할 만큼은 해결되었습니다. '질'은 필수가 아닌 선택이라는 것이 드러났습니다. 그러나 그렇게 선택했을지라도 반드시 그 개념으로 연구할 필요는 없습니다. 실증주의적 입장을 채택함으로써 보편적이고 안정적이며 객관적인 표준인 '질'—예를 들어 유아교육기관의 평가 점수와 같이 수량화된 사실의 진술로 끝나는 기법의 적용—을 찾고 측정하고 작업하기를 열망할 수도 있습니다. 후기근본주의 입장을 채택하고 맥락과 다양한 관점과 주관성을 인정한다면, 당신은 다른 사람들과의 관계에서 의미를 만들고 부여하거나 좋은 유아교육을 공동으로 구성하는 이상ideal과의 관련성에 대한 가치 판단이라는 정치적 적용을 추구할 수 있습니다.

전자의 경우 당신은 평가 대상, 예를 들면 유치원이나 학교가 미리 정의된 '질'의 기준에 얼마나 부합하는지를 평가하는 평정 척도로 연구할 수 있습니다. 후자의 경우 당신은 학교나 유치원에서 과정과 실제가 표시된, 그래서 토론, 반성, 논쟁 그리고 궁극적으로 잠재적인 해석과 심지어 판단까지 포함된 교육학적 기록작업과 같은 도구로 연구할 수 있습니다. 전자의 경우 당신은 점수 또는 점수의 총합과 함께 객관적이고 확정적이며 최종적인 사실의 서술에 도달했다는 믿음을 갖게 될 수 있습니다. 후자의 경우 당신은 유치원이나 학교의 다른 면에 대해 의미를 만들고 관점적이며 부분적이며 잠정적으로 인지되는 가치에 대해 판단하는 지속적인 과정에 관여할 가능성이 더 높습니다.

　아주 다른 패러다임 위치에서 출발한, 아주 다른 두 가지 접근법입니다. 이것은 여러분이 결정할 일입니다. 선택하십시오.

패러다임 분리를 넘어 만나기

이러한 사례가 희망적으로 보여 주는 것은 유아교육을 이해하는 데 있어서의 패러다임의 중요성입니다. 다른 패러다임의 입장은 전혀 다른 개념·이해및 실천의 채택으로 이어지기 때문입니다. 더 많은 패러다임이 있지만, 여기서 저는 두 가지 대조적인 패러다임의 입장을 제시했습니다. 저는 한 가지입장이 본질적으로 다른 입장보다 더 낫다고 제안하고 싶지는 않습니다. 이를테면 올바른 생각을 가진 사람이라면 분명히 이 패러다임 또는 저 패러다임을 선택해야 한다고 제안하는 것은 아닙니다. 제가 취한 패러다임의 위치는 교육에 대한 저의 희망과 욕망과 부합하는 그 입장이 매력적이었고 공감되었기 때문에 개인적으로 선택한 것입니다. 그러나 저는 다른 위치들도 있다는 것을 알고 있으며, 다른 대안들 중 하나를 선택하는 사람들을 존중합니다.

하지만 제가 정말 다시 제안하고자 하는 것은 당신이 선택에 직면하고있다는 사실을 알아야 한다는 것과 항상 많은 대안 중에서 선택했다는 사실을 인정해야 한다는 것입니다. 오늘날 유아교육의 가장 큰 문제 중 하나는, 실증주의라는 패러다임의 입장에서 이 분야를 바라보며 특히 질과 고수익에 대한 이야기에서 지배 담론을 일반적으로 지지하는 사람들은 스스로가 어떤 입장을 취하게 되었고 그래서 어느 한 관점으로만 사물을 본다는 것을 인정하지도 않을 뿐만 아니라 다른 어떤 입장의 존재도 인정하지 않는다는 것입니다. 편협한 이 시선이 유아교육 분야에 만연해 있음을 확인하는 것은 어렵지 않습니다. 정부, 싱크탱크, 국제기구 또는 이와 유사한 기관이 만든 유아교육에 대한 보고서에서 패러다임과 패러다임 확산 및 다양성에 대해 언급한 내용을 확인해 보십시오(예컨대, "본 정책 보고서에 대한 접근 방식은 실증주의 패러다임의 입장을 채택하기로 선택합니다. 다른 입장들이 있음을 알지만, 이러한 선택을 한 이유는…)." 또는 참고문헌 중 CEC 시리즈의 책이나 실증주의 입장을 취하지 않는 저항 운동에 해당하는 출판물이 있는지 찾아보십시오. 다른 입장에 있는 사람들과 그들이 하는 이야기들은 전혀 존재하지 않는 것처럼, 그리고 반박할 가치도 없는 것처럼 여겨져 왔습니다.

　　다른 패러다임을 취하는 출판물들이 참고문헌에 포함되지 않은 것이 유아교육에서 다양한 관점과 논쟁을 인식하지 못해서인지, 유아교육 정책과 대중의 인식을 만들어 내는 실증주의자들이 대안적인 패러다임이나 그들에게 영감을 준 연구물들을 인지하지 못해서인지, 또는 자신들은 알고 있지만 대안들을 비뚤어진 것으로 보거나 심지어 위험해서 고려할 가치조차 없다고 생각하기 때문인지는 확실히 모르겠습니다. 또는 대부분의 실증주의자들이 단순히 다른 패러다임을 이해할 수 없기 때문인 것으로 생각할 수도 있습니다. 반면에 대부분의 후기근본주의자들은 실증주의자의 입장에 수년에 걸쳐 노출되어 왔거나 실제로 그들의 삶의 어떤 단계에서 그 입장이 지배했기 때문에 실증주의 입장을 매우 잘 이해하고 있습니다. 엘리자베트 생 피에르는 이 마지막 가능성을 제기하면서, 한 패러다임의 위치에서 명확하고 일관된 것으로 보이는 것이 또 다른 패러다임 내에서는 이해하기 어려울 수 있다는 점을 지적합니다. 그는 다음과 같이 매우 중요한 질문을 던집니다.

> 이해가능성intelligibility의 다른 구조 안에서 [예를 들어, 다른 패러다임 위치에서] 만들어진 진술을 듣고 '이해'하는 것을 배우는 게 어떨까? 이 질문은 포스트모더니즘의 "명료화를 벗어난 의도적 불명확함fuscation"(Constas, 1998: 38)을 비난하는 사람들과는 반대되는 입장으로, 최소한 저자뿐만 아니라 독자에게도 지성을 발휘할 책임이 있다고 봄으로써 기존의 태도를 바꾸게 한다. 어떤 이유에서인지 이러한 독자들은 포스트모더니즘이 불리하게 작동하는 구조 안에서도 쉽게 접근할 수 있고 일관성이 있기를 기대한다(St. Pierre, 2000: 25).

이유야 어떻든 간에 저는 실증주의의 권력에 의해 대안적 관점들이 소외되는 것은 유아교육에 대단히 심각한 결과를 초래한다고 믿습니다. 우리는 서로의 차이에도 불구하고 함께 교류하고 대화하며, 다수의 관점과 토론, 많은 다른 이야기를 들을 수 있는 다양한 공동체로 가득 찬 장field을 보고 있는 것이 아니라 패러다임의 분리로 인해 분열되어 온 장을 보고 있습니다. 분리의 양편에는 서로 다른 진영들이 있는데, 상대편 사람들과 교류하고 대화하고 싶은 기색은 거의 보이지 않고 본질적으로 서로를 무시하고 자신의 삶을 다른 진영에 의해 방해받지 않으려 합니다. 이러한 분리와 비소통 상태에서 우리 모두는 더욱 초라해집니다(유아교육의 패러다임적 분리에 대한 더 풍부한 논의는 Moss, 2007 참조).

실증주의의 지배 담론과 그 지지자들에 의한 패러다임의 소외는 또 다른 불행한 결과를 초래합니다. 바로 유아교육의 탈정치화depoliticization입니다. 제가 논의한 바와 같이, 유아교육은 무엇보다도 정치적이고 윤리적인 실천입니다. 유아교육은 정치적·윤리적 질문으로부터 시작됩니다. 그러한 질문 중 하나는 바로 '당신은 어떤 패러다임의 위치에 있습니까'입니다. 다른 패러다임을 무시하고 자신의 패러다임을 당연한 것으로 받아들이는 것은 사실상 정치적 선택, 즉 윤리적 선택과 밀접하게 관련이 있는 정치적 선택이 이루어지고 있음을 부정하는 것입니다. 저는 유아교육의 논쟁에서 정치적이며 윤리적인 실천의 중요성을 다시 한 번 강조하고자 합니다.

제1장의 마지막에 제가 제시했던 질문들을 포함해 이 장을 읽은 후 떠오르는 생각과 질문을 공유하고 토론하는 것을 잊지 마십시오. 다음은 제가 여러분에게 드리는 몇 가지 질문입니다.

- 여러분은 자신이 사물을 보고 이해하는 방식인 패러다임의 위치를 가지고 있다고 생각하십니까? 어떤 패러다임 위치인가요? 어떻게 그 위치를 갖게 되었다고 생각하십니까? 시간이 지남에 따라 위치가 바뀌었나요?

- 유아교육에서 쟁점(예: 교육과정, 평가 또는 학부모 등) 중 하나를 선택해 봅시다. 이러한 쟁점들은 패러다임의 위치에 따라 어떻게 이해되고 실행될까요?

- 사회적 세계에는 많은 소문자 진실과 지식이 있다는 (후기근본주의) 견해에 대해 여러분의 대답은 무엇입니까?

- '질'이란 여러분이 사용하기로 선택한 개념인가요? 유아교육에 객관적이고 안정적이며 보편적인 기준이 있을 수 있다고 생각하시나요?

- 유아교육에서 일하고 싶어 하는 사람들의 교육에 패러다임이 도입되어야 할까요? 그렇다면 언제 어떻게 도입되어야 할까요?

제**3**장

첫 번째 실천,
정치와 윤리

유아교육 분야를 지배하고 있는 담론을 둘러싼 논쟁들은 여러 사상에 토대를 두고 있지만 저마다 위험성을 갖고 있습니다. 자신들의 용어로도 가능하지 않는 터무니없는 주장을 한다거나, 아동과 성인에 대해 오히려 더한 규제를 이끌어 내거나, 특정 패러다임에서만 이해 가능한 논리를 만들어 내기도 합니다.

이 장에서는 현재 논쟁이 이루어지고 있는 토대에 정치politics와 윤리ethics를 더 얹고자 합니다. 첫째, 유아교육은 정치적 질문에 대한 답을 토대로 형성되며, 그 질문들은 본질적으로 저마다 논쟁점들을 갖고 있습니다. 둘째, 유아교육은 관계를 토대로 이루어지며, 그 관계란 다른 사람들과 어떻게 관계를 맺어야 하는지를 안내하는 윤리, 즉 관계적 윤리의 선택을 요구합니다. 따라서 유아교육은 본디 정치적이고 윤리적인 실천입니다. 반면, 앞서 소개했던 두 지배 담론에서는 유아교육을 근본적으로 기술적 실천으로 보고 있습니다.

따라서 우리가 논쟁해야 할 중요한 한 부분은 유아교육에서 첫 번째 실천은 무엇인가입니다. 유아교육은 교육 내 어디에서 출발해야 할까요? '무엇이 효과적인가' 또는 '무엇이 질quality의 교육인가'와 같이 수업에서 사용 가능한 가장 효율적인 방법들을 찾아내는 기술적 질문에 대한 '증거 기반' 답을 찾는 기술적 실천에서 출발해야 할까요? 아니면, 유아교육이 "단순히 전문가들에 의해 해결되어야 할 기술적 문제가 아니라고 한다면… [질문은] 충돌하는 여러 안 중에 하나를 선택해야 하는 결정 과정을 늘 포함한다"(Chantal Mouffe, 2007)는 벨기에의 정치철학자 샹탈 무페의 말을 되뇌며 정치적 질문들을 묻는 정치적이고 윤리적인 실천에서 시작해야 할까요? 후자에는 유아교육 실제에서의 관계적 윤리에 대한 질문들도 포함됩니다. 그러나 모든 정치적 질문에 대한 답은 무엇이 좋은 교육인가라는 물음을 내포하고 있기 때문에 강력한 윤리적 차원을 수반합니다.

유아교육에서 첫 번째 실천은 무엇일까

교육에 대한 시장 이야기 및 질 관리와 그에 따른 고수익 이야기는 모두 기술적 실천technical practice에서 출발합니다. 기술적 실천이 그들의 첫 번째 실천입니다. 정해 놓은 성과와 투자에 따른 고수익이라는 목적과 목표를 갖고 있고 시장성 높은 교육 서비스 분배를 기초로 합니다. 따라서 교육은 고정된 것으로 논쟁의 대상이 되지 못하는 것으로 간주됩니다. 이와 같은 경우 '왜'와 '무엇'에 관련된 질문들은 이야기 속에서 간략하게 언급되고 대부분의 관심을 '어떻게'에 쏟기 위해 남겨 둡니다. 예를 들면, 어떻게 하면 고수익을 창출할 수 있을까, 어떻게 하면 시장을 만들고 운영할 수 있을까 등이 그것입니다. 이에 기반을 둔 연구 결과는 어떤 품질의 기술 결합이 최고의 성과를 낼 수 있는지를 규명하고 '보육'과 '유아교육' 시장을 어떻게 하면 더 잘 운영할 수 있는지를 탐구하는 형태로 반복되어 나타납니다. 오늘 우리가 받은 주문은 효율성의 증대입니다.

네덜란드 교육철학자 헤르트 비에스타Gert Biesta는 기술적 실천이 교육의 우위를 점령하는 현상에 대항하며 다음과 같이 말하고 있습니다.

기술공학적 모델에 근거한 연구 문제들은 교육방법의 효과성이나 기술에 관한 질문으로만 구성되어 있기 때문에 무엇이 교육적으로 바람직한 것인가를 판단할 때 '효과적'이라고 간주되는 것에 지나치게 의존하게 하므로 다른 중요한 것들을 잊어버리게 만든다(Biesta, 2007: 5).

'교육적으로 바람직한'이라는 개념을 떠올려 봅시다. 무엇이 바람직하고 좋은지에 대해 하나의 정해진 답이 없고 여러 가지 다양한 답이 있을 수 있고, 답들 중 몇 가지는 서로 논쟁이 될 수도 있기 때문에 이 질문은 우리를 즉시 정치적 영토로 몰고 갑니다. 다시 말해, 우리는 또는 우리 중 한 사람은 서로 대립되는 결정 사이에서 정치적 선택을 해야 합니다. 이탈리아의 위대한 교육학자 로리스 말라구치가 "교육이란 우리가 알든 모르든 늘 정치적 담론이다. 교육이란 늘 문화적 선택과 함께 작동하지만, 이 또한 정치적 선택과 함께 작동한다는 것을 분명히 한다"(Cagliari, Castegnetti, Giudici, Rinaldi, Vecchi and Moss, 2016: 267)고 주장할 때 그는 교육의 정치성을 가장 상위에 두는 선택을 했습니다. 다음 장에서는 레지오 에밀리아에서 말라구치와 다른 교사들이 내렸던 정치적 선택들이 주제가 될 것입니다.

비에스타와 말라구치의 생각에 동의합니다. 저는 교육은 처음부터 정치적 실천political practice이라고 생각해 왔습니다. 왜냐하면 교육이라는 실천은 대립되는 대안들 사이에서 선택을 요구하는 정치적 질문들에 의해 행해지므로 늘 '정치적 선택과 함께 작동하기 때문입니다.' 오늘날 유아교육의 지배 담론에서 나타나는 기술적 실천의 선호와 교육의 정치성 부정은 우리 사회에 팽배한 신자유주의적 환경—경쟁과 계산 및 그에 따른 선택—을 반영하고 있습니다. 신자유주의는 일반적으로는 정치 자체에, 더 구체적으로는 민주적 정치에 깊은 불신을 갖고 있으며, 비인격화된 시장과 (아마도) 열정 없는 관리자들을 통제하고 결정하기를 원합니다. 결과적으로 신자유주의는 오래전부터 자신만의 정치적 선택을 내렸고, '당연함'이라는 라벨을 붙여 서랍장에 넣어 잠가 버린 이와 같은 결정에 관한 이야기를 더 이상 논의하려고 하지 않았습니다. 지금 우리 사회는 이미 신자유주의가 내린 정치적 결정들을 실행하는 데 유용한 정확한 인간의 기술을 찾아내고 잘 사용하는 것만을 중요시하고 있습니다.

정치적인 것으로 다시 돌아가 보겠습니다. 어떤 종류의 정치적 질문들, 즉 어떤 종류의 정치적 선택들이 유아교육을 휩쓸고 있을까요? 말라구치와 레지오 에밀리아의 학교 사례가 등장하는 다음 장의 주제에서 첫 번째 정치적 질문은 '아동에 대한 당신의 이미지는 무엇입니까'이어야 했습니다. 왜냐하면 [아동에 대한 이미지와] 관련된 선언은 명료성과 정확성을 표현하는 데 필요한 행동일 뿐만 아니라 어떤 교육 이론이나 어떤 교육 프로젝트에서든 반드시 필요한 가설이기 때문입니다(Cagliari et al., 2016: 374).

교육학자 말라구치의 정치적 선택은 분명했습니다. "우리는 [레지오 에밀리아에서] 모든 아동은 풍부하며 가난한 아동은 없다고 주장한다. 모든 아동은 어떤 문화에 속해 있든, 어디에 살고 있든 풍부하고, 더 많이 갖추고 있고, 더 재능이 많고, 우리가 생각하는 것보다 훨씬 더 강하고 총명하다고 생각한다"(Cagliari et al., 2016: 397). 말라구치는 "어린이의 백 가지 언어"[1]라는 유명한

---

1) '어린이의 백 가지 언어'란 "어린이(인간 존재)가 자신의 생각을 다른 매체나 상징체계로 재현하고 소통하고 표현하는 다양한 방식을 말한다. 따라서 많은 글자체와 지식의 근원들이 존재한다"(Vecchi, 2010: 9)는 것을 의미합니다. '100'이란 중의적 표현으로, 아동과 성인이 자신들에 대해서 재현하고 의사소통하고 표현하는 다양한 방식에 대한 생각을 촉구하고, 모든 언어에 주어진 동등한 존엄성을 강조하기 위해 사용했습니다. 이 언어들은 그림, 회화, 조각, 음악과 춤 등을 통해 오는 다양한 시각적 언어에서부터 과학적 언어, 읽고 쓰는 언어, 그 밖의 광범위한 언어들을 포함합니다.

표현을 통해 헤아릴 수 없는 무한한 잠재성을 갖고 태어나기 때문에 '풍부한 아동'이라고 말했습니다. 여기서 백 가지 언어란 능동적인 주체이자 세상의 주인공으로서 인생의 초기인 영유아기 때부터 아이들은 배움을 통해 세상에서 저마다 의미를 만들어 간다는 의미를 포함하고 있습니다. 풍부한 아이들 역시 이와 같은 권리를 가진 시민이며, 장애를 가진 아이들은 특수한 요구를 가진 가난한 아이라기보다는 특별한 권리를 갖고 있는 아이입니다.

정치적 질문에 대한 답으로, 말라구치가 내린 정치적 결정은 중요합니다. 그것이 교육적인 사고와 실천의 기초이기 때문입니다. 이와 대등하게 중요한 것은 정치적 선택이 수많은 가능한 다른 대안으로부터 나왔음을, 선택은 그렇게 만들어지는 것임을 아는 것입니다. 명확하고 공적 문서 그 자체로 선택은 늘 논쟁의 대상이 될 수 있고 비평과 견해의 불일치 상황에 놓여 있습니다. 그것이 바로 정치적 담론의 특성이지요. 그것이 교육을 가장 우선적으로 정치적 실천으로 만드는 이유입니다.

이와 더불어 우리는 여기서 말라구치의 정치가 패러다임에 의해 어떻게 구축되는지를 볼 수 있습니다. 그가 품고 있었던 아동의 이미지에 대한 질문은 후기근본주의 패러다임 내에 위치해 있는 사회구성주의 접근을 채택한 것으로 보입니다. 저는 달버그 그리고 펜스와 함께 쓴 『유아교육과 보육에서 질의 담론을 넘어서기』에서 패러다임의 위치와 그에 따른 정치적 선택과의 관련성에 대해 탐구했습니다.

> 우리가 선택한 포스트모던 관점에서 볼 때 본질적 존재 또는 발견되고 규정되고 현실화되기를 기다리고 있는 상태인, 따라서 우리 자신이나 다른 사람들에게 **그것이 바로 아이들이고, 바로 아동기의 모습**이라고 말할 수 있는 그

런 아동 또는 아동기는 없다. 대신, 많은 **아동**과 많은 **아동기**가 있고, 각각
은 우리가 **아동기를 이해하는 방식, 아이들은 어떠하고 어떠해야 한다고 생**
각하고 있는 방식에 의해 구성된다. 과학적 지식이 우리에게 아동이 누구인
지를 알려 줄 때까지 기다리는 것이 아니라 아동을 누구라고 생각할 것인가
에 대한 선택은 우리가 한다. 아동과 영유아기에 대한 우리의 개념 구성은 생
산적이기 때문에 이와 같은 선택이 엄청나게 중요하다는 사실을 알아야 한
다. 왜냐하면 이러한 선택이 우리가 근무하고 있는 유아교육기관에 다니는
아이들과 부모들에게 제공할 교육 내용과 교육적 실천을 결정하기 때문이다
(Dahlberg et al., 2013: 46. 강조는 원저자).

이 책에서는 아동을 어떻게 다르게 사회적으로 구성하고 있는지에 대
해서 다음과 같이 간략하게 살펴보았습니다. ① 텅 빈 그릇으로 시작해서
성인이 내용으로 그릇을 채우는, 지식·정체성·문화의 재생산자로서의 아동.
② 부패한 세상으로부터 보호가 필요한, 순진한innocent 아동. ③ 자연으로
의 아동, 생물학적으로 정해진 과정과 일반적 규칙에 따라 발달하는 보편
적 특징을 지닌 생물학적 단계에 따른 과학적 아동. ④ 노동시장 공급에서
구성 요소로서의 아동, 적합한 노동 공급과 인간 자원의 효율적인 이용을
보장하는 시장과 협력 관계 속의 아동.

그러나 우리의 정치적 선택은 이 중 어디에도 없습니다. 오히려 지식·정
체성·문화의 공동 구성자co-constructor가 맞을 것입니다. 앞에서 제시한 형
태의 구성은 '가난한', 약하고 수동적인, 무능력하고 발달이 덜 된, 의존적
이고 고립된 아동이라는 이미지를 생산해 냅니다. 이와 달리 아동의 이미
지 물음에 대한 우리의 답은 아동은 '공동 구성자'란 것입니다. 이와 같은 이

미지는 "풍부한', 배울 준비를 하고 태어난 ··· 능동적이고 유능한 아동을 생산해 낸다. 아이들이 갖고 있는 생각들과 이론들은 경청할 가치가 있을 뿐만 아니라 유심히 지켜볼 만하고 적절할 때 질문하고 도전해 볼 가치가 있다"(Dahlberg et al., 2013: 54).

따라서 첫 번째 질문에 대한 답은 그 어떤 것보다 중요하며 심오한 결과를 가져올 수 있기 때문에 생산적입니다. 그것은 다른 '이미지'에 대한 질문을 만들어 내고, '교사에 대한 당신의 이미지는 무엇입니까' 또는 '어린이집, 유치원과 학교에 대한 이미지는 무엇입니까'와 같은 질문들에 대한 당신의 답변에 영향을 미칩니다. 여기 몇 가지 중요한 정치적 질문들이 더 있습니다. 다음의 질문들은 유아교육의 기초를 세우는 데 중요한 질문이라고 생각합니다.

- 어떤 패러다임을 취하고 있나요? 이 질문은 패러다임이란 피할 수 없음을 인정하며, 어떤 질문을 받고(예를 들어, 당신의 이미지는 무엇인가요?) 어떤 대답이 주어지든(예를 들어, 지식의 의미에 대한 질문들에 대한 대답) 선택한 입장으로부터 많은 것이 흘러나온다는 것을 인정합니다.
- 무엇이 지식인가요?
- 교육이란 무엇을 의미하나요? 보육이란 무엇을 의미하나요?
- 유아교육의 목적(들)은 무엇(들)인가요? 유아교육은 무엇을 위한 것인가요?
- 유아교육의 본질적 가치는 무엇인가요?
- 유아교육에서 어떤 윤리가 우리와 함께 작동해야 할까요?
- '우리 시대를 어떻게 진단하고 계시나요?'이 질문은 헝가리의 사회학자 카를 만하임Karl Mannheim(1893~1947)의 책 제목을 그대로 옮겨 놓

은 것입니다. 이 질문을 해 봄으로써 우리는 더 나은 사회와 세상을 위해 헌신할 수 있으면서 지금의 아이들, 가족들 그리고 지역사회의 삶과 관련된 교육을 만들어 내기 위한 사회, 문화, 경제, 정치 그리고 기술적 조건을 분석하고 해석할 필요가 있음을 알게 됩니다. 이 질문 자체가 '유아교육의 목적은 무엇인가요'라는 또 다른 정치적 질문에 대한 답을 함축하고 있긴 합니다.

- 어떤 사회를 원하나요? 지금여기, 그리고 미래에 우리 아이들이 어떤 모습이기를 바라나요?

다음 장에서 이탈리아의 자치도시 레지오 에밀리아의 유아학교 사례를 통해 이와 같은 몇 가지 정치적 질문들에 대한 답변이 어떻게 이루어지고 있는지 그 사례를 보여 주고자 합니다. 이와 함께 이러한 질문에 대한 답이 어떻게 '생산적'이게 되는지를 보여 줄 것입니다. 이들은 '바람직한' 또는 '좋은' 유아교육을 (저는 '질'이라는 용어를 많이 사용합니다) 생산하거나 구성하며, 다른 정치적 선택들이 다른 대안을 생산해 내거나, 때때로는 무엇이 '바람직한' 것이고 '좋은' 것인지에 대해 서로 다른 이해로 인한 갈등을 만들어 내기 때문에 정치적이고 윤리적이며, 따라서 선택들은 늘 논쟁의 여지를 필연적으로 수반합니다. 그래서 생산적입니다. 그와 달리 '질'이란 말은 객관적이고 규정적이며 논쟁 불가능한 규준이나 기준을 제공하려는 의도를 가지고 기술이라는 합판 속에 숨어 있는 듯합니다.

정치적 질문과 관련해 언급해야 할 두 가지 사항이 있습니다. 첫째, 앞서 제시한 질문 목록은 어떤 질문들이 중요한지에 대한 개인적 관점을 제시하고 있습니다. 제가 선택한 질문에 동의할 수도 있고 다른 생각이 있을 수도 있을 것입니다. 다시 말하지만, 중요한 것은 유아교육에는 다양한 선택이 있음을 아는 것, 그 선택들은 서로 대립되는 시각 사이에 놓이기도 하고 그럴 경우 정치적 질문들이 중요하다는 것입니다.

둘째, 저는 유아교육의 지배 담론에 기술적 실천이 우선이라고 제안하면서 유아교육을 단순하게 여기게 만든 것에 죄책감을 느껴 왔습니다. 정치와 윤리가 우선적으로 실천되어야 한다고 생각하면서 말입니다. 사실, 좀 더 복잡하기는 합니다. 신자유주의가 오랫동안 그들만의 정치적 선택을 해 왔고 이 부분에 대해서는 더 이상 논의하지 않으면서 '당연한 것'으로 받아들여 서랍장에 넣어 두었다는 주장을 이미 했습니다. 기술적 실천이 마치 첫 번째 실천인 것처럼 행동하고 있는 오늘날 유아교육의 지배 담론도 마찬가지일 것입니다. 따라서 질과 고수익으로 구성된 유아교육 지배 담론은 '품질,' '증거 기반 실제' 그리고 '실제적 효과' 등과 관련된 이야기로 구성된 기술적 실천에 우위를 두고 있습니다. 이것은 어떻게 하면 효율성 높은 시장을 만들 수 있을까에 대한 이야기로 모든 것이 구성되어 있는 시장에서 우선시되는 이야기들입니다.

다른 교육 담론과 마찬가지로 유아기에 대한 다른 이야기들 역시 사실 정치적 질문들에 대한 대답에 따른 정치적 선택에 뿌리를 두고 있습니다. 기술이라는 겉치장 뒤에 숨어 있는 품질과 고수익 이야기와 시장에 관한 이야기는 유아교육의 다른 어떤 이야기보다 정치적이어서 그에 따른 정치적 선택은 어떤 다른 이야기들보다 훨씬 더 논쟁이 될 수 있습니다. 이와 같은 담론을 만들어 내는 사람들과 저의 입장 차이는 저는 저의 정치적 실천에 대해 솔직하지만, 그들은 마치 자신의 이야기는 자연스럽고 중립적이며 특정 정치적 입장과 선택에 따른 결과가 아닌 것처럼 하며 자신의 정치적 입장에 대해 인정하지 않는다는 것입니다. 그들은 자신들의 정치적 실천을 숨기고 있기 때문에 기술적으로 포장된 표면을 여러분이 벗겨 내야 합니다.

질과 고수익 이야기의 기술적 표층 뒤에 숨겨진 정치적 선택을 읽어 낸 세 사례를 보겠습니다. 첫째, 질과 고수익 이야기가 어떻게 아동에 대한 특정 이미지 위에서 형성되는지를 보겠습니다. 앞서 언급했듯이, 이 이미지는 발달심리학을 핵심 렌즈로 하여 만들어진 과학적 아동이란 용어로 설명될 수 있습니다. 발달심리학은 분류와 발달 단계 같은 규준이라는 체계를 통해 질과 고수익 이야기에서 중요하고 당연하게 여겨지는 역할을 했습니다.

다음의 글은 『유아교육과 보육에서 질의 담론을 넘어서기』 등에서 발달심리학에서의 '과학적 아동'에 대해 기술한 내용입니다.

> [아동은] 보편적 특성과 생득적 능력을 갖고 태어나는 본질적인 존재다. 아이들은 일반적인 법칙에 따라 생물학적으로 결정되어 있는 선천적인 과정을 통해 발달한다. 물론 아이들은 몇 가지 비정상성을 갖기도 한다. 이것이 바로 연령이 되면 아이들이 '정상'일 경우 자연적으로 할 수 있는 것과 할 수 없는 것을 가지게 되는 방식이다. 단순하게 표현한다면, 피아제의 아동이라고 말할 수 있다. 피아제 스스로는 발달 단계에 많은 강조를 하지 않았음에도 불구하고 피아제의 단계 이론은 아동을 이와 같은 방식으로 설명하는 데 분명 아주 강력한 영향력을 행사하고 있기 때문이다(Dahlberg, 1985).

> 이와 같은 설명은 성숙이라는 추상적 개념(Gesell & Ilg, 1946) 또는 발달 단계를 통해 규정되는, 사회적이라기보다는 자연적이고 추상적·탈맥락적·본질적·정상적인 아동을 상정한다. "아동은 자연적이고 자동적인 과정을 거쳐 발달

하는 탈맥락적인 개인으로 해석되므로"(Vadeboncoeur, 1997: 33-34) 문화의 영향과 아동 스스로의 행위 주체성은 경시된다. 이와 같은 설명에서 "아동에게 할당된 심리학적 분류는 특정 시간이나 공간의 연속체를 갖지 않는다. 즉 아동의 자존감, 역량과 창의성은 역사와 사회적 맥락 외부에 존재하는 듯하다"(Popkewitz, 1997: 33). 아이가 실제로 살아가는 맥락과는 관계없이 완전한 실현에 이르는 경로 또는 성숙을 향한 올라가는 전진으로 여겨지는 그런 일련의 표준화된 생물학적 단계를 따라가는 개별 아동에 초점을 둔다(Dahlberg et al., 2013: 49).

질과 고수익의 이야기 속에도 시간time이 있었습니다. 그것은 학습이 가능하도록 아이들을 '준비'시키거나 의무교육 이전에 아이들을 '준비'시키기 위해 유아교육이 필요하다고 주장할 때의 시간입니다. 이와 같은 이야기 속에서 아동에 대한 이미지는 지식·정체성·문화의 재생산자입니다. 아동은 채워야만 하는 텅 빈 그릇, 아무것도 없이 태어났으며 지식·가치·정체성을 채워 넣어야 할 대상, 어떻게 배우는지를 가르쳐야 할 대상이 됩니다.

이와 같은 아동 이미지가 질과 고수익 이야기 속에 녹아들면서 '빈곤한' 아동의 이미지를 서로 공유합니다. 이때 아동은 그들이 할 수 없는 것 또는 획득해야 되는 것에 의해 규정되며, 생물학적 프로그램에 의해서든 주입을 통해서든 무언가 일어나기를 수동적으로 기다리는, 결핍되어 있고 준비가 필요한 존재입니다. 이는 특정한 이미지의 교사, 학교, 유치원과 어린이집을 만들어 내는데, 전자의 경우 정확한 내용과 정확한 방법을 통해 텅 빈 그릇을 채우며 정해진 결과에 도달하기 위해 정해진 단계를 따라가는 기술자가 되고, 후자의 경우 기술자들에 의해 정확하게 적용된 정확한 기술이 예상되는 발달을 가져오고 이후 고수익을 보장할 수 있게 하는 그런 일련의 가공 공장이 됩니다.

질과 고수익 이야기에서 정치적 선택을 인정하지 않은 두 번째 사례는 교육을 정해진, 표준화된 발달적이고 학습 목표에 도달하는 일련의 과정으로 보고 독립된 학습자가 현실의 지식을 재생산하는 경로와 과정으로 함축적으로 이해하는 경우입니다. 이와 같은 관점에서 학습자는 '그들을 둘러싼 세상의 물질적 환경, 매체와 다양한 인공물을 포함한 다른 주체와 분리된 독립적인 존재가 됩니다.' 재현의 관점에서 볼 때, 지식이란 이미 존재하고 있는 현실을 객관적·안정적으로 정확하게 재현한 것이 되며, 문자 그대로 세상의 재생산됩니다. 이와 같은 재현적 인식론에서 학습은 다음과 같이 규정됩니다.

> 개별 아동의 언어 구성 속 낮은 수준의 인지적 복잡성과 추상성에서 더 높은 수준의 개념적 단계로 선형적 방식으로 나아가는 과정이다. 지식은 이미 존재하는 것들과 현실에서 나타나는 현상을 재현하는 것으로 여겨지며 … 언어 속에서 인지적으로 구성되는 것으로 이해된다. … 배우는 주체는 '자연의 법칙'을 발견하기 위해 세상에 작용하고 숨어 있는 진리를 발견한다. 이와 같은 보편적인 법칙들은 인간을 초월해 위에 서 있다. … 우리는 우리 스스로를 "세계 안의 존재"(Barad, 2007:160)로 보며 세상 속에 독립된 자유로운 주체들로 거주하면서 세상을 배우고 발견하고, 각자의 이익을 위해서 그것을 이용한다. 이와 같은 사상에 따르면 인간은 늘 물질적 세상 안에 존재하는 자연을 정복하는 위치를 추구해 왔다(Lenz Taguchi, 2010: 17-18).

이제 교육이 얼마나 냉혹하게 묘사되어 왔는지를 살펴보며 마무리하겠습니다.

> 경제 논리에 따른 정확한 입출력 관계, 즉 우리 모두가 측정되고, 계측되고, 품질을 확인받고, 예측되고, 감독받고, 통제되고, 평가되는 … 경제 논리에 따르는 지식과 학습으로만 하찮게 치부되었고 그 생각을 수용하면서, 교육은 … 창조가 일어나지 않는 사유에 의해 가동되어 왔다(Olsson, 2013: 231).

창의적 사고 대신에 우리(아이들과 성인들)는 학습과 지식을 어떤 것에 대해 '정확하게 생각하는 것'으로, 이미 존재하는 지식을 재생산하는 것으로, 질문과 답은 주어진 것으로, 발명·새로움·재미·뛰어남·놀라움의 공간을 남겨 두지 않는 것을 당연히 여기게 하는 생각 속에 가뒀습니다. 제6장에서 살펴보겠지만, 들뢰즈의 두 개념으로 보면 '탈주선'을 생성해 내는 교육이 아니라 '견고한 선'을 따라가는 교육입니다.

질과 고수익 지배 담론을 내포하고 있는 정치적 선택의 세 번째 사례는, 시대와 미래 사회를 예측하고 진달할 때 의심 없이 신자유주의적 자본주의의 바람직성·필연성·영속성을 가정하며 새로운 것과 지위를 광적으로 쫓는 가열된 일상에 만연한 소비주의가 수반되는 미래를 당연시 수용하는 것입니다. 이와 같은 진단이 장기적 관점의 기반이 되면 '대안은 없어지고' 같은 상황이 반복됩니다. 이를 숙명으로 받아들이게 되면 교육의 일차적인 최고 목적은 경제가 됩니다. 즉 민주적 배움이나 시민의식을 목표로 두기보다는 경쟁과 개인의 선택과 소비에 의해 규정되는 세계에 적합한 주체를 만들어 내기 위한 인적 자본의 개발이 실행됩니다(Hyslop-Margison and Sears, 2007:

3), 이러한 조건에서 평생학습의 첫 단추인 유아교육이 직면하게 되는 과업은 독립적이고 진취적이며 위험 관리를 잘할 수 있는 성인을 준비시키는 과정으로 시작될 것입니다. 이들은 경쟁적이고 유연하며 다루기 쉬움을 특징으로 하는 신자유주의적 노동력이자, 계산적이고 만족을 모르며 개인주의 특징을 필요로 하는 신자유주의 사회의 소비자에 적합한 성인—결코 끝나지 않을 치열하지만 무의미한 세계 경쟁 속에서 개인적으로 또한 국가적으로 생존하려고 노력하는 성인—입니다. 그 결과 교육은 지금과 똑같은 미래에 대비할 경쟁력을 갖춘 '미래 보증형' 아동을 만드는 일이 될 것입니다.

영국의 유아교육을 책임지고 있는 장관은 한 연설에서 "21세기는 직업과 경제적 이득을 향한 세계 경쟁에서 이긴 국가들의 것이 될 것이다. 모든 성인이 잠재성을 실현시키려면 삶의 초기부터 필요한 기술을 완전하게 갖추어야 한다"(Truss, 2013)는 교육 비전을 분명히 했습니다. 연설과 함께 배포된 공허한 정책 문서인 『더 훌륭한 보육』에서는 "이 정책은 영국이 세계 경쟁에서 겨루기 위해 절대적으로 필요하다"(Department for Education[England], 2013: 6)고 주장하고 있습니다. 그렇다면 앞으로 다가올 이와 같은 피할 수 없는 세계에서 살아갈 아이들을 위해 우리는 어떤 일을 해야 할까요? 질과 고수익 이야기에 근거를 두면 그 답은 태어나면서부터 아이들이 '세계 경쟁에서 겨룰 수 있도록', 시장이 아이들에게 무엇을 요구하든 부단히, 의문을 갖지 않고 '준비'하도록, 과거에 머무르거나 현재를 살지 않고 '아이들에게 제시된 미래 비전에 이의를 제기하지 않고' 빠르게 변하는 세계 경제에서 다음 단계를 시키는 대로 준비할 수 있도록 아이들을 훈련시키는 일일 것입니다.

윤리적 실천의 중요성

'유아교육에서 함께 작동해야 할 윤리는 무엇인가.' 이 질문은 앞서 제시한 정치적 질문 중 하나입니다. 정치적 질문 중 하나로 윤리 문제를 제시하는 것이 윤리적 실천ethical practice을 부수적인 것으로 여기게 할지 모르겠습니다. 그러나 윤리는 교육의 기초로 정치와 동등하며, 정치와 윤리는 함께 첫 번째 실천이 됩니다. 사실, 2005년 달버그와 함께 쓴 CEC 시리즈에서 『유아교육의 윤리와 정치Ethics and Politics in Early Childhood Education』가 첫 주제로 출간된 것도 이러한 신념에서였습니다. 이 책에서 정치와 윤리는 유아교육에서 첫 번째 실천이어야 함을 주장하며 특히 후기근본주의 패러다임의 흥미롭고 일관된 주장을 바탕으로 세 가지 윤리적 접근을 논의했습니다. 여기서 저는 윤리적 접근을 종합적 목록이 아니라 가능성의 예로 제안합니다.

포스트모던 윤리

'포스트모던 윤리'는 의심 없이 반드시 따라야 하는 규칙과 규정의 윤리를 거부하는 접근 방식을 설명할 때 지그문트 바우만이 사용한 용어입니다. 규칙과 규정만을 따르도록 하는 것은 개인으로 부터 책임을 없애 버리는 윤리입니다. 이와 같은 윤리의 바탕에는 무엇을 해야 하는지 설명해 주는 상세한 내용의 규약이 있을 때만 윤리적인 행동을 할 수 있다는 개인에 대한 뿌리 깊은 불신이 있습니다. 바우만은 이를 질서·통제·확실성을 추구하는 접근이라고 했습니다.

바우만의 포스트모던 윤리에서 보면 삶은 예측 불가능하고 혼란스러워 우리가 내리는 대다수의 윤리적 결정은 명료하지도 확실하지도 않습니다. 그러나 이 관점을 택하면 윤리를 다시 개인화할 수 있는 기회가 제공되어 어떤 문제에 직면해서 보편적인 규칙에 따르기보다는 윤리적 결정을 내리는 책임을 질 수 있게 됩니다. 바우만이 주장한 것처럼 윤리는 존재합니다. 그러나 그것은 확실하고 적절하며 보편적인 답을 제공하는 단 하나의 기본 규칙이 아닙니다. 따라서 우리는 '반드시 따르는'에서 '상황에 따르는'으로 대체되는 윤리 체계의 애매성 및 모순과 함께 사는 방법을 배워야 합니다. 그의 기본적인 생각을 들여다보겠습니다.

> 이상적 규제는 도덕적 책임이라는 생각을 버리지 않고도 윤리 규약은 하나만 존재한다는 거대 담론적 발상을 포기할 수 있다. … 선과 악의 선택은 여전히 남아 있지만 풍부한 햇볕 아래 충분한 지식을 바탕으로 선택하는 것이다. 분산되어 있는 중앙집권적인 법의 연막과 서명인이 갖고 있는 변호사의 권력하에서 선택이란 노골적으로 도덕적 개인 각자의 장비에 남겨진다. 선택은 책임과 함께 간다. 선택이 불가피하다면 책임도 피할 수 없다(Bauman, 1995: 5).

이 책 전반에 거쳐 이 주제를 만날 것입니다. 다른 규제 문서를 비판하거나 그 규제 문서에서 표준으로 제시된 것의 적용을 우리 역할로 해석하는 대신, 우리는 무엇이 올바른 선택이고 선인지 판단해야 하는 기로에 서 있습니다. 예를 들어 무엇이 좋은 (또는 바람직한) 유아교육이라고 생각하는지, 아동과 성인 그리고 유아교육 참여자 간의 올바른 관계란 무엇인지 등을 선택하는 일에 끝없이 직면해 있습니다.

오늘날 '선택'이라는 용어는 신자유주의의 이야기에 의해 장악되었습니다. 최선의 계산을 하는 자율적인 소비자, 정보에 얻으려고 애쓰는 소비자, 가장 큰 이익이 되는 선택을 구매하는 소비자, 다시 말해, 시장이 제공하는 생산품 중 잘 알고 선택하는 신자유주의가 주문을 걸어 놓은 소비자 이미지입니다. 그러나 우리는 '선택'을 덜 개인적이고 덜 경제적인 것으로 볼 수 있습니다. 예를 들어, 바우만의 용어에 따라 맥락에서 무엇이 옳은 일인지를 결정하고, 타인에 대한 책임 그리고 타인과의 관계를 염두에 두는 것에서 그 의미를 되찾을 수 있습니다. 이러한 결정은 비록 최종 책임은 우리 자신에게 남더라도 타인과의 관계에서 최선이 됩니다. 우리가 말하고 있는 것은 소비자로서의 선택이 아니라 자신뿐만 아니라 타인에게도 어떤 영향을 미치게 되는지를 인식하는 시민의 선택입니다. 물론 시민도 식료품 등을 구매하는 소비자로서 계산적 선택을 합니다. 환경 문제나 생산품에 드는 인건비 같은 윤리 문제에 영향을 끼칠 수 있는 소비자의 선택일 수 있을지라도 말입니다.

다시 개인화된 윤리re-personalized ethics, 즉 규약과 규제서에 반反하는 윤리는 특히 상대주의와 경쟁에 대한 불안을 일으킬 수 있습니다. 바우만은 두 불안을 정면으로 마주합니다. 확실성을 갖고 무엇을 해야 하는지에 대해 알려 주는 규약과 규제서를 버리는 것이 모든 관점을 동일하게 고려해야 한다거나 무엇이든 가능함을 의미하는 것은 아닙니다. 평범한 사람이 윤리적 실천에 좀 더 적극적이 되어야 하고, 스스로 (또한 타인과의 관계 속에서) 생각해야 하고, 윤리적인 선택을 하고 그 선택에 책임을 지는 것을 말합니다. '단지 지시 사항에 따를 뿐이에요'라며 책임을 지워 버리지 않는 것을 말합니다.

이 과업이 우리에 달려 있을까요? 이와 같은 책임을 질 수 있을까요? 바우만은 그렇게 생각했으며 인간의 내적 능력을 믿는 말라구치처럼 인간 존재에 대한 확신을 갖고 있었습니다. 말라구치의 백 가지의 언어를 갖고 태어난 '풍부한 아동'은, 아주 어린 시기부터 윤리 문제에 직면하며 도덕적 능력을 보여 주는 '본질적으로 도덕적인 존재'인 바우만의 인간상과 일치합니다.

> 무엇이 '선'이고 '악'인지에 관해 권위에 의해 받아들이기에 앞서 … 우리는 선과 악 사이의 선택에 직면한다. 피할 수 없는 타자와의 마주침의 순간부터 이미 직면한다. 선택을 하든 안 하든 우리는 도덕적 문제인 상황과 도덕적 딜레마들인 삶의 선택에 직면한다. 다음으로 계약, 이익 계산 또는 어떤 대의에 따른 협력을 통해서든 구체적으로 책임지기에 앞서 도덕적 책임(선과 악의 선택에 따른 책임)에 놓인다. 다음으로 구체적 책임이 잘 조정된 규칙들로 구성된 법으로 옮겨 가더라도 원초적인 도덕적 책임을 완전히 대체하거나 없애지는 못한다(Bauman, 1995: 2).

바우만이 주장하는 윤리란 삶 그 자체로, '간단한 조리법'이 없으며 어지럽고 복잡하며 불확실하고 애매모호한 특성을 갖고 있습니다. 이것은 책임의 윤리로, 규칙을 따르는 윤리보다 훨씬 더 힘든 일입니다. 그러나 자신에 대한 생각을 포함하는 개인적 책임은 '도덕성'을 끝까지 붙들고 있는 지지체이자 희망입니다(Bauman, 1995: 35). 규칙에 의한 윤리는, 많은 사람이 나치 규제 문서에 따라 의문 없이 실행했던 홀로코스트 사례처럼 규칙 자체가 비뚤어져 있다면 무시무시한 결과를 초래할 수 있습니다.

'포스트모던 윤리'가 유아교육에 제공하는 직접적인 시사점은, '품질' 같은 개념들이 보편적인 법이자 규준을 따르기 때문에 모두 그것에 집착해야 하는 것처럼 만들며 사유라는 힘든 작업을 우리로부터 빼앗는다는 점입니다. 윤리적 관점을 취한다는 것은 무엇이 좋고 바람직한 교육인지에 대한 우리의 생각을 정할 때 책임을 가져야 한다는 것입니다. 이것은 윤리적 생각을 안내할 수 있는 틀을 제공하는 정치적 질문들과 함께 해결할 수 있습니다. 윤리적 선택 과정에서 우리는 다른 사람들과 대화를 나누고 우리가 바라는 좋은 유아교육에서의 관계도 고민해야 합니다. 교육은 관계적 실천이자 관계적 윤리로, 관계를 어떻게 지휘할 것인가가 중심에 있어야 합니다. 돌봄의 윤리와 마주침의 윤리가 그에 해당할 것입니다.

돌봄의 윤리

두 번째로 논의하고자 하는 윤리적 접근인 돌봄의 윤리는, 이어지는 마주침의 윤리에서 특히 두드러지게 논의될 에마뉘엘 레비나스Emmanuel Levinas를 포함한 철학자로부터 영감을 받은 페미니스트 학자들에게 많은 빚을 지고 있습니다. 레비나스는 바우만과 같이 윤리를 단순히 보편적인 법이나 규칙 적용 수준의 개입으로 보지 않고 맥락에 따른 윤리적 결정을 요구하는 창조적 실천으로 보았습니다. '맥락에 따른다'는 것이 반복되는 주제일 것입니다.

조앤 트론토Joan Tronto는 두 가지 요소를 결합시켜 돌봄의 윤리에 대해 기술하고 있습니다. "일련의 규칙이나 원리라기보다는 실천이자 특정한 돌봄 행동이며 … 도덕적 삶의 모든 측면에 영향을 미치는 돌보는 일반적인 마음의 습관과 관련된다"(Toronto, 1993: 127. 강조는 추가). 마음의 습관은 (타인의 요구에) 주의 기울임attentiveness, 책임responsibility, 능력competence, 민감성 responsiveness 같은 몇 가지 특징 또는 가치를 포함하고 있습니다. 나아가 윤리로 이해되는 돌봄은 널리 적용되어야 합니다. 트론토와 버니스 피셔 Bernice Fisher는 "우리가 하는 모든 것을 포함하여 종의 활동은 '세계'를 유지하고 지속시키며 바로잡아서 가능한 잘 살 수 있도록 하는 것이다"(Fisher and Toronto, 1990: 19)라고 말합니다. 따라서 우리는 다른 사람뿐만 아니라 지역과 사회와 물리적 환경까지 돌보아야 합니다.

또 다른 저명한 돌봄의 윤리학자 셀마 세벤위이센Selma Sevenhuijsen은 보편주의 법규와 규제 문서에서 말하는 윤리와 돌봄의 윤리(우리는 후기근본주의에 기반을 두고 있다고 보고 있습니다)를 구분했습니다. 돌봄의 윤리는 규칙과 권리가 아니라 책임 및 관계와 관련되어 있고, 형식적이고 추상적이 아니라 구체적인 상황에 묶여 있으며, 따라야 하는 일련의 원리가 아니라 적극적인 윤리적 실천입니다. 마지막으로 돌봄의 윤리에서 개인 또는 윤리적 주체는 보편주의 윤리의 주체와 다릅니다.

> 돌봄의 윤리에서 도덕적 행위자는 현실 세계에 두 발을 딛고 서 있다. 보편주의적 윤리주의자는 이것을 독립성과 공정성에 위협으로 여길지도 모른다. …
> 돌봄의 윤리주의자는 이것을 명확하게 판단할 수 있도록 하는 중요한 조건으로 본다. 돌봄의 윤리는 구체적인 상황에서 최선의 행동이 무엇인지 반성하기

를, 도덕적 문제를 해석하고 표현하는 최선을 방식을 숙고하기를 요구한다. 구체적인 사회적 실천에서 상황성이란 독립적 판단을 내리는 데 위협이 아니다. 반대로 그것은 정확하게 판단의 질을 높이는 것이다(Sevenhuijsen, 1998: 59).

여기서 핵심 용어는 '반성', '구체적 맥락'과 '상황성', '해석'과 '판단'입니다. 바우만의 포스트모던 윤리에서의 윤리적 주체와 마찬가지로 돌봄의 윤리에서의 윤리적 주체는 타자를 배려하는 방식으로 관계하는 것이 무엇인지 결정하기 위해 맥락, 복잡성, 모호성과 불확실성을 붙잡고 해결하려고 노력해야 하며, 돌봄 행동을 언제 어떻게 실천하는 것이 최선인지를 결정하기 위해 주의 기울임, 책임, 능력, 민감성의 특성을 적용합니다. 물론 '잘 판단하기 위해' 타인과 함께 논의하지만, 궁극적으로 판단에 대한 책임은 개인이 갖습니다.

유아교육에서 관계의 윤리를 구성하는 것의 가치를 떠나서 돌봄의 윤리가 유아교육에서 반복되는 문제인 교육과 돌봄의 관계를 명료히 할 수 있음을 알았습니다. 대다수의 국가에서 유아교육 제도는 '교육'과 '보육'으로 나뉘어 많은 문제를 갖고 있으며 관련 서비스와 사회복지사의 업무가 '영유아 보육'이라는 용어 속에 규정되어 있습니다. '영유아 보육 서비스'와 '아동복지사'는 아동의 신체적 욕구와 안전에 주의를 기울이는 돌봄을 제공하는 역할로, 직장에 나가는 부모가 복지 시장에서 구매한 상품으로 간주되어 윤리 문제는 논의되지 않습니다. 아동기에 대한 이러한 분리 접근은 유아교육 제도 내에서 '보육'을 하위로 취급하고 가치 절하시키며, '아동복지사'는 교육 영역에 비해 상대적으로 낮은 수준의 교육을 받거나 충격적인 임금과 노동환경에서 일하며, '아동복지 서비스'의 예산 마련은 상당 부분 부모의 기부에 의존하게 합니다(이것이 노동환경 개선을 어렵게 만들기도 합니다).

　돌봄의 윤리와 함께할 때 우리는 교육과 돌봄의 새로운 관계를 규정할 수 있습니다. 보편적으로 규정된 것처럼 교육은 모든 아동 서비스에서 핵심 목표로 인정받고, 상품이 아니라 윤리로 규정된 돌봄은 교육과의 관계에서 핵심 요소로 인정받을 수 있습니다. 다시 말해, 윤리로서의 돌봄은 유아교육뿐만 아니라 의무교육과 대학교육에도 관련되며 모든 교육 서비스에 스며들어야 합니다. (같은 맥락에서 돌봄의 윤리는 병원과 교도소, 공장과 사무실에 이르기까지 다른 서비스와 조직에도 스며들 수 있고 그리되어야 합니다.) 물론 아동 서비스(학교와 아동을 위한 다른 서비스)는 부모의 근무시간에 맞추어져야 하지만, 그것이 보육의 정체성과 목적의 핵심이 아님을 아는 것도 중요합니다. '돌봄의 윤리'에 대해서 이야기하기 시작하게 되면 돌봄의 윤리가 부모의 직업에 관계없이 모든 아동에게 모든 서비스에서 중요함을 인정할 수 있고, '아동 복지 서비스'의 관점에서만 이야기하는 것을 멈출 수 있습니다.

마주침의 윤리

　마주침의 윤리는 리투아니아 유대인 출신으로 1950년대 프랑스의 사상을 선도했던 철학자 레비나스의 철학과 연관이 있습니다. 레비나스는 1980년대 중반까지 주목을 받지 못하다가 오늘날 20세기의 가장 위대한 프랑스 철학자 중 한 명으로 인정받고 있습니다. '마주침의 윤리'라는 레비나스의 개념은 교육 실천의 핵심인 관계에 대해 근본적으로 다시 생각하게 하므로 오늘날 유아교육의 개념과 실천에 도전할 수 있는 급진적인 시사점을 제공합니다.

레비나스는 서양사에서 어떻게 지식이 앎에의 의지will to know가 되었는지를 묻는 것에서부터 시작합니다. 다시 말해, 인식자knower, 즉 알고자 하는 사람은 누군가 또는 무엇인가를 자신의 이해와 개념 및 범주 체계에 적용해 이해하고자 합니다. 인식자가 누군가(또는 무엇)를 안다고 생각할 때는 그것을 세계를 바라보는 그의 관점과 이해, 그의 방식과 체계 속에 맞추어 '아하! 그 사람(그것)이 마치 ~와 같구나' 하고 느끼는 순간일 것입니다. 앎에의 의지에서 그는 타자에게 전형적인 배움의 방식으로 접근하고 그것을 적용해 타자를 이해했습니다. 그 과정은 다음과 같습니다.

> 다른 사람과의 대화가 끝나자마자, 되돌아보기 위해 잠시 멈추자마자 나는 곰곰이 생각할 기회를 갖는다. 생각하기 시작하면 대화 상대가 했던 말들을 내게 친숙한 범주 속에 분류하며 이해하려고 노력한다. … **본질적으로 나는 다른 사람의 어휘를 나의 어휘로 번역하며, 다른 사람이 했던 말에 내 생각을 강요한다. 이와 같은 방식으로 나는 타인의 다름**otherness**(그의 타자성**alterity**)을 내 생각의 동일성으로 축소시킨다.** 나는 타인을 그의 관점이 아니라 내가 그에게 제공한 관점에서 허락한다(Diedrich, Burggraeve and Gastmans, 2003: 42. 강조는 원저자).

레비나스는 앎에의 의지가 인식자로 하여금 타자를 자신이 세상을 보고 사유하는 방식으로 동화시키기 때문에 큰 대가를 치르게 한다고 보았습니다. 레비나스의 생생한 용어로 표현하면, 인식자는 타자를 '움켜쥡니다.' 그리하여 타자를 동일성으로 몰아넣습니다. 타자를 내 세계의 일부로 만들면서 타자를 얻고, 이렇게 함으로써 질서와 예측가능성을 위해 불확실성과 모호성을 추방시킵니다. 이것은 억압, 더 정확하게 말하면 폭력—미지의 타자를 내가 이해할 수 있는, 즉 통제해 이용할 수 있는 개념과 범주와 분류 속으로 강제하고 그 과정에서 타자성을 부정하기 때문에—입니다. 로버트 영Robert Young은 "지식이나 이론으로 타자를 이해하려 할 때 타자의 타자성은 동일성의 한 부분이 되어 사라진다. … 모든 경우 타자는 그것을 포위하는 수단에 의해 중화된다"(Young, 1990: 44-45)고 말했습니다.

기술적 실천이 예정되고 표준화된 결과 중심의 서비스에 효율적으로 사용되는 품질과 고수익 창출 이야기는 이 책의 독자들에게 이미 익숙한 사례입니다. 이는 실증주의와 자율적이고 합리적이며 계산하는 실증주의적 주체의 보편적이고 규범적인 사고 특성을 강요하는 예입니다. 자신 앞에 앉아 있는 '이' 아동이 자신의 이해 체계와 기대를 넘어 무엇을 할 수 있는지 묻는 것이 아니라 자신이 갖고 있는 범주 체계를 사용해, a·b·c를 할 수 있는지 없는지를 묻습니다.[2]

레비나스는 마주침의 윤리라는 접근을 통해 이와 같은 사고와 타자를 동일성으로 만드는 앎에의 의지에 도전합니다. 마주침의 윤리는 절대적 타자성과 타자의 미지성에 뿌리를 두고 있습니다. 이것은 내가 재현할 수도 하나의 범주로 분류할 수도 없는 유일한singular 타자로, 나의 관점과 생각의 틀 속에 강요한다고 해서 이해할 수 없는 그런 타자입니다. 그러므로 타자와 맺는 관계는 타자를 '나 자신, 나의 생각, 나의 소유로 축소 불가능한 낯

---

2) 『네 살 듣기(Listening to Four Years Old)』에 실린 사례입니다. 저자 재키 커즌(Jacqui Cousins)은 여행자의 경험을 갖고 있는 소년 서니보이(Sonnyboy)와의 마주침을 자세하게 이야기하고 있습니다. 그가 학교 제도 밖에서 습득한 지식은 제도 교육의 기대치를 넘는 것이었습니다.

선 사람'으로 인정하고 절대적 타자성 또는 다름을 향한 존중의 하나가 되어야 합니다.

타자와의 관계는 단지 타자성에 대한 존중의 문제가 아니며, 포획하지 않으며 그것을 동일성으로 만들지 않는 것의 문제도 아닙니다. 레비나스의 윤리는 타자성에 대한 절대적이고 무한한 책임, 그 어떤 보답도 기대하지 않고 계산적 요소가 전혀 없는 무조건적 책임을 전제합니다. "나와의 관계에서 발생하는 타인의 책임에 구애됨 없이 타자를 대하고 타자를 위해야 한다"(Levinas, 1987: 137).

레비나스가 주장하는 마주침의 윤리는 마음에 두기도 어렵고 신자유주의 세계에 만연해 있는 생각들과 매우 다릅니다. 그는 자율성·계산·보답과 타자를 관리하고 지배하라는 재촉을 거부하고, 무한한 책임, 상호 의존과 환대, 이방인으로서의 타자에 대한 무조건적 환대를 중시합니다. 레비나스는 지금의 유아교육에 또 다른 구체적인 문제를 제기합니다. 이해하기 어려운 타인을 어떻게 생각해야 할까요? 마주침의 윤리는 교육자들로 하여금 심오한 질문에 직면하게 합니다. 그 질문들은 "어떻게 해야 다름과 차이의 마주침이 가능한 책임 있게 발생할 수 있을까? 소위 말하는 '자유로운 사고'가 범주·분류·주제화 등을 통해 파악되지 않도록 하려면 어떻게 해야 할까"(Dahlberg, 2003: 270)와 같습니다.

교육과정과 평가 방법을 포함한 교육 영역에서 범주·분류·주제화를 피할 수 있는 유아교육을 상상할 수 있을까요? 교사는 자신의 정신적 도식으로 아이들을 '분류'하여 타자성을 이해하려는 유혹에 저항하고, 만나는 아이들의 다름을 존중할 수 있을까요? 교사는 예상할 수 없는 미지의 당혹스럽고 경이로운 세계에 자신을 개방할 수 있을까요? 언제나 어렵지만, 특히 품질과 고수익 창출 이야기가 지배적일 때, 통제·분류·계산에 의해 얻을 수 있는 결과에 대한 욕망이 강할 때는 더 힘들 것입니다.

몇 가지 공통된 주제들

과잉된 신자유주의의 지배 담론을 언급하지 않더라도, 세 가지 윤리적 접근 각각 또는 전체는 유아교육의 지배 담론에서 핵심이 되는 생각들에 저항하는 공통점을 갖고 있습니다. 첫째, 세 가지 접근은 모두 책임과 연결되며 특히 타자에 대해 책임을 진다는 것이 무엇인지와 관련됩니다. 예를 들어, 교사가 아동을 책임진다는 것은 무엇을 의미할까요? 책임은 돌봄의 윤리에 필요한 마음의 습관에서 중요한 부분입니다. 자신에 대한 책임 제외하더라도 책임은 의존성과 상호 의존성 두 개념을 포함하고 있기 때문에 자율적이고 자기 이익 추구형인 호모 에코노미쿠스에게는 어려운 개념입니다. 우리는 타인에 의존하며 피할 수 없이 더 넓은 관계의 부분으로 살아가기 때문에 자신에 대해서만(또는 우리 가까이에 있고 소중한 사람에 대해서만) 생각하고 살 수 는 없습니다.

둘째, 세 가지 접근은 모두 다름otherness에 대한 존중을 포함하는 책임을 인정합니다. 바우만과 레비나스의 말을 반복하며 트론토는 "다름에 대한 질문들이 현대 이론의 중심에 있다"(Tronto, 1993: 58)고 결론지었습니다. 돌봄의 윤리에서 민감성의 질이 중요한데, 타자에 대한 과잉 통제는 돌봄의 관계에서 주된 위험 요소가 되기 때문입니다. 돌봄은 타자를 움켜잡기도 하고 질식시키기도 합니다. 그와 같은 관계에서는 불평등과 취약성이 종종 관련되어 나타나기 때문에 자신을 유사한 상황에 놓고 상상하면서 마치 아는 것처럼 하기보다는 취약한 위치에 놓인 타인이 무엇을 말할지에 대해 이해하려고 노력하는 것이 중요합니다. 트론토에 의하면 민감성은 "자신을 타인의 위치에 두기보다는 타인의 욕구를 이해하는 다른 방식을 제시해 줍니다. … 타인의 입장에서 관여하지만 타인이 나와 똑같다고 전제하지 않는"(Toronto, 1993: 135) 것입니다. 또는 레비나스의 표현처럼, 돌봄을 주는 사람이 돌봄을 받는 사람을 움켜쥐려고 해서는 안 됩니다.

셋째, 세 가지 접근은 모두 타자와의 관계를 계산적이고 합리적으로 사고하는 것을 거부합니다. 바우만은 윤리를 다음과 같이 설명합니다.

> [윤리란] 본질적으로 불평등한 관계를 초래한다. 따라서 불공평, 공정하지 않음, 보담을 요구하지 않음, 상호 관계에 대한 사심 없음, 이익과 보상의 균형에 대한 무관심, 요약하면, 이와 같이 본디 '불균형이어서' '나 대 타인'의 역전이 불가능한 관계가 마주침을 도덕적 사건으로 만든다. … 도덕성은 고질적으로 무기한 비합리적이어서 계산될 수 없으며, 이로 인해 보편 원리의 규칙에 따르는 것이 바람직하지도 않다. 도덕적 부름은 철저히 개인을 향한다. 내 책임에 호소하며 유도된 돌봄을 재촉하는 것은 타인이 그것을 나에게 했거나 다른 사람들이 했던 공식에 따라서 나의 것을 공유했음을 인식한다고 해서 해소되거나 완화되지 않는다(Bauman, 1993: 48-49, 60).

다차원적인 토론들

지금까지 유아교육을 둘러싼 이야기들과 관점들을 함께 보았고 몇 가지를 추가하겠습니다. CEC 시리즈에서 다루어야 할 다차원적인 토론거리는 무엇이 있을까요? 토론 주제는 정치적이고 윤리적인 실천에 우위를 두고 따라가야 합니다. 다른 답을 유발할 수 있는 정치적 질문들을 하십시오. '아동에 대한 당신의 이미지는 무엇인가요' 또는 '교육의 목적은 무엇인가요' 또는 '교육의 기본적 가치란 무엇인가요' 같은 질문들이 토론을 가능하게 합니다. 윤리적 실천은 규제 문서를 따르기보다는 '상황에 따라서'라는 어구에 표현된 삶의 반복적 딜레마에 응답하며 윤리적 선택을 요구합니다.

유아교육에서 토론 주제는 많지만, 많은 부분을 할 수 있거나 해야 하는 것은 아닙니다. 특히 지배적인 이야기를 따르는 사람들과 저항 운동으로 지칭될 수 있는 사람들 사이에는 각자가 부족함이 있을 것입니다. 앞서 언급했듯이 패러다임의 분열은 주류와 다른 생각을 가진 사람들 간의 토론을 차단시킵니다. 주류 집단은 기술적 실천의 개선에 초점을 두고 '무엇이 효과가 있을까' 또는 '품질을 어떻게 높일까'에 관심을 가지지만, 정치적 질문이나 윤리적 문제에 무관심하거나 인식하지 못합니다. 이것은 저항 운동 내

또한 사이에 토론거리로 남습니다. 그러나 그것들은 중요하지만 충분하지는 않습니다.

정치, 윤리, 책임, 다름, 비합리성. 우리는 유아교육의 지배 담론으로부터 먼 길을 걸어 왔습니다. 그것이 시장의 지역적 이야기든지 질과 고수익 창출이라는 좀 더 큰 이야기이든지 실증주의 및 신자유주의와의 관계에서 닫혀 있는 이야기들은 기술적 실천을 우위에 두게 하고 계산과 범주화와 통제를 심어 주었습니다. 그것은 보편적 규준·절차·규칙에 관한 것이었습니다. 그러나 이 이야기들이 오늘날 너무 우세하여 다른 이야기들을 들을 수도, 다른 이야기들이 어떻게 실천되는지 상상할 수도 없게 할 가능성이 있습니다. 대안들이 있습니다. 바로 실천에서 만들어지고 있는 유아교육의 다른 이야기들입니다.

이제 그중 하나에 시선을 돌리고자 합니다. 바로 이탈리아 레지오 에밀리아의 자치학교와 유아교육입니다. 그곳은 아주 다른 이야기를 들려주고 있는 교육 프로젝트의 살아 있는 사례입니다.

제1장의 마지막에 제시했던 질문들을 포함하여 이 장을 읽은 후 떠오르는 생각과 질문들을 공유하고 토론하는 것을 잊지 마십시오. 다음은 제가 여러분에게 드리는 몇 가지 질문입니다.

- 유아교육에서 여러분이 생각하는 기초와 시작점은 무엇입니까? 기술적 실천입니까? 정치적·윤리적 실천입니까? 아니면 다른 어떤 것인가요?

- 당신의 정치적 질문들은 무엇입니까?

- 정치적 질문을 선택해 보세요. 어떤 것이든 상관없습니다. 질문에 대한 당신의 답 또는 정치적 선택은 무엇입니까?

- 교육부의 유아교육 고시문을 살펴보세요. 아동에 대한 이미지가 명시적 문장을 통해 기술되어 있을 것입니다. 찾으셨나요? 찾았다면 어떤 이미지가 제공되어 있습니까? 문서에 제시된 아동 이미지에 대해 당신도 동의되나요? 아동에 대한 이미지 기술을 찾을 수 없다면, 왜 포함이 되어 있지 않다고 생각하나요? 문서를 읽으면서, 문서를 만든 저자들이 아동에 대한 암묵적 이미지를 공유한다고 생각되나요? 그 이미지에 대해 동의하나요?

- 유아교육에서 어떤 윤리적 접근이 필요하다고 생각하나요?

- 타자성과 다름에 대해서 어떻게 이해하고 있나요? 타자를 '이해'하려고 노력할 때 타자를 동일성에 포함시켜서 이해하려고

한 경험이 있나요? 그때는 그것을 알지 못했을 수 있지만요.

- 아이들의 '다름'을 인정하면서 교사가 어떻게 아이들에게 책임 있게 관계할 수 있을까요? 어떻게 하면 정해진 범주에 따라 아이들을 측정하는 도구에 의지하지 않고 아동 개개인을 이해할 수 있을까요?

제4장

레지오 에밀리아

민주주의·실험·잠재성에 대한 이야기

레지오 에밀리아Reggio Emilia는 전 세계적 주목과 찬사를 동시에 받으며 유아교육의 국제적인 현상이 되었습니다. 레지오 에밀리아는 무엇이며, 유아기 교육 논쟁에서 어떤 위치에 있을까요? 레지오 에밀리아는 이탈리아 북부의 중소 도시로 포Po강 연안을 따라 동서 축으로 자리 잡은 도시들 중 하나인 볼로냐Bologna에서 서쪽으로 약 70킬로미터쯤 떨어져 있습니다. 하지만 유아교육계에서 레지오 에밀리아는 지난 50년 넘게 이 도시에서 진화해 온 뭔가 특별한 것을 상징합니다. 그것은 바로 '시립학교' 네트워크와 여기에서 일어난 유아교육입니다.

수많은 사람이 이곳을 방문하거나 이들 학교에 관한 〈유아기의 백 가지 언어The hundred Languages of Childhood〉라는 순회 전시를 관람했는데 많은 참관자는 중요하고 흥미롭고 특별한 무엇인가가 일어나고 있다는 것에 동의하고 있습니다. 이 장에서 저는 무엇이 이들 학교와 그들이 제공한 교육을 중요하고 흥미롭고 특별하게 만드는지, 그리고 어떻게 그들이 '다양한 관점과 논쟁으로 구성된 영역에서 대안적 내러티브'의 하나가 될 수 있을지에 대해 논의해 보고자 합니다. 이는 지배적인 '시장 이야기' 및 '질과 고수익 이야기'에 맞서는 내러티브입니다. 이 장에 이어지는 장들은 CEC 시리즈가 분석하고자 하는 '다수의 관점과 논쟁'에 기여한 대안적인 내러티브 창출을 가능하게 한 이론가들과 이론들에 관한 것이라는 점에서 그 성격이 다릅니다. 사실상 레지오 에밀리아의 대안적 내러티브는 그 안에 푸코, 들뢰즈, 그리고 포스트휴머니즘의 개념과 아이디어를 어느 정도 담고 있음이 드러나게 될 것입니다.

우선 저의 관점에서 왜 이 작은 지역의 프로젝트가 그렇게 중요하고, 그 의미가 레지오 에밀리아 지역의 경계를 넘어서 확산되는지를 이야기하면서 시작해 보도록 하겠습니다.

레지오 에밀리아는 왜 중요할까

첫 번째로 말하고 싶은 것은, 레지오 에밀리아의 중요성은 전 세계 유아교육에 만병통치약처럼 이전 가능한 프로그램이나 보편적인 청사진을 제공한다는 데 있지 않다는 점입니다. 이곳 시립학교에서 이루어진 교육은 일반화가 가능한 모델에 대한 하나의 '접근approach'이 아닙니다. 이는 아주 특별한 시간과 공간, 즉 1960·70년대에 특별한 역사적·정치적·문화적·사회적 맥락을 가지고 있는 에밀리아 로마냐 지역의 레지오 에밀리아라는 곳에서 발현되어 오고 있는 지역 문화 프로젝트local cultural project입니다. 이에 대한 역사와 맥락을 좀 더 설명하겠습니다.

그사이의 세월 동안 많은 것이 변했지만, 첫 학교가 개원했던 1960년대 레지오 에밀리아에는 권위주의적 파시스트 통치─1923년에 시작되어 나치 점령과 유혈 저항 투쟁의 5년간 전쟁 동안 절정에 달했다─의 20년간 기억이 여전히 지배적으로 남아 있었습니다. 해방 이후 암울한 시기가 끝나가는 1945년은 인적 손실, 심리적 공포, 물리적 파괴라는 끔찍한 유산을 남겼지만 엄청난 기대와 흥분 그리고 더 나은 사회를 재건하겠다는 의지를 담은 새로운 시대의 개막을 알리는 해이기도 했습니다. 이는 레지오 에밀리아 프로젝트의 지도적

인물이자 20세기의 위대한 교육사상가이자 실천가인 로리스 말라구치Loris Malaguzzi(1920~1994)가 말년에 그 시기를 돌아보면서 한 다음과 같은 말에서 찾아볼 수 있습니다.

나는 [1945년 4월, 나치 점령으로부터 레지오 에밀리아 시가 해방된 후] 이 시절을 모든 것이 가능해 보였던 시기로 기억하고 있다. … 전쟁의 뒤, 슬픔의 뒤, 폐허의 뒤인 그때에 충동적이고도 강한, 아주 이상한 현상이 있었고, 이는 엄청난 갈망과 열정과 흥분이 가능하도록 만들어 주었다. 무엇이든 생각해 낼 수 있고, 생각해 낸 것은 실제로 실현될 수 있다고 생각하는 터무니없는 능력이었다 (Cagliari et al., 2016: 415).

끔찍한 전쟁의 유산에도 불구하고 전쟁 이후 여러 가지 방법으로 삶을 개선시킬 수 있는 능력에 큰 확신을 가졌던 이 도시의 적극적인 지역 공동체(코무네comune)의 표현대로, 희망과 낙관의 시대였습니다. 교육학자이자 심리학자였던 말라구치는 국립학교와 성인교육기관(전쟁으로 학교 교육이 중단된 전직 참전용사와 포로들을 교육하는 협력 대학에서 가르침)에서 교사로서 일했습니다. 그 후 그는 남은 일생을 여름 캠프에서, 심리적 문제를 다루는 학교 아동 센터에서, 유아들을 위한 시립학교에서, 코무네를 위해 일하는 데 헌신했습니다. 이런 학교들에서 그가 한 일들은 그 이전의 삶뿐만 아니라 "민주적이고 진보적인 운동이라는 투쟁에의 참여와 다양한 협력 교육의 예"(Catarsi, 2004: 8)에서 영향을 받았습니다.

레지오 에밀리아의 학교는 이러한 역사적 맥락뿐만 아니라 활발한 좌파 정치와 강력한 협력 운동, 민주주의를 향한 확고한 헌신이 있는 지역의 정치적 맥락에서 등장했습니다. 레지오 에밀리아 사람들이 그들만의 유아교육을 만들어 가도록 촉발시킨 힘이 무엇이었냐는 질문에, 1960년대 그 도시의 시장은 다음과 같이 답합니다.

> 파시스트 경험을 통해 시민들은 순치되고 순종하는 사람들이 위험하다는 것을 배웠으며, 새로운 사회를 건설할 때 그러한 교훈은 보존되고 전달되어야 하며, 스스로를 위해 생각하고 행동할 수 있는 아이들의 양육하고 그것을 유지하는 것이 중요하다는 것을 배웠다(Dahlberg et al., 2013: 12에서 재인용).

3~6세 유아를 위한 레지오 에밀리아의 첫 시립학교는 1963년 코무네에 의해 문을 열었으며, 1960년대 말에는 3세 미만의 영아를 위한 학교를 비롯해 많은 학교가 뒤를 이었습니다. 이 지역 프로젝트는 0~6세 학교 체제였습니다. 말라구치가 처음에는 이러한 학교들의 컨설턴트로 임명되었으며, 이후 책임자가 되었습니다. 오늘날 레지오 에밀리아는 시에 의해 또는 시와의 계약에 따라 협동조합에 의해 운영되는 47개 시립학교의 네트워크를 가지고 있습니다. 이 학교들이 그 도시의 모든 학교는 아니지만(국가 정부나 교회 조직이 운영하는 학교들도 있다), 창의성·실험·참여민주주의에 대한 명성으로 레지오 에밀리아를 세계적 무대에 올린 것은 바로 이들 시립학교입니다.

레지오 에밀리아는 예전이나 지금이나 혁신적인 지역 문화 프로젝트를 발전시킨 유일한 곳은 아닙니다. 이탈리아 북부와 중부의 다른 도시들 역시 1960년대 시립학교들을 열었는데, 이를 "시립학교 혁명municipal school revolution"(Catarsi, 2004: 8)이라 부릅니다. 이러한 현상은 정부 활동의 부재와 그 당시 유일한 교육 제공자였던 교회 학교에 대한 불만으로 여러 도시의 코무네가 자신들의 아이들에 대한 교육을 책임지기로 결정한 것에서 기인했습니다. 비록 수년에 걸쳐서 코무네들 중 일부는 주로 예산을 절감하기 위해서 학교 운영을 정부로 넘기기도 했지만, 레지오 에밀리아와 같은 다른 코무네들은 시립학교들을 자체적으로 계속 운영하고 있으며, 레지오 에밀리아 이외의 다른 지역이나 도시들도 그들의 업적으로 국제적인 명성을 확립하고 있습니다.

'스스로 지역 프로그램을 이루어 냈다'는 말이 레지오 에밀리아 단독으로 그렇게 했다는 뜻은 아닙니다. 즉 이 도시의 유아교육은 하늘에서 떨어진 것이 아니라 그 형성 과정에서 이전 및 현대 교육 선구자들의 영향을 받았습니다. 이 개념을 이후에 좀 더 설명하겠지만, 레지오 에밀리아는 다른 기관들과의 관계 속에서 교육 프로젝트를 공동으로 구성했으며, 마찬가지로 오늘날 다른 곳들도 레지오 에밀리아나 다른 기관들과의 관계 속에서 지역 교육 프로젝트를 공동으로 구성하고 있습니다. 예를 들어, 말라구치의 책을 읽으면 끊임없이 그의 사고에 영향을 준 (듀이, 프레네, 피아제, 비고츠키, 브루너 같은)[1] 학자들이나 (심리학, 사이버네틱스, 신경과학 같은) 학문 영역의 참고문헌들을 찾을 수 있을 것입니다. 또한 유사한 지역 프로젝트에 착수한 다른 지역 및 도시들과, 이탈리아나 그 밖의 교육 분야의 다른 중요한 현대 인물들과의 지속적인 교류도 있었습니다. 이와 같은 경계를 넘나드는 독서와 대화는 말라구

---

1) 말라구치가 연구하고 존경했던 학자들 중 몇 명만 언급한 것입니다. 그는 엄청나게 읽었습니다. 그는 1993년에 열린 한 회의에서 다음과 같이 이야기했습니다. "우리가 참고한 이론은 피아제의 유전적 인식론(그러나 그것으로부터 파생된 교육학적 해석은 아니다)에서 복잡성의 실험 이론에 이른다. 모린에서 바렐라, 베이트슨에서 폰 푀르스터과 프리고진, 머그니에서 두아즈와 모스코비시, 또한 듀이, 베르타이머, 왈롱, 클라파레드, 비고츠키, 브론펜브레너, 호킨스, 아른하임, 곰브리치, 페퍼트, 가드너를 결코 잊을 수 없다. 신경과학 분야에서 에덜먼, 로젠필드, 레비몬탈치니, 둘베코 등에 대해서는 나중에 언급할 것이다"(Cagliari et al., 2016: 377).

치와 그의 동료들에게 아이디어·열정·에너지를 불어넣었습니다.

레지오 에밀리아는 고립되어 존재하지 않았을 뿐만 아니라 뚜렷한 정체성을 발전시켰습니다. 그것은 정치적 선택이었으며, 그들은 이에 대해 책임을 졌습니다. 그런데 레지오 에밀리아가 다른 곳에서도 적용될 수 있는 프로그램이나 프랜차이즈가 가능한 접근 방식이 아닌데도 왜 그렇게 중요할까요? 매우 특정한 맥락에서 성장한 지역 문화 프로젝트가 왜 우리에게 중요할까요? 저는 몇 가지 이유가 있다고 생각합니다.

첫째, 로베르토 운제르가 말한 '민주적 실험주의democratic experimentism'에 참여하려는 용기와 상상력을 가진 지역 사회 또는 집단에 의해 무엇이 성취될 수 있는가를 보여 주고 있습니다.

> 민주적 실험주의는 서비스 자체의 질적 제공을 앞당기는 혁신적인 집단적 실천이다. 위로부터 혁신의 기계적인 전달에 의한 효율성과 생산성에 대한 현재의 개념으로는 이루어질 수 없다. 이는 아래로부터 집단 실험적 실천의 조직화를 통해서만 일어날 수 있다. … 민주주의는 내가 주장하는 제도적 혁신을 위한 단지 또 하나의 토대가 아니다. 그것은 가장 중요한 토대다(Unger, 2005b: 179, 182).

만약 레지오 에밀리아와 다른 이탈리아 도시들이 교육적으로 특별한 무엇, 즉 '아래로부터 집단 실험적 실천'을 이루어 냈다면, 적절한 조건에서 (반드시 모두는 아니더라도) 다른 지역 사회에서도 해낼 수 있습니다. 비록 레지오와 공통된 이미지·가치·실제를 공유한다는 점에서 공통점을 가졌더라도 그 결과는 맥락과 조건이 다르기 때문에 레지오 에밀리아와 동일하지는 않을 것입니다. 일란성 쌍둥이보다는 사촌 정도를 상상하면 될 것 같습니다. 아주 먼 관계(아니면 전혀 상관없는 관계)지만, 새롭고 혁신적이며 희망적인 또 다른 대안적 내러티브들입니다. 실제로 이탈리아의 다른 지역과 세계 여러 곳의 유아교육에서 혁신적인 지역 프로젝트에 대한 수많은 다른 사례가 존재하듯이, 그것은 가능하고 일어나고 있는 일입니다.

둘째, 레지오 에밀리아는 유아교육의 지배 담론, 특히 질과 고수익 이야기 및 시장 이야기가 열렬히 추종했던 '대안 없는 독재'에 도전합니다. 이는 유아교육에 희망을 줍니다. 이탈리아의 레지오 에밀리아가 대안이 있음을 보여 줍니다. 그것은 『유아교육의 변혁적 변화와 진정한 유토피아 Transformative Change and Real Utopias in Early Childhood Education』에서 제가 명명했던 '민주주의·실험·잠재성 이야기'를 만들었습니다. 다른 세계가 가능하다는 것을 증명함으로써 다른 이야기들이 가능할 뿐만 아니라 실행되고 있고, 실행될 뿐만 아니라 지속될 수 있다는 사실을 보여 줍니다. 물론 레지오 에밀리아가 급진적 또는 진보적 민주주의 교육의 유일한 사례는 아닙니다. 교육 분야에서 다른 많은 것들이 있었고 현존하고 있습니다. 이는 모두는 중요합니다. 그러나 레지오 에밀리아는 그러한 사례들 중에서 지금까지 가장 규모가 크고 오래 지속되는 것으로, 필요한 조건에 충분히 주의를 기울인 대안의 생존가능성과 달성가능성을 보여 줍니다.

셋째, 이는 시장 이야기가 거짓임을 보여 줍니다. 혁신적이고 매우 우수한 교육학적 업적으로 명성을 얻은, 사적 기업이 아닌 공공 당국에 의해 제공된, 경쟁과 개인적 선택이 아닌 시민의 민주주의 참여와 센터 간의 협력에 기반을 둔 모범적인 체제가 존재하고 있음을 보여 주기 때문입니다. 물론 공적 공급과 협력이 모범적인 교육을 보장하지도 않지만 반드시 시장

보다 나쁜 것도 아닙니다. 실제로 적절한 조건만 주어진다면 훨씬 나아질 것입니다.

마지막으로, 이전 장에서 살펴보았듯이 레지오 에밀리아는 유아교육을 구축하기 위한 기초로서 정치적 질문들을 다루는 것의 중요성을 보여줍니다. 그들은 이에 대해 꽤 솔직하고 분명하게 행동합니다. 말라구치가 명확하게 말한 것을 반복하자면, 교육이란 "우리가 알든 모르든 간에 항상 정치적 담론이다. 교육은 문화적 선택과 함께 작동하지만, 또한 분명히 정치적 선택과 함께 작동"합니다. 그렇게 함으로써, 즉 정치적 질문을 하고 대답을 함으로써 그리고 정치적 선택을 함으로써 레지오 에밀리아는 다른 사람들이 도전할 수 있도록 합니다. 왜 우리는 교육이 무엇보다도 정치적 실제라는 것을 인지하기 어렵다는 것을 자주 알아챌까요? 우리의 정치적 질문은 무엇인가요? 레지오 에밀리아의 정치적 답변에 동의하나요?

이 장의 나머지 부분에서 레지오 에밀리아의 유아교육 정치를 살펴보고자 합니다. 이는 바로 대안적 내러티브를 구성하는 것입니다. 레지오 에밀리아에 대해 종합적으로 설명하지는 않을 것입니다. 더 알고 싶다면 CEC 시리즈로 출간된 레지오 에밀리아의 교육자가 쓴 세 권의 책을 보십시오. 『레지오 에밀리아와의 대화In Dialogue with Reggio Emilia』(Rinaldi, 2006), 『레지오 에밀리아의 예술과 창조Art and Creativity in Reggio Emilia』(Vecchi, 2010), 말라구치의 연설문과 기고문을 엮은 『로리스 말라구치와 레지오 에밀리아의 학교들 Loris Malaguzzi and the Schools of Reggio Emilia』(Cagliari et al., 2016)입니다. 그 외에도 귀중한 통찰을 제공하는 여러 출판물(예를 들어, Giudici and Krechevsky, 2001; Edwards, Gandini and Forman, 2012; Giamminuti, 2013)이 있습니다.

이제 정치적 질문에 대한 답변이 하나에서 다른 하나로 서로 연결되어 독특한 지역 문화 프로젝트를 어떻게 형성하는지를 보여 줄 짧은 여정으로 여러분을 데려가려고 합니다.

레지오 에밀리아의 유아교육 정치학

배운다는 것은 무엇을 의미하는가, 그리고
우리는 어떤 페다고지와 함께하고 있는가

이 여정은 "당신이 갖고 있는 어린이의 이미지는 무엇입니까"라는 질문에서 출발합니다. 이 질문은 말라구치에게 "어떤 페다고지 이론이나 어떤 교육 프로젝트에서든 필수적 전제"입니다. 우리는 이미 레지오 에밀리아의 교육자들이 어떻게 대답하는지를 보았습니다. 백 가지의 언어로 태어난 유능한 아이, 주인공이자 시민으로서의 아이, 무한한 잠재성을 가진 아이. 이는 "우리는 몸이 무엇을 할 수 있는지 결코 알지 못한다"라고 했던 17세기 네덜란드 철학자 바뤼흐 스피노자Baruch Spinoza(1632~1677)의 표현에서 완벽하게 포착된 아이디어입니다. 유능한 아이는 몇 년 후의 배움을 준비할 필요가 있는 것이 아니라 태어나면서부터 배웁니다. 그렇다면 레지오의 정치적 관점에서 무엇이 배움인가요?

배움이란 사회적 구성주의자들의 관점에서 이해됩니다. 말라구치의 뒤를 이어 레지오의 시립학교 책임자가 된 카를리나 리날디Carlina Rinaldi가 이야기했듯이, 배움은 바로 항상 다른 사람들과의 관계 속에서 함께 구성하며 의미를 만드는 과정입니다.

> 배움은 전수나 재현의 수단에 의해 이루어지는 것이 아니다. 이는 구성의 과정으로, 각 개인은 사물들, 다른 것들, 자연, 사건들, 현실, 삶에 대한 근거, 이유, 의미를 스스로 구성해 나간다. 배움의 과정은 분명히 개인적이지만, 타자들의 근거·설명·해석·의미가 우리의 지식 구축에 없어서는 안 되기 때문에 이것은 또한 관계의 과정, 즉 사회적 구성의 과정이다. 따라서 **우리는 지식을 타자들과의 관계 속에서 개인에 의해 구성하는 과정이 되는 것, 즉 진정한 공동 구성co-construction 행위라고 본다.** 배움의 시기와 양식은 개인적이며, 타자들의 것들로 표준화될 수는 없지만, 우리는 우리 자신을 깨닫기 위해서 타자를 필요로 한다(Rinaldi, 2006: 125. 강조는 원저자).

이러한 배움은 이론 구축의 과정을 통해 작동합니다.

> 성인들과 아이들에게 이해한다는 것은 해석적 '이론'을, 즉 세상의 사건들이나 사물들에 의미를 부여하는 내레이션을 발달시킬 수 있음을 의미한다. 끊임없이 다시 고칠 수 있는 충분한 설명을 제공한다는 점에서 우리의 이론들은 잠정적이다. 하지만 그 이론들은 단순히 하나의 아이디어 또는 아이디어 집합 그 이상의 무엇인가를 나타낸다. 그것들은 우리를 기쁘게 하고, 우리를 설득하고, 유용하고, 우리의 지적·정서적·미학적 요구(지식의 미학)를 만족시켜야만 한다. 세상을 표상할 때 우리의 이론은 우리를 표현해 준다(Rinaldi, 2006: 64).

그러나 이론들은 각 이론의 구축자를 만족시키거나 설득하는 것 이상이어야 합니다. 그것들은 타자들과 함께 검증되어야 합니다. 타자들, 즉 다른 아이와 성인과의 관계 속 배움에 대한 중요성, 그리고 소집단에서 작업하는 교육의 중심성으로 인해서 말라구치는 교육은 '집단적이고 사회적'인 것이라고 주장합니다.

관계성은 또 다른 의미에서 중요합니다. 다른 언어들 간에 창조되는 관계는 "배움의 과정이 여러 언어(또는 학문)가 서로 상호 작용할 때"(Vecchi, 2010: 18) 발생 가능합니다. 레지오 에밀리아의 첫 아틀리에리스타aterlierista(학교에서 교사와 함께 일하는 예술 배경을 가진 교육자) 베아 베키Vea Vecchi는 다음과 같이 이 주제를 더욱더 발전시킵니다.

우리 학교의 환경, 사용된 물질들, 실천되는 절차들, 교육자들의 전문적 발달, 아이를 위해 제안된 것 등을 디자인하고 계획하는 것. 그래서 창출한 시너지를 통해 성장한 백 가지의 언어와 이러한 언어들의 얽힘을 주의 깊게 볼 수 있는 관찰과 기록의 실제적 가능성이 필요하다(Vecchi, 2010: 18).

다른 곳에서 베키는 교육에서 관계성의 중요성과 함께, 관계성을 강화하기보다 저하시키는 교육의 위험성을 더욱 강조하고 있습니다.

우리는 태어났을 때부터 하나의 전체이며, 모든 감각은 세상을 이해하기 위해 우리를 둘러싼 세상과 관계를 맺으려고 한다. 그러나 매우 빠르게 우리는 자신이 '조각조각 잘려지는'—우리 문화에서 분리의 상태를 정의하고 분리된 경로로 지식을 추구하도록 우리를 강제하는 것을 지칭하기 위해 말라구치가 사용한 문구—것을 발견한다.

… 우리는 연결에서 작동하기보다는 분리를 선호하는 교육과 문화로 인해 개인적·사회적 피해가 얼마나 많이 발생하고 있는지 심각하게 되돌아볼 필요가 있다(Vecchi, 2004: 18).

관계성, 상호 연결성, 상호 의존성, 이 모두는 레지오 에밀리아가 어떻게 배움과 교육을 이해하고 있는지를 알려 주는 핵심입니다.

이러한 관점에서 볼 때 배움은 점진적이고 예측 가능한 단계들이 갖는 선형적 경로를 따르지 않습니다. 오히려 그것은 새로운 연결이 이루어지고 새로운 이론이 타자들과 함께 검증될 때와 같이 차이와 마주침으로써 발생되는 예측할 수 없는 방법으로 이끄는 탈주선light of flight(제6장에서 다시 살펴볼 개념)을 포함하며, 갑자기 시작되어 예상하지 못한 이탈로 진행됩니다. 한 단계 뒤에 다른 단계가 계열적으로 있는 것이 계단이라기보다는 배움이 구성되는 지식은 (말라구치의 은유처럼) 꼬여 있는 한 타래의 스파게티와 더 가깝습니다. 왜냐하면 시작도 끝도 없지만 항상 그 사이에in between 있을 수 있고 많은 다른 방향과 장소를 향해 열려 있기 때문입니다. 다시 말해서, 지식이란 "이전에는 존재하지 않았으며, 더 중요하게는 이전에 존재했던 것에서 상상할 수 없는"(Osberg and Biesta, 2007: 33) 새로운 특성, 뭔가 새로운 것의 생성에 관한 것으로 이해됩니다. 이후에 볼 수 있듯이, 비예측성·놀라움·경이로움은 레지오 에밀리아의 유아교육에서 중요한 가치입니다.

공동 구성 과정을 통해 배우는 유능한 아이에게는 특별한 페다고지가 필요합니다. 이것을 레지오 에밀리아에서는 관계와 경청의 페다고지pedagogy of relationships and listening라고 합니다. 관계의 페다고지는 지식 구성에서 아이와 성인 간의 상호 작용과 대화의 중요성(따라서 관계적 윤리의 중요성 역시)

뿐만 아니라 언어 간 관계의 중요성을 인정합니다. 반면에 경청의 페다고지는 "생각, 즉 아이디어와 이론, 아이들과 성인들의 질문과 응답에 귀 기울이는 것의 중요성을 인정한다. 이는 생각을 진지하게 존중해서 다루는 것을 의미하는 것이다. 즉 옳고 적합한 것이 무엇인지에 대해 선입견 없이 말한 것에서 의미를 찾기 위해 노력하는 것"(Rinaldi, 2006: 15)을 의미합니다. 이런 페다고지를 실천하려면 학교는 무엇보다 먼저 다양한 경청의 맥락이 되어야 합니다.

> 교사뿐만 아니라 개별 아이와 아이들의 집단을 포함하며, 이들 모두는 다른 사람들에게도 자기 자신에게도 귀를 기울일 수 있다. 이러한 다양한 경청의 맥락은 가르침과 배움의 관계를 뒤집는다. 그리고 이러한 전복은 초점을 배움으로 이동하게 한다. 즉 아이들 스스로의 배움과 아이들의 그룹과 성인이 함께 이루는 배움으로 말입니다(Rinaldi, 2006: 67).

무엇보다도 먼저 관계와 경청의 페다고지는 프로그램이 아니라 전략과 프로젝트를 통해서 실행됩니다. 사전중재와 예측에 중점을 둔 프로그램은 '감금된' 경험을 창출하고, 창의성과 독창성을 억압하며, 의미를 열어 가기보다는 닫히도록 합니다. 말라구치에 따르면, 프로그램이란 다음과 같습니다.

> 우리에게 해당하지 않는 확실성의 이론에 기초한다. … 특히 아이 삶의 첫 시기에 행해지는 프로그램의 모든 시도는 자연에 반하는, 유전적 유산의 미결정적이고 미확인된 부분에 반하는, 유기체와 뇌의 그리고 아이가 지닌 인간 조건의 전략적·설계적 부분에 반하는 시도라고 생각한다(Cagliari et al., 2016: 336).

프로그램이 "확실한 처방을 담고 있다면" 전략은 "융통성, 주의력, 성찰 및 변화하려는 태도 … 모든 것을 한꺼번에 뭉뚱그려 버리는 우리의 옛날 방식을 버림으로써 상황과 문제를 처리할 수 있는 능력"(Cagliari et al., 2016: 335)을 갖는 것입니다. 프로젝트 작업에서 그 모습을 찾아볼 수 있는 이 능력은 다음과 같은 것을 수반합니다.

> (교직원 전문성 발달과 학부모 관계를 포함하여) 학급 활동에 대해서 기본적으로 계획하여 두되, 실제로 진행해 가면서 융통성 있게 수정하고 방향을 바꾸어 갈 수 있는 유연한 접근을 포함한다. … 전반적으로 규정짓는 원칙을 가지지 않은 채로 많은 방향으로 전개하면서 단선적인 진보 형태로서의 지식 획득에 대한 주류 아이디어에 도전한다(Cagliari et al., 2016: 357).

관계와 경청의 페다고지는 보다 더 특별한 정치적 선택을 요청하고 요구하는데, 이를 위해서 '교육의 근본적 가치는 무엇인가'로 시작하는 또 다른 정치적 문제에 대답할 필요가 있습니다.

교육의 근본적 가치는 무엇인가

레지오 에밀리아의 시립학교가 선택한 가장 근본적인 가치 중 하나는 바로 민주주의democracy입니다. 이는 교사 또는 부모에 의해 선출되어 비위계적으로 구성된 교직원 및 관리자 위원회를 통해 학교가 운영·관리되는 방식으로 나타납니다. 그러나 이는 학교의 일상생활, 아이와 성인 간의 관계, 듣기와 대화 및 상호 존중에 기반한 페다고지에서도 나타납니다. 철학자이자 교육개혁가였던 존 듀이에게 민주주의는 주로 일상의 문화와 사회적 관계에 내재되어 함께 살아가는 방식입니다. "개별 삶에서의 개인적 방식 … 개인적인 성격을 형성하고 삶의 모든 관계에서 욕망과 목적을 결정하는 특정 태도에 대한 소유와 지속적인 사용을 의미한다"(Dewey, 1976: 225)고 합니다. 민주주의란 일을 관리하는 방법일 뿐만 아니라 살아가기와 관계 맺기에 대한 접근, 일상생활의 모든 측면에 스며들 수 있고 스며들어야만 하는 관계적 윤리와 문화입니다. 특히 학교에서 "존재하는, 즉 타자와 세상과의 관계 속에서 스스로를 생각하는 방법 … 교육 활동의 기본적인 교육적 가치이자 형태"(Rinaldi, 2006: 156)입니다. 이미 설명했듯이, 민주주의에 대한 이러한 헌신은 독재와 억압의 경험에 대한 강력한 반응입니다.

저는 또 다른 가치들이 아이 이미지의 선택, 배움과 지식에 대해 선택된 이해를 지지해 준다고 생각합니다. 이미 다뤘던 것들 중 첫 번째는 말라구치가 말년에 학회에서 발표한 연설 발췌문에서 표현된 상호 연결성inter-connectedness이라는 가치입니다.

상호 연결하기interconnecting가 무엇인지 한번 생각해 보자. 현재와 미래의 위대한 동사verb로 … 우리는 더 이상 섬처럼 고립되어 있는 세상이 아니라 그물망으로 만들어진 세상에 살고 있다는 점을 염두에 두자. 이러한 이미지에는 아이들의 사고 구성과 우리 자신의 사고 구성이 있다. 분리된 섬으로 만들 수 없는, 그러나 개입과 상호 작용과 학제 간 연구가 지속되는 하나의 거대한 군도, 하나의 거대한 그물망에 속하는 구성은 변함없다(Cagliari et al., 2016: 349-350).

이러한 가치는 사람 간의 그리고 언어 간의 관계에 주의를 기울인 표현입니다. 이는 또한 연결이 끊어질 수도 있다는 전망 때문에 절망에 이르기도 합니다. 아이들이 온전한 존재로 백 가지의 언어를 가지고 태어났지만 '별도의 경로로 지식을 추구'하도록 강요하는 학교에 의해서 모든 아이가 스스로를 '조각으로 자르는' 경우가 너무 자주 있습니다.

제가 강조하고 싶은 그다음의 두 가지 기본 가치는 불확실성uncertainty과 경이로움wonder입니다. 두 가지 모두 중요합니다. 왜냐하면 이 두 가지 가치는 예상하지 못한 것, 놀라운 것, 몸이 무엇을 할 수 있는지 알지 못하는 것 등을 받아들이게 하며, 미리 정해진 결과를 도출하는 프로그램에 따라 우리가 기대하는 것(품질)에 시선을 집중하게 하는 것으로부터 벗어날 수 있도록 해 주기 때문입니다. 둘 다 개인의 특이성이나 다름을 받아들이고, 분류 및 표준화 과정을 통해 타자를 동일자로 만들고자 하는 시도에 반대하도록 작용합니다. 저는 여기서 '어떤 윤리인가'라는 질문에 대한 레지오 에밀리아의 대답을 언급하고자 합니다. 저는 이를 만남의 윤리ethics of encounter로 해석할 수 있다고 생각합니다.

말라구치는 가르침을 '불확실성의 전문직profession of uncertainty'이라고 표현합니다. 그러나 이것은 어떤 우려나 비판을 의미하는 것이 아니며 약점을 표시하는 것도 아닙니다. 말라구치는 이어서 다음과 같이 오히려 정반대라고 말합니다.

불확실성은 그것이 가지고 있는 극히 일부의 부정성 또는 그 고결한 본질의 거부로부터 해방되어야 한다. 그것은 우리 삶, 그리고 우리의 관계—자신·타인·자연과 맺는 관계—의 구성 요소 … 우리 성장의 구성 요소로 … 되돌려져야 한

다. 불확실성은 우리가 그것을 시험하기 시작할 때 그리고 지식의 모터motor
인 발효 상태로 간주할 때 긍정적인 것으로 바뀔 수 있다(Cagliari et al., 2016:
334).

불확실성을 인정하고 가치 있는 것으로 여긴다면, 당신은 이미 알고 있
고 예상되는 것의 안정성을 움켜잡기보다는 관계와 경청의 페다고지로부
터 새롭고 예상치 못한 것이 나타날 수 있고 환영받을 수 있는 발현적 배움
emergent learning에 들어갈 수 있습니다. 말라구치가 사용한 '모터'라는 단어
가 중요한데, 그것은 불확실성이 배움에서 운동성을 촉진한다는 것을 시사
합니다. 지식 창출에 대한 역동적 접근법입니다.

그러한 배움은 놀라움이나 경이로움을 가치 있게 여길 때 더 잘 발생
하며 환영받습니다. '오늘 당신을 놀라게 한 것이 있었나요'라는 말라구치의
질문은 기대하거나 예상하지 못한, 놀라운, 세상을 새로운 시각에서 생각하
고 보게 만드는 새로운 어떤 것을 만들어 내는 것으로 교육을 바라보고 있
음을 보여 줍니다. 그는 다음과 같이 설명합니다.

오랫동안 저항할 수 있었던 레지오 에밀리아의 힘은 격주로 또는 매달마다 예
기치 않은 것, 우리를 놀라게 하거나 경이롭게 만드는 것, 때로는 우리를 실망
시키거나 창피하게 하는 것이 아이에게서 또는 아이들에게서 불쑥 나타난다
는 사실에서 비롯된다(Cagliari et al., 2016: 392).

경이로움의 반대, 즉 레지오 에밀리아 페다고지의 정반대는 발달 단계[2]
의 확실성과 엄격성, 학습 목표와 미리 결정된 결과에 기반한 교육에서 찾

을 수 있습니다. 이는 결과적으로 말라구치가 경멸적으로 부른 '예언적 페다고지prophetic pedagogy'와 연결됩니다.

> 예언적 페다고지는 모든 것을 알고 있으며 일어날 모든 것을 알고 있어 어떤 불확실성도 갖지 않는다. … 그것은 모든 것을 고려하고 모든 것을 예언하며, 모든 것을 분 단위로, 시간 단위로, 목표 단위로, 5분 단위로 당신에게 행동의 레시피를 줄 수 있는 지점까지 본다. 이는 너무 거칠고, 비겁하고, 교사의 독창성을 모욕하는 것이며, 어린이의 독창성과 잠재성을 완전히 굴복시키는 것이다(Cagliari et al., 2016: 421-422).

불확실성과 경이로움의 가치에 중점을 두면 혼란스럽고 방향이 없는 교육이라는 인상을 줄 수도 있습니다. 그러나 이것은 오해의 소지가 있습니다. 레지오 에밀리아의 유아교육은 배우는 과정 그리고 사람과 페다고지의 잠재성을 이해하려는 욕망에 의해서 이루어지며, 이는 연구research와 실험 experimentation이라는 다른 두 가지 가치의 엄격성을 요구합니다. 따라서 "우리 일상의 전문적 삶에서 사실들을 직면했을 때 경이로워하는 우리 자신의 소질을 가치 있게 여기는 것"과 동시에 "이러한 사실을 탐구하고, 방법론적 관찰과 실험을 통해 답을 얻고자 하는 욕망 역시 가치 있게 여겨야"(Cagliari et al., 2016: 124) 합니다. 말라구치·베키·리날디의 저술을 통해 주기적으로 나타나

---

2) 1991년 연설에서 말라구치는 '단계(stages)에 대한 문제'를 이야기합니다. 그는 다음과 같이 말합니다. "그것들을 꺼내서 창밖으로 던져 버리자. 어쩌면 오늘날 우리는 단계의 폐해를 말할 시간은 없을 것 같다. 그러나 단계로 흐름을 깨 버리는 것은 지방 자치의 규칙에 굴복한다는 것을 우리에게 확신시켜 주는 몇 가지 점이 여기에 있다. 우리는 당하지 않을 것이다"(Cagliari et al., 2016: 409).

는 두 단어는 연구와 실험으로, 이는 레지오 에밀리아 프로젝트에서의 그 핵심적 중요성과 함께 연구와 실험을 학계로 넘겨주는 것에 대한 거부를 나타냅니다. 카를리나 리날디가 다음과 같이 말한 이유입니다.

> '연구자로서의 교사'에 대해 글을 자주 쓰는 이유다. 서술했듯이, 우리가 학문적 연구를 인정하지 않는다는 것이 아니라 우리는 교사의 연구가 인정받기를 원한다. 그리고 **사고하고, 삶에 접근하고, 협상하고, 기록하는 방식으로서의 연구**가 인정받기를 원한다. … 그러나 현장 실천가로부터 배울 수 있는 대학 교수를 찾을 수 있을까? 아주 드물다! 그것이 바로 말라구치가 결코 인정받지 못했으며 앞으로도 연구자로서 인정받지 못할 것이라고 생각하는 이유다. 그러나 좋은 실천을 한다는 것이 연구를 계속하고 이론을 지속시키는 것을 의미하는데, 이것이 바로 [대학교수인] 그들이 도전하지 않는 것이다. 그러나 [레지오에서] 무엇보다도 먼저 우리 모두가 연구자다(Rinaldi, 2006: 192. 강조는 원저자).

연구에는 기록, 분석, 반성, 해석, 논의 등과 같은 엄격한 작업 방법들이 포함됩니다. 연구는 무엇인가 당신이 하는 실제입니다. 카를리나 리날디에 따르면 "생각하고, 삶에 접근하고, 협상하고, 기록하는 방식을 만드는 것"은 가치 있는 일입니다.

가치로서의 실험은 "기대되는 결과로 작업하거나 모든 매개 변수가 통제된 생명 없음lifeless"(Olsson, 2009: 27)에 관한 것이 아닙니다. 그것은 어린이나 성인에게 적용될 새로운 기술을 구축하고 테스트하는 것도 아니며, 개입 A와 개입 B를 비교하는 것도 아닙니다. 오히려 레지오 에밀리아에게 실험은 사고, 지식, 프로젝트, 서비스 또는 가시적인 결과물인지에 관계없이 삶에 새로운 어떤 것, '아직 알려지지 않은 것,' 흥미롭고 놀라울 만한 것을 가져오는 것이 중요합니다. 실험은 발명하고, 다르게 생각하고, 다른 방법으로 시도하는 의지, 즉 사실상 욕망을 표현합니다. 그것은 이미 존재하는 것을 넘어서고, 아직 알려지지 않은 것을 탐색하고 놀라워하며, 주어지고 친숙하고 미리 정해진 규범에 의해 구속되지 않고자 하는 갈망에 의해 이끌립니다. 실험은 끝이 열린(닫힘을 거부하기), 마음이 열린(예상치 못한 것을 환영하기), 가슴이 열린(다름을 가치 있게 여기기) 것입니다. 요약하면, 우리에게 실험이란 이론의 시험이며 그 작동의 검토를 의미합니다. 이는 교육의 다른 많은 측면과 마찬가지로 실험이 연구 주제가 될 필요가 있다는 것을 의미합니다.

연구와 실험은 교사뿐만 아니라 아이에게도 가치가 있습니다. 연구와 실험은 관계와 경청 페다고지의 본질적 요소이며, 이론 구축 및 시험을 위한 중요한 수단을 형성해 줍니다. 아이들은 "자기 자신을 위해 연구하고, 시도하고, 실수하고, 다시 시도하고, 놀라고, 이해하고, 나중에 모방하는 것이 아니라 지금 모방하기를 원한다. 왜냐하면 그들은 사물과 사실 간의 원인과 관계를 발견하기를 원하기"(Cagliari et al., 2016: 239) 때문입니다. 그들은 레지오 에밀리아의 페다고지에서 프로젝트를 구축하거나 발전시키는 과정을 통해 이를 수행하는데, 초기 가설이 만들어지고, 공유되고, 듣고, 경합되었으며, 실제로 작업이 진행되어 감에 따라 수정되고 개선됩니다. 이것이 바로 실험과 연구를 결합하기 위한 교육학적 도구로서의 프로젝트입니다.

백 개의 언어를 가진 유능한 아이, 새로운 지식의 공동 구성으로서의 배움, 관계와 경청의 페다고지, 민주주의, 상호 연계성, 불확실성, 경이로움, 실험 및 연구를 가치 있게 여기는 것, 정치적인 질문들에 대한 이 모든 대답은 다시 교사의 이미지는 어떠한가에 대한 질문으로 이어지게 됩니다.

교사의 이미지는 어떠한가

　지식과 정체성을 공동으로 구성하는 능동적 주체, 백 가지 언어를 가지고 배우는 자로 태어난 '유능한' 유아는 "다른 사람들에 대한 진지한 호기심과 깊은 이해, 아주 풍부한 환상, 상상력, 타자 속에서의 배움과 문화"(Cagliari et al., 2016: 397)를 필요로 합니다. 이러한 유능한 유아의 이미지는 유능한 교사rich teacher의 이미지에 의해 보완될 필요가 있습니다. "어린이의 백 가지 언어가 교사의 백 가지 언어가 되어야"(Rinaldi, 2006: 195) 하므로 유능한 교사는 다양한 언어에 유능해야 합니다. 또한 "감탄하고 놀라워하는 선물을 지킬 수 있는 것은 어린이와 함께 일하는 사람의 근본적인 자질 중 하나"(Cagliari et al., 2016: 392)이므로 감탄하고 놀라워할 줄 아는 능력을 가져야 합니다.

　교사에게 중요한 과업은 어린이와 어린이의 배움을 위해 풍부한 기회와 환경, 예상하지 못한 놀라운 일들이 더 자주 일어날 수 있는 기회와 환경을 창조하는 것입니다. 이탈리아 시립학교 개혁에 참여했던 산 미니아토 지역의 자치도시 토스카나에서 중요한 지역 문화 프로젝트를 이끌었던 이탈리아 교육자 알도 포르투나티Aldo Fortunati는 교사의 역할을 다음과 같이 이해하고 있습니다.

> 능동적으로 앎을 구성하는 어린이는 교사로 하여금 미리 규정된 목표보다는
> 기회의 조직에 더 집중하도록 한다. … [교사의 역할은] 확실성이라는 허위에서
> 벗어나 선택하고 실험하고 토론하고 성찰하고 변화하는 책임감을 되찾고, 확
> 실성에 안주하기보다는 불안해하며, 성취 결과를 쫓는 데 급급해하지 말고

자신의 일에서 감탄하고 놀라워하는 즐거움을 지키는 데 집중하는 것이다 (Fortunati, 2006: 34, 38).

레지오 에밀리아에서는 미리 정해 둔 목표, 모든 것을 확고한 불변의 진리로 보는 것, 감탄하고 놀라워하는 것의 가치를 동일하게 치부해 버리는 것에 대해 의심하고 문제를 제기합니다.

교사는 미리 규정된 지식을 전수하는 자가 아니기에 어린이에게 자신의 생각을 절대 강요하지 않지만, 그렇다고 해서 그녀she[3]가 그저 수동적으로 지켜보는 관객의 역할을 맡는 것도 아닙니다. 교사는 함께 구성해 가는 배움의 과정에 적극적으로 참여하는 주인공 중 한 명입니다. 말라구치는 성인은 "교육에서 항상 중요한 역할을 하며, 따라서 자유방임laissez faire의 철학으로 모든 것을 그냥 내버려 둔다거나 쾌락의 원리를 좇아 현실의 원리를 도외시하지 않아야 한다"(Cagliari et al., 2016: 223)고 강조합니다. 교육이란 "성인 주인공과 어린이 주인공들이 힘을 합하는 과정을 통해" 실현되며, 이는 "어린이가 자신만의 발달 프로그램을 가지고 있어 다른 누구의 관점으로부터도 오염되어서는 안 된다고 그릇되게 가정하면서 어린이에게 복종하는 것"(Cagliari et al., 2016: 354)은 아니어야 함을 의미합니다. 더 나아가, 죽음을 앞둔 시기의 TV 인터뷰에서 말라구치는 다음과 같이 지적하고 있습니다.

우리 학교에서의 프로젝트는 아이들에게 가능한 가장 중요한 가치를 제공하

---

3) 유아교육 분야에서 남성이 일하는 것을 금지했던 이탈리아와 레지오 시의 초창기 정책에 도전하면서 남성 교사가 더 많이 필요함을 강조했던 말라구치의 생각에도 불구하고 레지오 에밀리아에서조차 유아교육기관의 교사나 직원의 대부분이 여성이었기 때문에, 여기서 '그녀'라는 표현을 사용했음을 밝혀 둡니다.

려 하는데, 이는 바로 우리가 생각하는 것보다 훨씬 더 풍부한 자원, 훨씬 더 유능한 재능과 잠재성을 어린이가 가지고 있음을 신뢰하고, 어린이가 자신의 풍부한 지성, 언어, 개방성을 스스로 표현하도록 하여 무엇보다도 자신이 주도하여 스스로 배우며 스스로 조직할 수 있는 역량을 이끌어 주는 것이다.

이는 결코 성인의 역할을 배제하는 것을 의미하지 않는데, 성인은 보고 듣고 이해할 수 있어야 하며, 늘 경청하면서 어린이와 상호 작용할 준비가 되어 있어야 하며, 배움이 일어날 수 있는 상황을 매우 다양하게 제공해야 하며, 어린이에게 시간을 줄 수 있어야 한다. 특히 모든 사람이 어린이들에게서 시간을 빼앗아 가는 상황에서 시간은 무엇보다 중요한 부분이다(Cagliari et al., 2016: 412).

교사는 경청하며 풍부한 배움의 환경을 조성해 주고 시간을 제공하며 타자성을 존중하는 사람입니다. 그러나 동시에 교사는 어린이들에게 도전하고 논쟁하고 맞서며 어린이들의 생각에 질문을 제기하고 다른 가능성을 제안하며 사유하도록 자극해 줄 준비도 되어 있어야 합니다. 말라구치는 "한편으로는 결정론을 따르지 않는 페다고지인 완전한 비통치성 ungovernability의 개념, 다른 한편으로는 불가피한 필연성의 페다고지인 타자에 대한 완전한 통치성"(Cagliari et al., 2016: 318) 사이에서 균형을 잡아야 할 지점이 있다고 봅니다. 달리 표현하면 항상 그저 반응하기만 해야 하는 것도, 그렇다고 늘 미리 결정된 성취 결과를 향해 가는 것도 아니어야 한다는 것입니다.

레지오 에밀리아의 근원적 가치에 따른 교사의 이미지에는 또 다른 측면이 있습니다. 민주적인 교육은 민주적 전문가democratic professional, 즉 다른 이들과 협력할 줄 알며 위계를 내세우지 않는 교사, 행정뿐만 아니라 교육 실천 등 모든 측면에서 학교 운영의 민주적 과정을 지지하는 교사, 가치나 아이디어·이해에서의 다양성을 환영하는 교사, 브라질의 교육학자 파울로 프레이리의 표현을 빌리면 "자신의 생각에 반대되는 관점들, 자신이 열정을 다하여 열심히 싸우고 있는 관점들조차 존중하는"(Freire, 2004: 66) 교사를 필요로 합니다. 민주적 전문가로서의 교육자는 "자신이 '읽어 낸 세상'에 대해 기꺼이 알려 줄 수 있지만, 이와 동시에 교육자인 자신이 제안한 것과 차이가 있는, 때로는 대립되는 '세상 읽기'의 다른 방식이 있을 수 있으며, 따라서 정치적 결정을 내려야 한다는 사실도 보여 주는"(Freire, 2004: 96) 역할을 수행합니다. 레지오 에밀리아에서 일했던 세 명의 페다고지스타pedagogista(심리학이나 교육학 학위를 가진 전문가들로, 시립학교 몇 곳씩을 지원하는 역할을 하며 이탈리아의 많은 도시에서 찾아볼 수 있습니다)는 다음과 같이 주장하며 이 점을 강조합니다.

> 사실, 참여는 객관적인 실재란 없고 문화가 끊임없이 조금씩 발전하는 사회의 산물이며 개인의 지식은 오직 부분적일 뿐이라는 생각, 교육 프로젝트를 포함한 프로젝트를 구성하기 위해서는 공유 가치의 틀 안에서 다른 사람들과 관점을 나누는 대화에서 모두의 관점이 적합하다는 생각에 기초한다. 참여는 이러한 개념을 토대로 세워지는 것이며, 우리 의견으로는 민주주의 자체도 그러하다(Cagliari, Barozzi and Giudici, 2004: 28-29).

마지막으로 중요한 교사의 이미지는 연구자이자 실험가로서, 연구와 실험의 가치를 체화할 뿐만 아니라 매일매일 하는 일에서, 즉 결코 홀로 하는 활동이 아니라 항상 다른 사람들과 관계 맺으며 하는 일에서 연구와 실험을 실천하는 것입니다. 시립학교는 "교사, 직원, 가족, 시민이 함께 실현하는 영구적 방법으로서의 교육 연구를 바라며"(Cagliari et al., 2016: 222), 연구는 (카를리나 리날디의 표현으로 돌아가면) "사유하고, 삶을 대하고, 협상하고, 기록하는 방식"이라고 생각합니다.

유능한 유아와 유능한 교사가 함께 모인다면 어떤 유형의 기관을 필요로 하고 요구할까요? 이러한 유아교육기관의 이미지는 어떠할까요?

유아교육기관의 이미지는 어떠한가

가장 먼저 강조하고 싶은 것은 레지오 에밀리아의 유아교육기관이 가진 이미지는 유아를 위한 학교로서 결코 가정의 대리 역할이 아니며, '보육' 서비스도 아니고 '유치원'도 아닙니다. 말라구치(그리고 이탈리아의 시립학교 개혁에 참여했던 사람들)는 유아교육기관에 대한 새로운 이미지를 만드는 과정에서 용어가 결정적으로 중요하다고 생각했으며, 1960년대 이탈리아의 교회에서 운영하던 학교에서 주로 사용하던 '어머니학교scuola materna' 또는 모성학교motherly school[4]라는 용어는 대리 가정의 이미지를 야기하고 교사를 어머니와 동일시하기 때문에 반대했습니다. 그 대신에 유아를 위한 학교, '유아학교scuola dell'infanzia[5]라는 용어를 사용하자고 주장했습니다. '유아학교'라는

---

4) 이 용어는 오늘날 프랑스에 남아 있습니다. 3~6세 유아를 위한 학교를 여전히 école maternelles라고 부릅니다.

5) 'scuola dell'infanzia'는 레지오 에밀리아에서 3~6세 유아를 위한 학교를 의미하며, 3세 이하의 학교는 'asilo nino'(글자 그대로 해석하면 '보호해 주는 둥지')라고 부릅니다. 여기서는 두 유형의 학교 모두를 총칭하는 것으로 scuola dell'infanzia를 사용합니다.

용어를 사용함으로써 레지오 에밀리아의 유아교육기관은 그 무엇보다도 교육을 위한 것이며 어린이를 위한 것임을 강조하고자 한 것입니다. "학교교육은 어린이의 교육을 위한 도구인 동시에 가족을 위한 사회적 서비스라는 원칙에 기초한다. 따라서 어린이가 학교에서 보내는 시간은 가족의 실제 상황에 관련지어 판단되어야 한다"(Cagliari et al., 2016: 212)는 표현에서처럼 유아교육기관이 부모의 요구를 마땅히 고려할지라도 결코 부모들이 일하는 동안 자녀를 맡기는 장소 또는 '보육' 서비스가 주가 되는 기관이 아니라는 사실을 전하고자 한 것입니다. 일하는 부모의 요구를 충족시키는 것은 필요하지만, 그것이 학교의 정체성에서 특별히 더 두드러지거나 가장 핵심적인 것은 아닙니다.

유아학교는 공공의 기관이자 공적 공간, 즉 시민이 만날 수 있는 장소이며, 하나의 포럼이자 지역의 자원입니다. 유아학교는 지역 사회 안에 위치하며 그 일부이며, 따라서 지역 사회 구성원들이 학교에 다니는 어린이들에게 열려 있어야 하듯이 유아학교도 당연히 학부모를 포함해 어린 자녀가 없는 사람들까지 지역 사회의 모든 시민에게 열려 있어야 합니다.

> 학교는 정신적 영감을 제공하며 교수법과 콘텐츠의 자원이 되어 줄 수 있는 지역 사회territorio와 관계를 맺을 기회를 찾아야 한다. 광장, 거리, 건물, 주택, 문화 공간, 레크리에이션과 스포츠 기관, 역사적 기념물, 상점, 사무실, 강과 숲, 공장과 사람들이 일하는 곳은 모두 교육 활동의 방향을 정할 수 있게 해 주는 광대한 하나의 책이다. 이곳들은 모두 어린이, 교사, 학부모, 시민이 관계와 행위의 새로운 차원, 기원과 역사를 재발견하고 자신들의 상황과 문화의 쌍대성에 대한 이유를 찾을 수 있도록 존재하고 있기에, 우리는 탐색하고 행

동해야 한다. 그렇게 할 때 학교는 비로소 외부를 경계하며 울타리를 둘러놓은 독립된 건물로서만 존재하지 않게 될 것이다(Cagliari et al., 2016: 228-229).

학교의 기본 이미지를 이렇게 바라볼 때 이러한 기관의 역할은 무엇일까요? 가장 넓은 의미의 교육에서 배움이란 의미를 만들고 자아를 형성하는 인간 해방의 과정일 뿐만 아니라 전체론적holistic 교육관을 가지고 어린이의 건강과 행복의 모든 측면에 관심을 가지는 것입니다. 한편 말라구치는 학교에는 서로 연관된 또 다른 역할이 있다고 봅니다. 이미 간략하게 소개했던 바와 같이 학교는 연구와 실험을 위한 공간이라는 것입니다. 모든 어린이와 가족에게 열려 있으며, 학교 내에서뿐만 아니라 학교 간 그리고 주변의 지역 사회와 함께 소속감·연대감·공동체정신을 쌓아 갈 수 있는 공간입니다. 가치와 문화가 재생산되는 곳인 동시에 새로이 창조되는 공간이며, 그 영향은 학교를 넘어서 주변 지역 사회들로 퍼져 갈 것입니다. 민주주의와 연대감 같은 가치, 연구와 실험의 정신, 유능한 어린이상과 어린이의 권리에 대한 인식이 스며들어 있는 유아기 문화를 나눌 수 있는 공간입니다. 또한 민주주의적 실제를 새롭게 하고 실행하는 장소로 "사회적 마주침으로 풍부하고 정보가 가득한, 개방적이고 민주적인 문화의 살아 있는 중심점"(Cagliari et al., 2016: 180)입니다.

민주주의는 학교의 일상과 관계를 관통하며, "단순한 서비스의 소비자라는 수동적 위치가 아니라 능동적이고 직접적으로 존재하며 협력하는"(Cagliari et al., 2016: 113) 가족들과의 관계 속에서 이루어집니다. 바로 이 점에서 레지오 에밀리아의 학교는 전통적인 학교와 구분됩니다. 전통적 학교들이 가진 "권위주의적이고 고립시키며 독단적이고 사영화하는 특성"과 달리

"민주적이고 개방적이며, 독단주의에 반대하며 공영화하는 특징"(Cagliari et al., 2016: 205)을 가집니다. 이러한 대척점이 말해 주듯이, 레지오 에밀리아에서 유아교육기관이 학교임을 강조하며 지켜 내고자 하는 것은 학교의 이미지를 되찾고자 하기 때문입니다. 학교는 고립되고 폐쇄적인 통제와 제한의 공간이라는, 오랫동안 지속된 부정적인 이미지에서 벗어나서 인간 해방과 참여가 이루어지는 열린 공간으로 나아가려 합니다. 오늘날에도 여전히 만연한 부정적인 학교의 이미지를 볼 때 (그리고 학교에서 유아가 교육 받을 권리를 주장할 때 종종 보게 되는 성인들의 놀란 표정을 보면) 레지오 에밀리아의 학교 이미지 되찾기는 여전히 끝나지 않은 일이라 생각됩니다.

학교가 되찾아야 할 이미지는 수많은 프로젝트와 가능성, 무한한 잠재성, 폭넓고 복합적인 상호 연계에 기초한 공동 구성의 공간으로서의 이미지입니다. 카를리나 리날디가 사용했던 유능한 학교 이미지에 대한 메타포의 일부를 빌리자면, 학교는 포럼의 공간이며 제작소이며 워크숍이며 영원한 실험실입니다(Rinaldi, 2006). 학교는 어린이들 사이의, 모든 구성원(교사와 직원), 학부모와 시민들 사이의 협력과 연대의식을 위한 공간이며, 그 자체로서 상호 혜택을 위한 협력과 연대 네트워크의 일부입니다. 이 모든 것은 지배 담론에서의 학교 이미지, 즉 개별 학부모-소비자의 편의를 위한 시장경제의 공간에서 미리 정해 놓은 성취 결과를 효과적으로 산출하기 위해서 테크놀로지를 적용하는 폐쇄성의 이미지, 다른 사람들과 경쟁하는 사적인 일로 치부되는 이미지와 상반되는 안티테제입니다.

레지오 에밀리아: 어휘, 패러다임, 상황 조건

어휘

저는 레지오 에밀리아를 어린 시민의 교육을 책임지는 지역의 문화 프로젝트, 하나의 공동체가 되어 가는 프로젝트로 이해할 수 있다고 주장해 왔습니다. 또한 현재의 지배 담론인 질과 고수익 그리고 시장 이야기와는 너무나도 다른 대안적인 담론, 즉 민주주의·실험·가능성의 이야기를 제공해 주고 있다고도 제안해 왔습니다. 그런데 이는 그저 이야기의 줄거리 자체, 전개되는 내러티브만 다른 것이 아닙니다. 사용되는 어휘vocabulary 역시 매우 다릅니다. 이 이야기들은 매우 다른 어휘들을 사용하여 우리가 세상의 의미를 구성할 때 언어language가 갖는 힘을 상기시켜 줍니다. 언어의 의미구성적 역할은 20세기 중반 서양 철학사에서 '언어적 전회'를 구현하는 데 중추적인 역할을 했습니다.

지배적 이야기에서 사용되는 언어는 도구주의적 속성을 보여 주며, 계산적이고 경제 논리에 의존하며, 테크니컬하고 관리 중심의 둔감하고 생명력 없는 언어입니다. 지배 담론은 '증거 기반'과 '프로그램', '질'과 '성취 결과',

'발달'과 '학습 목표', '투자'와 '인적 자본', '시장'과 '사업', '평정 척도'와 '평가 체제', '대비'와 '수익률' 같은 무미건조한 어휘로 가득합니다. 레지오 에밀리아가 전해 주는 이야기에서 들을 수 있는 언어는 '프로젝트', '잠재성'과 '가능성', '불확실성'과 '주관성', '경이로움'과 '놀라움', '이미지', '해석'과 '의미 생성', '연구'와 '실험정신', '참여'와 '민주주의' 같은 매우 다른 어휘로서 정서적이고 시적이며 인간 해방적이고 은유적입니다.

다시 강조하지만, 어떤 이야기를 믿어야 하는지를 여러분에게 지시하려는 것이 아니듯, 여러분이 사용해야 하는 어휘가 무엇인지를 알려 주려는 것도 아닙니다. 언어에 대한 제 입장은 개인적인 것으로 여러분이 동의하지 않을 수 있습니다. 제가 원하는 것은 언어의 중요성에 주목하고, 어떤 언어를 사용할지 선택할 수 있고 선택해야 한다는 사실을 주지하는 것입니다. 지배 담론과 겨루기가 이토록 힘든 이유의 하나는 유아교육에 대해 이야기할 때 항상 '질', '발달', '준비도' 같은 어휘들을 사용하지 않고도 내러티브를 이끌어 갈 수 있는 다른 방식이 있다는 사실을 상상하기조차 하지 못할 만큼 이들 어휘에 익숙해져 있다는 데 있습니다. 그러나 레지오 에밀리아와 다음에 이어질 제5·6·7장에서 제시될 대안들은 매우 상이한 방식으로 유아교육에 대해 이야기할 수 있음을 증명해 줍니다. 이 책에서 반복되는 주제로 표현하면, 우리는 선택을 할 수 있습니다!

패러다임

지금까지의 논의를 통해 레지오 에밀리아는 정치적·윤리적 실천을 가장 중시한다는 사실을 공개적으로 명쾌하게 인정하는 교육의 좋은 예라는 사실이 명료하게 전달되었기를 바랍니다. 레지오 에밀리아 시립학교에서는 교육이란 정치적 질문에 대한 대안, 종종 상충하는 응답들에 직면하게 하며 우리로 하여금 관계적 윤리성에 어떻게 접근할지 결정하도록 요구한다는 사실을 잘 이해하고 있습니다.

그렇다면 패러다임의 중요성에 대한 저의 다른 주장들은 어떠한가요? 패러다임은 우리가 교육과 앎을 비롯한 모든 것을 어떻게 바라보고 이해하는지에 어떻게 지대한 영향력을 발휘할까요? 레지오 에밀리아에서는 어떠한 패러다임을 취하고 있을까요? 레지오 에밀리아는 세상을 어떻게 바라볼까요?

『유아교육과 보육에서 질의 담론을 넘어서기』에서 구닐라 달버그와 앨런 펜스와 저는 레지오 에밀리아가 "많은 측면에서 포스트모던하게 여겨지는 철학적 관점 안에 자리 잡은 페다고지 실제"(Dahlberg et al., 2013: 129)로 발전해 왔다고 이야기한 바 있습니다. 달리 표현하면, 레지오 에밀리아가 후기근본주의 패러다임을 취하고 있다고 생각합니다. 이후에 카를리나 리날디는 레지오 에밀리아가 "포스트모던 관점을 보인다고 말할 수도 있을 것 같은데 … 왜냐하면 포스트모던하다는 것은 도전한다는 것을 의미하기 때문"이라고 했습니다. 그렇지만 리날디는 중요한 단서 조항을 덧붙이며 "우리는 포스트모더니즘을 지향하지는 않는데, 모든 '이즘isms'은 위험하기 때문이다. '이즘'은 모든 것을 단순화시키고 우리를 또다시 철창에 가두고 만다"(Rinaldi, 2006: 182)고 경고했습니다. 분명한 경고는 레지오 에밀리아에서 하는 일들을 그 어떤 이름으로든 명명하여 제한하는 것을 거부한다는 것입니다.

더 나아가 우리는 『유아교육과 보육에서 질의 담론을 넘어서기』에서 "레지오의 경험과 로리스 말라구치의 업적은 … 우리 시대의 지배 담론에 도전한 것"이라고 말하며 그들이 어떻게 "사회구성주의 접근법을 채택하는"(Dahlberg et al., 2013: 128, 129) 선택을 했는지에 대한 증거를 제시했으며, 우리의 주장은 레지오 에밀리아에서 보다 쉽게 인정받았습니다. 카를리나 리날디가 배움을 사회적 구성의 과정으로 기술하고 있음을 이미 보았습니다. 로리스 말라구치는 죽음을 4년 앞두었던 1990년에 시립학교의 경험과 선택에 대해 다음과 같이 회고했습니다.

> 우리의 선택들이 유아를 사회적 상호 작용과 상호 의존성을 통해 자아와 지
> 식을 능동적으로 구성해 가는 성향을 가진 존재로 바라보는 철학적 사유의
> 흐름과 같은 방향에서 이루어져 왔음은 분명하다. 우리는 가능한 한 생물학
> 적·정치적·문화적 과정, 그리고 시대정신을 반영해 생태적 과정까지 하나로
> 묶어 내고자 노력해 왔다. 우리가 영감을 받아 해 온 일들은 발달과 지식의
> 생성적 개념을 제안하는 구성주의와 사회구성주의 이론으로 함께 엮어진다
> (Cagliari et al., 2016: 377).

레지오 에밀리아는 어느 한쪽에 치우치는 것을 경계하면서도 포스트모더니즘과 사회구성주의를 지향하면서 삶의 복잡성, 상호 연관성, 불확실성을 다루지 못하는 실증주의 패러다임에 대해 지속적으로 문제를 제기해 왔습니다. 말라구치는 1987년에 앎의 과정과 방식에 대한 새로운 이해를 강연하면서 다음과 같이 지적했습니다.

> 실증주의나 후기실증주의의 과학 이론은 19세기 전체와 20세기의 일부 기간
> 동안 모든 학문 분야를 분류하고 순서 짓고 분절하고 일반화하는 데 열중하

도록 만들었다. **법칙laws**을 완전성·절대성·불멸성·예측가능성의 속성을 가진 것으로, 연구 방법과 결과를 보장해 줄 뿐만 아니라 현상을 설명하고 일반화할 수 있게 하는 가치를 가진 것으로 여기면서 찬양했습니다(Cagliari et al., 2016: 320. 강조는 원저자).

이 문장을 관통하는 그리고 레지오 에밀리아 프로젝트에서 큰 부분을 차지하는 것은 현상을 분리하고 분열시키는 실증주의의 욕망, 예측가능성과 지배력을 높이기 위해 선형성과 연속성, 보편성과 확실성에 편향된 가치를 부여하는 것에 대한 깊은 실망감과 불신입니다.

상황 조건

레지오 에밀리아, 그리고 그곳에서 전해 주는 민주주의·실험·잠재성에 대한 이야기는 마지막으로 강조하고 싶은 주제입니다. CEC 시리즈와 이 책이 다루고자 한 주제는 유아교육을 다른 관점에서 바라보는 대안적 이야기들이 이론적으로뿐만 아니라 현실에서 실행될 수 있다는 것, 유아교육 실제에서 작동할 수 있으며 지금 작동되고 있다는 것입니다. 이어지는 장들에서 다양한 사례가 소개되겠지만, 레지오 에밀리아는 규모(40개 이상의 학교 네트워크)와 지속성(50년 이상 지속되고 있으며 지금도 더욱 탄탄해지고 있습니다) 측면 모두에서 가장 놀랍습니다. 레지오 에밀리아는 CEC 시리즈의 한 권인 『유아교육의 변혁적 변화와 진정한 유토피아』에서 두드러지는 개념인 진정한 유토피아의 우수 사례를 생생하게 제시해 줍니다.

'진정한 유토피아'는 미국의 사회학자 에릭 올린 라이트Erik Olin Wright가

처음으로 만들어 낸 것으로 세 가지 준거, 즉 바람직성desirability·실행가능성viability·달성가능성achievability 측면을 결합하는 유토피아 프로젝트를 기술하는 용어입니다. 바람직성이란 미래에 대한 바람직한 비전을 세우는 것으로, 어떻게 다르게 할 수 있으며 더 잘 할 수 있을지, 우리가 과연 무엇을 원하는지를 그려 보는 것입니다. 그러나 라이트에 따르면, 이것은 유토피아를 만드는 데 쉬운 부분이며 그 자체로는 충분하지 않습니다. 진정한 유토피아는 실행가능성과 달성가능성이라는 두 가지 요소를 더 필요로 합니다. 계획의 실행가능성은 바람직한 원칙에 기초하여 새로운 정책과 기관을 설계하는 것에 관련됩니다.

> 철저한 평등주의적 제안에 대해 "종이 위에서는 좋게 보이지만 절대로 현실에서 작동하지 않을 것이다"라고 끊임없이 반대하는 목소리에 대응한다. …
> [실행가능성의 탐색이 초점을 맞추는 것은] 이 제안을 실시하려면 필요한 역동성과 의도하지 않았던 결과다. 두 가지 이론적 분석이 여기에 특별히 적절할 것으로 보이는데, 하나는 어떻게 특정한 사회구조와 기관이 작동하는가에 대한 시스템 이론 모형이고 다른 하나는 과거나 현대에서 이 제안의 일정 부분이 시도되었던 사례들에 대한 경험적 연구다(Wright, 2007: 27).

따라서 실행가능성은 증거를 제시해 주는 구체적 사례와 함께 바람직한 비전이 어떻게 실현될 수 있는지, 어떻게 실천으로 옮길 수 있을지를 다룰 수 있어야 하는 것입니다. 달성가능성은 그다음 단계의 수준으로 이끌어 주는데, 더욱 폭넓은 변혁의 과정이자 사회 변화를 위한 실천적이고도 정치적인 전략에 대한 것입니다. "사회 변화를 이끌어 낼 수 있는 아이디어가 바람직성과 실행가능성의 검증을 통과한 후 현실적으로 완수될 수 있으려면 무엇이 필요한지"(Wright, 2007: 27), 예컨대 단독으로 이루어진 하나의 사례가 어떻게 지역 또는 국가 수준으로 확장될 수 있을지, 바람직한 비전을 일반화하는 데 어떤 조건이 필요한지를 다룹니다. 라이트는 이러한 세 가지 준거가 "일종의 위계적 관계에 있다. 즉 모든 바람직한 대안이 실행가능한 것은 아니며, 모든 실행가능한 대안이 달성가능한 것은 아니다"(Wright, 2006: 96)라고 주장합니다.

레지오 에밀리아는 대안적이고 급진적인 교육의 실행가능성을 (지역적 특성으로 인해 제한되기는 하지만 달성가능성의 일부 요소에 대해서도) 생생하게 보여 주는 현시대의 탁월한 사례입니다. 어떤 상황 조건에서 이러한 비전이 달성가능한가 하는 핵심적인 기술적 문제에 대한 대답과 비전을 결합한다면 바람직한 비전이 실행가능하고 달성가능할 수도 있다는 교훈을 제공하여 다른 곳에서도 접목해 볼 수 있도록 해 줍니다. 레지오 에밀리아가 매우 감동적으로 해 낸 것은 바로 강력한 실천성과 결합된 유아교육의 비전으로 영감을 불러일으킨 것입니다. 레지오 에밀리아의 대표적인 학자 중 한 사람은 이렇게 논평합니다.

> 조직 차원에서 [교육적] 아이디어 자체의 적용 문제로 인해 많은 개혁이 실패했거나 실패하고 있다. 말라구치는 끊임없이 프로젝트 아이디어와 그 전개를 가능하게 하는 강력한 조직 체제를 결합하고자 노력했다. 이 조직은 결코 중립적이지 않으며, 이는 이미 특정 교육목적과 내용에 관한 선택의 결과인 것이다. … **조직은 프로젝트의 성공을 결정짓는 요인이다. 말라구치는 이 사실을 너무도 잘 알고 있었다**(Hoyuelos, 2013: 216. 강조는 원저자).

지면의 제한으로 레지오 에밀리아 프로젝트가 성공할 수 있도록 이끌었던 상황 조건을 자세하게 다룰 수는 없지만, 다음과 같은 내용은 언급해야겠습니다. 바로 다른 곳에 있는 사람들도 아주 자세하게 읽어 낼 수 있게 해 준다는 것입니다. 여기에서는 시립학교의 내부 및 외부의 건축 환경, 모든 교직원의 지속적인 전문성 개발, 교직원을 위한 좋은 근무 환경(적정한 임금 수준 포함), 학교 내에서 함께 협력하는 문화 구축, 페다고지스타와 심리학자 등의 탄탄한 외부적 지원 제공, 아틀리에와 아틀리에리스타의 도입, 학교의 민주적인 운영 체제 구축, 교직원 및 가족 대표의 참여, 교육적 기록작업 pedagogical documentation의 진보 등에 지속적으로 깊은 관심을 기울이는 것 등이 포함된다는 정도만 언급하겠습니다.

교육적 기록작업은 다음의 장들에서도 여러 차례 나오기 때문에 여기에서 더 소개할 필요가 있습니다. 교육적 기록작업은 과정(예컨대 배움)과 실제(예컨대 프로젝트 작업)를 가시화하는 과정, 따라서 성찰·대화·해석·비평이 가능하게 해 주는 과정이라고 할 수 있습니다. 이는 다양한 물질(예컨대 사진, 비디오, 녹음테이프, 메모, 어린이 작품 등)을 생산하고 선택하는 것 그리고 이러한 기록작업물을 엄밀하고 비판적이고 민주적인 방식으로 항상 다른 사람들과의 관계 속에서 분석하고 토론하는 것을 포함합니다. 에스파냐 출신의 아틀리에리스타 알프레도 오유엘로스Alfredo Hoyuelos는 교육적 기록작업에 대해 다음과 같이 말합니다.

> [교육적 기록작업은] 대화·교류·공유에 놀랍도록 뛰어난 도구다. 말라구치에게 이것은 '모든 것을 모든 사람(교사, 보조 직원, 요리사, 가족, 운영관리자, 그리고 시민)'과 토론하고 대화할 수 있는 가능성을 의미한다. … 기록작업을 통해 의견을 나

누는 것은 쉽게 생각하고 대충 합의에 도달하는 이론이나 어휘에 머무는 것이 아니라 진정한, 구체적인 것들에 대해 토론할 수 있다는 것을 가정한다 (Hoyuelos, 2004: 7).

'놀랍도록 뛰어난 이 도구'는 교사의 지속적인 전문성 함양, 가족과 지역 사회의 학교 참여 촉진, 배움의 과정 등에 대한 연구, 참여 평가, 그리고 다음 장에서 보게 될 새로운 담론을 구성하기 위한 전조로서 지배 담론의 해체 등, 다양한 목적에 기여할 수 있습니다. 기록작업은 어린이를 포함하여 모든 사람이 참여할 수 있으며, 모든 사람이 고유한 관점을 가져오리라는 것, 이러한 관점은 필연적으로 주관적이며 불완전하고 임시적이지만 그럼에도 가치 있다는 것, 그리고 다른 사람들이 이에 대해 질문하고 논쟁할 수 있다는 것을 가정합니다. 이것은 새로운 관점, 새로운 이해, 새로운 지식을 공동 구성하도록 이끄는 과정인 것입니다.

이 주제에 대해 마지막으로 두 가지만 덧붙이고자 합니다. 저는 주관성이 인식론적 개념(즉 우리는 사회적 세계를 객관적으로 알 수 없으며 오직 우리 자신의 시선을 통해서만 인식 가능하다는 것)으로서, 그리고 가치(즉 타자성과 다양성의 표현으로서 개인의 관점이 가지는 지대한 중요성)로서 모두 중요하다고 강조해 왔습니다. 그러나 만약 주관성이 그 잠재성을 실현하려면, 엉성하고 게으른 사유로 변질되지 않으려면, 더 심각하게 선입견과 편견으로 악화되지 않으려면, 패티 래더가 '엄격한 주관성 rigorous subjectivity'이라고 부른 것이 있어야 합니다. 달리 표현하면, 우리의 관점 및 우리의 해석과 이해를 다른 사람들과 공유하고 질문과 논쟁을 거치도록 함으로써 재고와 새로운 관점이 도출될 수 있도록 해야 합니다.

다음으로, 구닐라 달버그가 『유아교육과 보육에서 질의 담론을 넘어서기』에서 강조했듯이, 교육적 기록작업은 '유아 관찰'과 혼동되어서는 안 됩니다. 유아 관찰은 그 목적이 "발달심리학자들이 만들어 낸, 미리 결정된 범주에 따라 유아의 심리학적 발달을 측정하는 것으로 정상적인 유아가 특정 연령에 할 수 있어야만 하는 것을 정의 내린"(Dahlberg et al., 2013: 146), '정상화 normalisation의 용어'라는 비판을 받습니다. 이와는 달리 교육적 기록작업은 "미리 결정된 그 어떤 기대치나 규준의 틀 없이 어린이가 할 수 있는 것이 무엇인지, 교육과정에서 무슨 일이 일어나고 있는지를 보고 이해하고자 노력하는 것"입니다. 나아가 교육적 기록작업은 결코 객관적 진리를 주장하지 않으며 실재를 정확하게 재현할 수 있다고 보지 않으며, 오히려 무엇을 기록할지를 선택하는 데서부터 피할 수 없는 주관성과 의미의 공동 구성을 인정합니다. 구닐라 달버그는 우리는 "유아 그리고 유아 발달에 대한 진리로서의 기록이자 사실적 재현으로 여겨지게 되어 버린 유아 관찰로부터 멀어져 왔다"(Dahlberg et al., 2013: 147)고 말합니다.

레지오 에밀리아에서 수년에 걸쳐 자리 잡은 교육적 기록작업과 다른 조직의 상황 조건들로부터 점차 등장한 것을 유능한 시스템competent system이라고 부를 수 있을 것입니다.

> 개인, 팀, 기관, 더 넓은 사회정치적 맥락 간의 상호 호혜적 관계로 이루어진 시스템으로 … 끊임없이 변화하는 사회적 상황에서 어린이와 가족의 요구에 반응해 책임감 있고 반응적인 실제를 발전시킬 수 있는 역량을 실현시키도록 지원한다(Urban, Vandenbroeck, Lazzari, Van Larer and Peeters, 2012: 21).

이러한 시스템은 복잡하고 힘들며 불확실성과 놀라움으로 가득한 유아교육을 단단하게 유지시켜 주는 상호 연결된 조직 특성을 포함합니다. 좋은 이야기를 유능한 시스템의 좋은 상황 조건과 결합한다면, 그것이 달성할 수 있는 것에는 한계가 없을 것입니다.

레지오 에밀리아는 중요한 대안적 내러티브, 교육을 정치적 실천으로 이해하는 데서 출발한 프로젝트를 시 전체 지역으로 펼치기 위해 수많은 요소를 연결시켜 왔습니다. 다양한 학문과 개인의 역사적이자 동시대적인 영향, '관점과 논쟁의 다양체'가 그 내러티브에 함께 엮어지고 그 이야기가 전해지는 방식을 형성해 왔습니다.

다음의 세 장에서는 지배 담론과 다른 교육 이야기가 있음을 보여 주는 교육 프로젝트를 들려드리는 데서 방향을 돌려, 직접적으로 교육에 대한 것은 아니지만 대안적 교육 이야기를 촉진하고 향상시켜 유아교육의 사유와 실천에 도움을 줄 수 있는 철학적 관점을 탐색하고자 합니다. 지배 담론에 의문을 제기하며 자신의 내러티브를 구성하고자 하는 분들에게 유용한 자원을 풍부하게 예시해 줄 수 있을 것으로 생각됩니다.

질문들

제1장의 마지막에 제가 제시했던 질문들을 포함해 이 장을 읽은 후 떠오르는 생각과 질문들을 공유하고 토론하는 것을 잊지 마십시오. 다음은 제가 여러분에게 드리는 몇 가지 질문입니다.

- 여러분은 혁신적인 교육 실천을 통해 진화해 온 다른 지역(기관, 지역 사회, 국가)의 문화적 프로젝트에 대해 알고 계십니까?

- 레지오 에밀리아의 유아교육에 대해 어떤 점을 긍정적으로 보십니까? 판단하기 어렵거나 거부감이 드는 부분이 있나요?

- 1945년, 말라구치는 자신과 다른 이들에게 "모든 것이 가능하리라 여겨졌다"고 적었습니다. 여러분도 오늘날 그렇게 느끼는가요? 그렇지 않다면 그 이유는 무엇일까요?

- 어린이의 백 가지 언어를 열거하고 설명할 수 있을까요? 우선 열 가지 정도 말해 봅시다.

- 이 장에서 제시한 정치적 질문 중 하나를 택해 이에 대한 대응으로서 레지오 에밀리아가 내린 정치적 결정에 대해 생각해 봅시다. 당신은 그들의 선택을 어떻게 생각하나요? 당신의 정치적 선택은 무엇인가요?

제5장

미셸 푸코

권력, 지식, 진리

프랑스 출신의 철학자, 관념사학자, 사회이론가, 문예비평가 미셸 푸코Michel Foucault(1926~1984)는 광기, 건강, 범죄, 섹슈얼리티, 지식, 정체성 등과 관련된 연구 분야에 특별한 업적을 쌓았습니다. 비록 교육에 관해 연구하지 않았지만 푸코의 연구들은 교육과 학교에 참조 체계가 될 만합니다. 유아교육에 관한 이 책에 왜 푸코를 포함시켜야 할까요?

그 이유는 푸코의 아이디어들 또는 권력에 대한 관점, 그리고 지식과 진리의 관계들, 주체성—우리가 누구인지를 생각하는 정체성—때문일 겁니다. 이런 관점들은 유아교육에 종사하는 사람들 사이에서 점차 더 많은 관심을 받고 있습니다. 특히 어린이들과 어른들의 사고·대화·행동·주체성 등을 조정하고 형성하는 과정에 스며들어 있는 통치governing에 대한 통찰력을 제공하기 때문입니다. 그리고 권력에 대한 푸코의 분석은 권력이란 스며들면서 서서히 퍼지는 특성을 드러내 주지만, 한편으로는 독자들에게 무기력함을 느끼고 떠나가게 한다는 우려도 있습니다. 우리에게 지속적으로 비판적 사고가 필요하다면, 푸코의 저서들을 통해 저항과 변화라는 희망을 제공받을 수 있고 권력들에 대해 어떻게 이의를 제기해야 하는지도 생각할 수 있습니다.

이 장의 후반부에서 두 개의 예를 제시하려 합니다. 하나는 호주의 예이고, 다른 하나는 스웨덴의 예입니다. 두 예시 모두 푸코의 개념과 사상을 가지고 유아교육 분야에서 일하고 있는 사람들이 실행한 것입니다. 호주의 예는 글렌다 맥노튼Glenda MacNaughton이 저술한 CEC 시리즈 중 『유아교육 연구에서 푸코 실행하기: 후기구조주의 적용Doing Foucault in Early Childhood Studies: Applying Poststructural Ideas』(2005)에 실린 여러 가지 설명 중 일부를 발췌한 것입니다. 저는 이 장에서 글렌다의 연구를 많이 이야기할 것입니다. 왜냐하면 그는 유아교육 분야에 그리고 그에게 배우고 있는 유아교육과 학생들에게 푸코와의 관련성에 대한 충분한 예시들을 제공하기 때문입니다.

권력, 지식, 진리

권력에 대한 푸코의 사유 과정 초점은 관계적이라는 데 있습니다. 그리고 더 특별하게 어디에나ubiquitous 있고 피할 수 없는 권력 관계들을 사고했습니다. 이 권력 관계들은 어디에나 있어서 우리는 결코 권력 바깥에 존재할 수 없습니다. 푸코에 따르면 우리 모두는 권력 관계에 참여하고 있습니다. 타인의 권력에 복종하고 있으면서 타인에게 권력을 행사하면서 말입니다. 우리 중 그 누구도 면제될 수 없습니다.

> 인간관계가 어떻든 간에 … 언어적으로 의사소통하는 문제이든 … 또는 사랑하는 관계이든, 제도적 또는 경제적 관계이든 … 권력은 항상 존재한다. **내가 말하는 관계는 한 사람이 다른 사람의 행동을 지시하기를 원하는 관계를 의미한다**(Foucault, 1987: 11. 강조는 추가).

푸코에 따르면 우리 모두는 권력 실행과 관련되어 있어서 '다른 사람의 행동을 지시하며' 타인에게 변화를 주려고 노력합니다. 물론 이것은 좋은 결과를 가져올 수도 있습니다. 푸코는 권력이 반드시 나쁘다거나 해를 끼치는 것으로 생각하지 않았습니다. 권력은 생산적이며 긍정적인 방식이 될 수도 있습니다. 그러나 그것은 또한 우리가 순진해지지 않아야 한다는 것을 의미합니다. 권력은 몇몇 사람이 행사하는 것이 아니며, 권력을 가진 사람과 권력을 가지지 않은 사람으로 세상의 사람들을 나눌 수 없습니다. 우리는 모두 권력 관계에 연루되어 있습니다.

권력은 지엽적이고 확산됩니다. 그러나 이것이 모두가 동등하게 권력을 가지고 있다는 것을 의미하지는 않습니다. 개인과 개인 간 그리고 제도적 권력과 개인 간의 권력 관계는 큰 격차가 있습니다. 푸코는 그런 제도적 권력, 예를 들면 정부와 다른 기관의 권력이 어떻게 작동하는지, 어떻게 효력을 발생하는지에 관심을 가졌습니다. 푸코의 핵심적인 사유는 그들의 이해 방식과 관점, 사태에 대한 그들의 시각, 그들의 진리를 강요하는 강력한 권력의 힘이었습니다. 푸코는 다음과 같이 말하고 있습니다.

> 권력은 우리 삶의 의미를 지배하기 위한 투쟁의 관계다. 그것은 진리에 권한을 부여하기 위한 싸움이다. 왜냐하면 진리는 발생하는 것이 아니라 우리의 행위·사유·감정의 의미들을 결정하기 위한 우리의 투쟁에서 생산되기 때문이다(MacNaughton, 2005: 22에서 재인용).

여기서 제1장에서 소개했던 푸코의 '지배 담론' 개념으로 돌아가 봅시다. 지배 담론이란 특정한 관점이나 이야기가 어떤 화제나 주제 또는 분야에 대해 사유하고 말하고 행동하는 단 하나의 방식이 되어야 한다고 주장하는 방식입니다. 「벌거벗은 임금님」을 예로 들면서, 저는 유아교육에서의 신자유주의를 질과 고수익에 대한 이야기 그리고 시장의 이야기로 설명했습니다. 지배 담론들은 마치 반박할 수 없는 진리를 재현하는 것처럼, 마치 단 하나의 타당한 의미를 제공하는 것처럼, 마치 그 주제에 대해 권위 있는 (공인된) 버전인 것처럼 사유하고 말하고 작동됩니다. 즉 지배 담론은 푸코가 주조한 또 다른 용어인 진리의 레짐regimes of truth으로 작동합니다. 이것은 항상 어떤 특정한 담론 또는 이야기를 야기하면서 개인에게 큰 영향력을 가하는 제도들로 권력을 장악합니다. 안데르센의 「벌거벗은 임금님」 이야기처럼 또는 오늘날 더 일상적으로 신체를 통치(지배)하는 것들이 그 예가 됩니다. 글렌다 맥노튼은 그 과정을 다음과 같이 설명합니다.

> 예를 들어, 정상적인 젠더의 발달 또는 정상적인 섹슈얼리티에 대한 진리는 제도적으로 생산되고 허가될 때 우리 안에서 그리고 우리를 통해 더 권력적으로 공명한다. 푸코가 썼듯이, 제도적으로 생산되고 허가된 진리들은 우리를 통치하고 규제한다. … **유아기에 대한 연구들, 건전한 보육 또는 사회적 역할 등 각 분야의 지식들은 사유하고, 느끼고, 행동하는 정상적이고 바람직한 방식들을 통치하는(지배하는) 공식적으로 허가된 진리들로 전개되면서 확대된다.** 예를 들어, 유아기 연구 분야는 통치성, 전문가협회, 학문 등에 통해 승인되고 체계화되어 유아 그리고 유아교육자가 가져야 하는 정상이고 바람직한 방식에 대한 일련의 진리들로 전개되면서 성장한다(MacNaughton, 2005: 29-30. 강조는 추가).

자연과학과 사회과학 그리고 사실과 지식 사이의 구별을 유념하더라도, 푸코는 사회과학의 지식들과 우리가 세계에 부여하는 의미에는 다른 진리가 있으며, 서로 다른 의미들은 그것을 알게 되는 사람들 사이의 입장·관점·관심의 차이를 반영한다고 말합니다. 모든 지식은 부분적이고 시각 중심적perspectival으로 주어지기 때문에, 문제는 누구의 의미 또는 지식이 진리로 (반드시 보편적이지 않더라도 광범위하게) 수용되고 중요하게 여겨지는지, 어떤 진리의 레짐이 특정한 주제 또는 분야를 지배하게 되는지, 어떤 담론들이 지배하는지 등과 관련됩니다. 요컨대, 어떻게 '어떤 것이 진리로 간주되는가'입니다(Ball, 2016: 1132).

여기서 제2장에서 제시되었던 후기근본주의 관점을 어떻게 볼 것인가에 대한 설명으로 다시 돌아가 봅시다. 여기에는 사회적 세계의 권력과 지식 간의 촘촘하고 피할 수 없는 관계들이 있으며, 권력은 특정한 지식을 흡수하는 한편 그 지식의 유용성으로부터 권력에 이르는 지위(그리고 이후의 발전을 위한 자원)를 부여하는 공생 관계에 있습니다. 글렌다 맥노튼은 다음과 같이 말합니다.

> 후기구조주의자들은 사람들이 갖고 있는 관심 때문에 '왜곡되지 않은' 지식을 갖는다는 것은 불가능하다고 말한다. 지식은 이데올로기로부터 결코 자유롭지 않다. 왜냐하면 모든 지식은 편견적이며, 불완전하고, 특정한 사람들의 집단적 이익과 연결되어 있기 때문이다. … (후기구조주의자들은) 지식의 생산을 정치적으로 경쟁적인 투쟁으로 간주한다. 즉 세계에 대한 다양한 관점이 있는데, 이러한 관점들이 진짜real(또는 보편적) 진리가 되는 지위와 권력을 얻기 위해 경쟁한다는 것이다. 후기구조주의자들은 우리가 사회 세계에서 어떤 것에 대한 진짜 진리를 찾을 수 있다는 생각에 도전한다. 예를 들면, 후기구조주의자들은 어린이의 발달에 관한 그리고 좋은(나쁜) 유아교육 페다고지에 관한 진리를 발견할 수 있거나 배울 수 있다는 생각에 도전한다. 실제로 후기구조

주의자들은 세계에 대해 우리가 가지고 있는 지식들은 합리적이기보다는 본
질적으로 그리고 불가피하게 모순적이라고 생각한다. 결론적으로, 어린이에
대해 그리고 유아교육 페다고지에 대해 다양한 진리가 가능하다고 생각한다
(MacNaughton, 2005: 22).

다르게 표현하면, 우리가 어린이와 유아교육에 대해 말할 수 있는 다양
한 이야기가 있다는 것입니다. 이런 다양한 가능성이 있지만 세심하게 주의
를 기울이지 않는다면 하나의 이야기나 담론이 진리의 레짐을 구성하고 통
치하게 될 것입니다. 흔히 진리의 레짐은 중립적(가치중립적)이고, 본질적이고(논
쟁의 여지가 없이 명백한), 그래서 자명하게(의문의 여지가 없이) 옳은 것으로 행해지는 진
정한 또는 참된 지식과 최고의 실제에 대한 주장들로 구성됩니다. 이런 진
리의 레짐은 "그 분야에서 무엇을 해야 하는지 그리고 어떻게 해야 하는지
에 대한 권위적인 합의를 도출"(MacNaughton, 2005: 29) 합니다.

푸코는 우리 모두가 관련되어 있는 일상적인 권력 관계를 통해, 그리고
사유하고 말하고 행동하기 위한 특정한 또는 단 한 가지 방식만을 갖고 있
다고 주장하는 진리의 레짐인 지배적인 담론의 영향력을 통해 미시적 수준
에서 권력이 어떻게 작동하는지에 대한 이해를 제공합니다. 더 나아가 푸코
는 제도적인 권력이 실제로 우리를 관통하면서 작동하는 방식도 보여 줍니
다. 지금부터 저는 이 두 가지—규율과 통치성—에 대해 생각해 보고자 합니다.

규율 권력

푸코는 16세기로 거슬러 올라가 제도적 또는 국가적 권력 실행에서의

근본적인 전환을 밝히고 분석합니다. 권력은 잔혹한 힘, 신체적 강요, 공포를 통해 행사되던 통치자의 주권, 절대군주의 권력에서 폭력적인 강제에 의존하지 않고 인구를 통제하고 사람들을 원하는 방향으로 조종하는 덜 폭력적이면서도 보다 효과적인 형태의 권력으로 점차 변화하게 됩니다. 이런 전환은 인구의 생산적인 잠재성과 국가의 부를 극대화하기 위한 통치의 새로운 목적과 연관되는데, 푸코는 이를 '생체권력bio-power'이라고 불렀습니다. 즉 저항을 최소화하기 위한 방법으로 "신체의 예속과 인구 통제를 달성하기 위해 다양한 기법이 폭발"(Foucault, 1978: 140)하게 됩니다.

푸코는 이런 '다양한 기법'을 '규율disciplines'이라고 불렀습니다. 글렌다 맥노튼은 그의 책에서 유아교육에 적용될 수 있는 여러 규율과 그 예들을 다음과 같이 정리했습니다.

- **감시**surveillance: 특정한 진리로(그리고 그 진리 안에서) 면밀하게 관찰·감독하는 또는 관찰·감독이 예상되는 것이다. 이를테면, '발달적으로 적합한 실제 developmentally appropriate practice'가 질 높은 유아교육 페다고지라고 믿는 유아교육자들은 이에 근거해서 유아교육의 실제를 관찰·감독하면서 이와 관련된 방식, 즉 발달적으로 적합한 방식으로 행동한다. [또 다른 예로, 21세기 영국 유아교육에서 데이터 수집과 분석을 통한 '데이터 감시' 사용의 증가를 생각해 볼 수 있다.]

- **정상화**normalisation: 예를 들면, 발달하는 아동에 대한 특정한 진리를 표현한 기준에 비교하기, 기준을 언급하며 들먹이기, 기준에 부합하도록 요구하거나 따르게 하는 것이다. 일례로 어린이를 관찰하고 그 행동을 발달적 규준과 비교하는 것을 들 수 있다.

- **배제**exculsion: 어떤 것이 정상적인지 그 경계를 확립하기 위해, 바람직하거

나 바람직하지 않은 방식으로 포함시키거나 배제시키기 위해 진리를 사용함으로써 병리학적 정의를 내리는 것이다. 예를 들어, 발달적 진리를 사용하는 유아교육자들은 비발달적인 진리를 적합하지 않거나 잘못된 것으로 이해하고 배제한다.

- **분류**classification: 집단 또는 개인 간의 차이를 진리로 사용하는 것이다. 예를 들어, 유아교육자는 발달 단계에 따라 아동을 분류함으로써 발달적으로 정상 또는 지연되었다고 말하기도 한다.

- **분배**distribution: 공간에 사람들을 어떻게 배치하고 위치를 정할지 결정하기 위해 특정한 진리를 사용하는 것이다. 예를 들어, 유아교육자들은 발달 단계에 따라 다양한 집단으로 어린이들을 배치하기 위해 발달적 진리를 사용한다.

- **개별화**individualisation: 개인들을 분리하기 위해 진리를 사용하는 것이다. 예를 들어, 유아교육자들은 발달적으로 정상적인 어린이와 그렇지 않은 어린이로 분리하기 위해 발달적 진리를 사용한다.

- **전체화**totalisation: 준수에 대한 의지를 생산하도록 진리를 사용하는 것이다. 예를 들어 유아교육자들은 모든 어린이가 그들의 삶에서 해야 하는 것이 무엇인지 그리고 비슷해야 하는 것이 무엇인지에 대한 결정을 안내하기 위해 발달적 진리를 사용한다. 일례로 모든 어린이는 유치원을 졸업할 때 신발 끈을 맬 수 있어야 한다.

- **규제**regulation: 종종 제재나 보상을 통해 규칙을 준수하게 하고 행동을 제한함으로써 사고방식과 존재 방식을 통제하기 위해 특정한 진리를 사용하는 것이다. 예를 들어, 18개월 어린이는 낮잠을 자야 한다는 식으로 유아교육자들은 특정한 연령과 발달 단계의 어린이에게 적합한 행동 규칙을 결

정하기 위해 발달적 진리를 사용한다(MacNaughton, 2005: 30-32).

이러한 규율권력의 예시들 중 아마도 정상화가 가장 근본적인 권력일 것입니다. '정상'이란 무엇인가, 기준이란 무엇인가, 예상되는 것은 무엇인가 등을 확립하는 것은 많은 지배적인 담론의 핵심 주제입니다. 그리고 제도 또는 국가 권력의 목적은 그 규준을 성취하는 것입니다. 분류 또는 배제 같은 다른 규율들은 그 목적을 위한 수단입니다. 규율이라고 말할 수 있는 것은 정상적인 것이 무엇인지를 결정하고, 개인이 그런 규준을 형성했는지, 규준을 준수했는지 또는 성취했는지를 평가assess하기 위해 다양한 기법을 적용합니다. 제3장의 윤리에 대한 논의를 회상해 봅시다. 이 모든 것은 타자를 '파악하고' 타자를 동일자로 만드는 기법이며, 타자를 지배적인 매트릭스의 기준과 범주에 맞추는 것입니다. 이 기준과 범주는 미리 결정된 성취 결과들로 모두가 성취하기 위해 노력해야 하고 평가되는 데 적용됩니다.

이러한 푸코의 틀을 적용하여 질과 고수익 이야기를 보면 유아교육 서비스뿐만 아니라 학교는 특정한 목적을 가진 특별한 이미지를 소유한 기관으로 이해할 수 있습니다. 유아교육 서비스와 학교는 제도적인 규준, 발달단계, 학습 목표 또는 학교 준비도의 기준을 어린이가 성취할 수 있도록 효율적으로 그리고 효과적으로 규율권력에 복종하는 울타리로 기능하고 있습니다. 어린이가 무엇을 할 수 있는지 또는 할 수 있는 가능성이 무엇인지를 묻기보다 어린이가 규준이나 바람직한 성취 결과를 충족시키는지, 어린이가 '정상'인지를 묻습니다.

규율권력의 다양한 기법은 제1장에서 설명했던 것처럼 현대 유아교육에서는 '휴먼 테크놀로지'의 적용으로 실행됩니다. 푸코는 유아교육을 직접적으로 다루지 않았지만, 공간과 물질의 조직이라는 휴먼 테크놀로지를 통해 어떻게 규율권력이 19세기 프랑스 교실의 배치에 작동되었는지 생생한 예시들을 제공하고 있습니다. 이런 교실 환경에서 책상들은 하나의 큰 테이블 형태인 직사각형 모양으로 배열되고, 수행 기준을 설정한 교사의 지속적인 감시하에서 규범화·분류·분배·배제 등이 지속적으로 실행되면서, 학생들은 향상되었는지 또는 하락했는지 평가받고 그 결과에 따라 책상에 앉는 자리는 바뀌게 됩니다.

통치성

지금까지는 권력이 어떻게 사유와 행동을 형성하고 지시하는 데 작동하는지 그리고 어떻게 바람직한 결론을 성취하게 하는지를 설명했습니다. 권력은 지배적인 담론, 즉 진리라고 주장하는 주제 또는 화제에 대한 이야기를 본질적이고 중립적이며 필수적인 이야기로 구성하기 위해 지식을 사용합니다. 그러면서 다른 이야기들을 하찮게 여기거나 무시합니다. 또한 담론들을 통제하고 통치하고 순응하게 하기 위해 휴먼 테크놀로지들을 작동하면서 훈육적인 실제들을 효율적으로 사용합니다.

다른 한편으로 권력은 좀 더 서서히 퍼지는 방식으로 작용하기도 합니다. 이것이 푸코가 말한 '통치성governmentality'입니다. 통치성이란 우리가 지배적 담론들을 어떻게 체현하는지를 설명하는 개념으로 지배 담론의 신념·가설·욕망·실제 등에 따라 우리가 어떻게 통제되는지를 보여 줍니다. 바꾸어 말하면, 통치성이란 지배 담론 또는 지배적인 이야기가 담고 있는 이야기·진리·욕망 등이 어떻게 우리의 이야기·진리·욕망이 되는지를 설명해 줍니다. '어떤 바람직한 효과를 산출하려는 바람으로 특정 행동을 형성하려는 야망을 가진' 휴먼 테크놀로지들은 예전보다 더 강력하게 작동하고, 동시에 이런 '바람직한 효과'를 위해 우리는 스스로를 훈육하게 됩니다.

구닐라 달버그와 제가 쓴 CEC 시리즈의 첫 책인 『유아교육의 윤리와 정치』에서 지배 담론을 통해 우리 자신을 통치하는 통치성의 개념을 소개한 바 있습니다.

> [지배 담론들은] 우리의 사상·사유·행동에 영향을 주면서 세계에 대한 우리의 일상적 경험들을 조직한다. 그것들은 우리가 무엇을 '진리'로 보아야 하는지, 무엇을 합리적으로 수용해야 하는지, 세계를 어떻게 구성해야 하는지 등을 통치함으로써 우리의 사유에 대해 권력을 행사한다. 그리하여 우리의 행위하기acting과 행하기doing를 통치한다. 오히려 우리가 지배적인 담론을 새기고 있는 까닭에, **지배 담론은 직접적으로 작동하기보다는 우리가 지배 담론을 통해 우리 자신을 통치하면서 우리 자신에게 작동시키게 하는 것이다.** … 그래서 규율은 외부의 힘으로 드러나기보다는 우리에게 작동되고 있으며, **규율은 종종 자아를 통치하는 우리 자신을 통해 운영된다.** …
>
> [그러므로] 통치성은 사람들과 인구들을 외부적인 강제가 아니라 좀 더 교묘하고 좀 더 효율적인 실천을 통해 통치하거나 관리하는 방식으로 참조된다. 이런 실천들은 우리**에게** 직접적으로 작동하여 바람직한 행위들을 하게끔 조종한다. 그러나 이런 실천들은 우리를 **관통하여** 우리의 가장 깊은 곳에 있는 자아에게도 작동하며, 인간 존재의 가장 깊은 내면의 특성—정신, 동기화, 소망, 욕구, 신념, 성향, 야망, 태도 등—에 도달한다. 우리가 직접적으로 통치한다고 할지라도 가장 중요한 효과는 지배적인 체제에 순응하는 방식으로 우리가 스스

로를 통치하는 것—우리 자신의 수행에 대해 수행하는 것—이다(Dahlberg and Moss, 2005: 18-19. 강조는 추가).

서서히 퍼지는 통치성의 특성은 '가장 깊은 자아에 작동하는' 통치성의 능력으로 나타나며, 우리는 실제로 지배 담론들이 요구하는 것을 욕망하게 되고 지배 담론의 소망을 우리의 소망으로 여기게 됩니다.

미국 교사교육 교수인 린 펜들러Lynn Fendler는 '자아 통치self-governing' 의 이런 과정에 대한 생생한 예시를 보여 줍니다. 유아교육에서 발달심리학 이 행사하는 영향력은 어린이와 어른에게 비슷하게 나타난다고 봤습니다. 글렌다 맥노튼을 비롯한 다른 학자들처럼 린 펜들러도 발달심리학 그리고 '발달적으로 적합한'과 관련된 개념들의 결과나 진리는 의심받지 않거나 시 험되지도 않은 채 교육과정·평가·실천을 위한 토대를 형성하는 데 의심할 바 없이 수용된다고 언급하면서 발달심리학에 대해 비판적인 태도를 취했 습니다. 이런 방식으로 정상적인 규준norm은 '발달'이라는 지배적인 개념들 내에서 확립되어 "개별적인 어린이의 삶을 그런 규준으로 평가"(Fendler, 2001: 128)합니다. 펜들러는 이를 '정상화 테크놀로지'라고 불렀습니다. 그가 '발달 성'이라는 명명한 테크놀로지는 푸코의 통치성이 암시하는 방식으로 교육 과정 논쟁에서 발달론적 담론의 자아 통치 효과에 초점을 둔 것입니다. 통 치성처럼 발달성developmentality은 "자아를 스스로 훈육하는 권력의 현재적 current 패턴으로 설명할 수 있습니다"(Fendler, 2001: 120. 강조는 추가).

이런 방식으로 어린이와 어른은 특정한 발달적 규준을 열망함으로써 그 자신을 통치하면서 '분석적 일반화, 즉 넓은 범위의 변이보다 우선'으로 고려하는 오류를 범하게 됩니다. 발달적 단계라는 일반화된 규준을 문화 또는 맥락에 대한 설명 없이 받아들여 개인적 차이만 볼 뿐이며, 어린이가 실제로 할 수 있는 것이 무엇인지를 이해하기보다 어린이가 a·b·c를 할 수 있는지를 측정하는 상황으로 만들어 버립니다. 놀랍지 않지만 로리스 말라구치는 이런 규준에 대해 매우 비판적이었으며, 이를 '단계의 문제'라고 부르면서 그것들을 포기하자고 말합니다. "그것들을 가져다가 창문 밖으로 던져 버리자"(Cagliari et al., 2016: 409)고 말입니다. 말라구치는 규칙적이고 선형적이고 순차적인 발달 과정이나 정상적인 단계를 완성하기보다 예측할 수 없고 복잡한 진화의 과정을 말하고 싶어 했습니다. "[어린이의] 끊임없는 진화는 규칙적이지 않으며 탈리듬적arhythmic이고 불연속적discountinuous이다. 근본적으로 뚜렷한 단계들은 어린이의 진화에서 존재하지 않으며, 단순하게 양적 성장으로 다루는 것처럼 균일하지도 규칙적인 진보로 나타나는 것도 아니다"(Cagliari et al., 2016: 74)라고 말합니다. 여기서 우리는 말라구치가 발달심리학의 규준과 관련되거나 이와 관련된 개념들로 통치하는 것을 거절하면서 발달성에 저항하고 있음을 알 수 있습니다.

통치성을 통해 서서히 퍼지는 권력은 이런 방식으로 실행되어 지배적인 담론이 우리의 욕망과 야망을 형성하게 함으로써 영혼을 통치[1]하게 됩니다. 이 방식이 더 효과적입니다. 즉 우리가 우리 자신이라고 생각하는 자아 감각·정체성에 작동하면서 우리의 사유와 행동뿐만 아니라 우리의 주체성을 형성하는 능력으로 나타납니다. 여기서 관계는 권력과 진리의 관계가 아

---

1) '영혼의 통치(governing the soul)'는 1990년 니컬러스 로즈(Nikolas Rose)가 쓴 『개인적 자아의 형성(The Shaping of the Private Self)』이라는 중요한 책에서 언급되었습니다. 로즈는 80년 이상에 걸친 심리학적 훈육의 진화와 이런 훈육이 어떻게 점차 개인 및 사회기관을 통치하는 권력적인 수단이 되었는지 분석합니다. 로즈와 푸코는 '영혼'이라는 용어를 "이전에는 신성불가침이었지만 최근에는 소망·두려움·기쁨 등과 같이 심리학적 그리고 규제적인 장치의 대상으로서 간주되는 인간성(humanity)의 한 측면"(Fendler, 2001: 123)으로 보았습니다.

니라 권력과 진리와 자아 간의 관계입니다. 스티븐 볼은 이런 관계를 오늘날 지배적인 신자유주의 체제의 광범위한 맥락 속에 위치시킵니다. 이 체제는 개인을 이상적인 신자유주의적 주체로 창조하고자 하며, 각 개인이 자율적이고 자아 관리적이며, 계산적이고, 경쟁력을 지닌 자아인 호모 에코노미쿠스의 정체성을 가질 것을 기대합니다. 결론적으로, 주체성은 "신자유주의화와 신자유주의적 통치성의 맥락에서 정치적인 투쟁의 핵심 현장'이 됩니다. … 문제는 우리가 어떤 유형의 자아, 어떤 유형의 주체가 되고자 하는지, 그리고 그렇지 않으면 어떻게 될 것인가"(Ball, 2016: 1130, 1133)입니다.

앞에서 언급한 내용으로 되돌아가 봅시다. 만약에 질과 고수익에 대한 이야기가 휴먼 테크놀로지의 효과적인 적용에 대한 필요성을 말해 준다 하더라도, 그리고 휴먼 테크놀로지가 정의된 목표를 달성하고 높은 수익을 낸다 하더라도, 유아교육자들은 단지 이러한 목적을 위해 자신을 통치해서는 안 됩니다. 유아교육자들은 자기 자신—자신의 주체성과 이미지—을 고도의 숙련되고 양심적인 그러나 본질적으로 어린이의 정상화를 위한 테크놀로지의 적용자인 기술자로서 이해해야 합니다.

우리가 무엇을 할 수 있을까

저는 앞에서 권력과 권력 관계에 대한 푸코의 분석이 독자들을 낙담하게 할 것이라고 경고했습니다. 왜냐하면 스며들면서 서서히 퍼지고 깊이 체현되는 진리의 레짐들 그리고 규율과 통치성이라는 강력한 동맹의 힘에 직면할 때 무기력해지는 어려움을 겪을 수 있기 때문입니다. 그러나 푸코 자신은 절망하지 않았습니다. 그는 저항과 변화가 가능하다고 생각했습니다.

처음에 지배적인 담론과 제도적 권력의 표현들은 매우 강력한 영향력과 권위를 행사하며 헤게모니로 나타날 수 있습니다. 그러나 그것들은 결코 그 분야의 전체를 단독으로 장악하지 못합니다. 그것들은 논쟁의 여지가 있으며 결코 겨룰 상대가 없는 것도 아닙니다. 대안 없는 독재는 항상 반대에 직면하고 사람들은 진리의 레짐에 의문을 품고 대안들을 가지고 저항하려고 준비합니다. 이것이 제가 제1장에서 말했던 저항 운동을 형성합니다. 푸코는 저항은 권력 관계에 내재되어 있다고 말합니다. 그렇지 않은 관계는 주인과 노예처럼 단순한 관계일 뿐입니다. 푸코는 후기 문헌들과 인터뷰에서 저항 그리고 자유의 중요성과 가능성을 강조합니다. 그는 투쟁의 힘을 믿었고 사적인 개인으로서 그리고 공적인 지식인으로서 그의 삶 전반에 거쳐 이를 실천했습니다(Butin, 2001).

　　권력에 저항하는 특별하고 중요한 세 가지 전략이 있습니다. 이 세 가지 전략은 비판 또는 비판적 사유하기, 해체, 자기 배려care of self입니다. 이 것들이 유일한 저항의 수단은 아니며, 이것들은 무언가 다르게 창조하는 수 단이 되기도 합니다.

　　영국 사회학자 니컬러스 로즈는 비판적 사고하기critical thinking에 대한 생생한 이미지를 보여 줍니다.

> [그것은] 부분적으로 우리의 현재 경험에 주어진 그런 것들을 마치 시대를 초월
> 하고, 자연스럽고, 의심할 여지가 없는 것처럼 대하는 것에 비판적인 태도를
> 도입하는 문제다. … 경험의 구조에 일종의 어색함을 도입하는 것으로, 그 경
> 험에 코드를 입히고 더듬거리게 해서 내러티브의 유창성을 방해하는 것이다
> (Rose, 1999: 20).

　　저는 여기서 상기되는 이미지가 좋습니다. 부분적으로 어색함을 느끼는 것, 항상 의문을 품는 것, 2세 어린이들이 좋아하는 '왜'라는 질문을 하는 것 등은 지배적인 이야기들을 아주 부드럽고 유창하게 전달해 주는 바퀴에 바퀴살을 놓는 것입니다. 즉 초월적이고 본질적이라는 그들의 주장을 의심과 회의론을 가지고 마주함으로써 동일한 이야기를 더듬거리며 말하게 하는 것입니다. 푸코는 비판의 과정을 "우리가 편안하게 받아들이는 가설들의 유형이 무엇인지, 익숙하고 도전하지 않고 심사숙고하지 않는 사유 방식은 무엇인지 등을 지적하는 것"(Foucault, 1988b: 154)이라고 했습니다. 좀 다르게 보면, 이런 선택을 한 정치적 배경 그리고 이 선택 뒤에 숨겨진 추론들을 가

시화하는 것입니다. 특히 스토리텔러들이 그들의 이야기에 정치성이 없는 척할 때 특정한 지배 담론을 만들어 내는 권력의 이익들과 관계들을 풀어 내고 가시화함으로써 특정한 내러티브에 특권적 지위를 부여하는 것을 보여 줄 수 있습니다.

비판적 사고에 도움을 주는 한 가지는 해체deconstruction입니다. 해체는 프랑스 후기구조주의 언어이론가 자크 데리다Jacques Derrida(1930~2004)와 관련된 개념이자 실천입니다. 글렌다 맥노튼은 해체에 대해 다음과 같이 소개하고 있습니다.

> 우리는 해체를 de(반전 또는 제거)와 construct(함께 놓는다는 의미)라는 두 부분으로 나누어 그 의미를 헤아려 볼 수 있다. 해체한다는 것은 분해하는 것이며 '구축하지 않는' 것이다. … [그것은] 그 안에 있는 의미의 정치학을 보여 주기 위해 텍스트에서 개념들과 의미들을 분해하는 것을 말한다. … **해체는 일반적으로 의심스럽지 않은 단어 또는 개념의 의미(이데올로기, 실천, 텍스트 등)를 질문하는 것**이다. … 그것은 사유 체계에 내재된 우리의 사회적 세계에 대한 가설들에 의해 누가 그리고 어떻게 이득을 얻고 있는지에 대해 의문을 품으면서 특정한 사유 체계 내의 내면적 모순을 폭로한다. 이처럼 우리의 언어 선택이 특정한 진리의 레짐에서의 권력 관계에 어떻게 맞추어 나가는지를 조사하는 데 도움을 준다(MacNaughton, 2005: 77, 78; 강조는 추가).

해체는 좋은 말들과 확신에 찬 주장의 겉모습 뒤에 있는 것을 측면으로 드러내어 불편한 질문을 제기하는 과정입니다. 특정한 단어와 개념—이를테면, 질과 고수익에 대한 이야기에서 '질', '투자', '수익', '프로그램', '인적 자본' 등—을 사용하는 이유는 무엇일까요? 이런 이야기를 하는 사람들은 다른 용어들보다 이런 용어를 선택했는데, 이러한 언어의 선택은 우리에게 그들이 어떻게 세계를, 어린이를, 유아교육을 보는지를 말해 주고 있나요? 그들은 어떤 가치들과 가정들을 표현하고자 하는 걸까요? 누가 이런 언어 선택으로 이득을 얻고, 어떻게 이런 연구들을 하고 있을까요? 비록 암묵적이기는 하지만 어떤 정치적 선택들이 이루어지는 걸까요? 요컨대, 여기서 무슨 일이 일어나고 있는 걸까요?

그러나 맥노튼이 지적했듯이, 해체는 단지 비판만 하는 것이 아닙니다. 그것은 우리에게 대안을, 사유하기의 다른 방식을, 변화를 원하는 방법을, 어떤 다른 방법이 가능한지 궁금해 하는 가능성의 정치학을 열어 줍니다. 왜냐하면 우리가 사유하고 보고 행하는 단 하나의 방식만 있다고 주장하는 지배적인 담론과 진리의 레짐을 우리 스스로 자유롭게 흔들 수 있다면, 우리는 다른 담론들과 대안적인 이야기들을 사유하고 보고 행하는 새로운 방식으로 들어갈 수 있기 때문입니다. 레지오 에밀리아 사례로 돌아가 봅시다. 구닐라 달버그에 따르면 도시의 지역 문화 프로젝트는 해체의 과정을 가능케 하며, 이 해체의 과정은 재구성의 과정에 선행합니다.

레지오 경험과 말라구치의 업적이 대단히 인상적이고 예외적인 것은 우리 시대의 지배적 담론에 도전하는 그들의 방식에 있다. 특히 가장 독특한 교육학적 실천들이 이루어지는 유아교육 분야에서 그렇다. 이는 유아교육 분야가 과학적·정치적·윤리적 맥락 안에서 사회적으로 구성되어 온 방식을 해체함으로써 어린이들과 교사들의 주체성을 재구성하고 재정의함으로써 성취한 것이다. 즉 그것들은 어떤 유형의 사유, 개념, 아이디어, 사회적 구조, 행동적 패턴

등이 유아교육 분야를 지배하고 있는지 그리고 이런 담론들이 어린이와 아동기에 대한 우리의 개념과 이미지, 어린이과 상호 작용하는 방식, 어린이를 위해 우리가 창조하는 환경의 유형 등을 어떻게 형성하고 있는지를 이해하게 해준다(Dahlberg, 2000: 178).

　바꾸어 말하면, 유아교육에서 새로운 무언가를 형성하기 위해 레지오 에밀리아는 가장 먼저 그들이 생각하고 말하고 행하는 것들을 구성하는 진리의 제국을 해체했습니다.

　푸코는 생애 마지막 시기에, 규율과 지배의 테크놀로지—어떻게 권력이 우리에게 실행되는지—에서 '자기에 대한 테크놀로지technologies of the self' 또는 자기 배려를 강조하는 방향으로 전환했습니다(Ball, 2013). 이제 푸코는 우리 자신을 구성하는 것이 가능한 방법에 더 많은 중요성을 부여합니다. 즉 그는 우리 각자가 일상생활에서 우리가 누구인지, 어떻게 스스로 정체성을 구성하는지 등에 대해 우리가 갖고 있는 주체성을 작동시키면서 그리고 자신을 구성하면서 정체성에 대한 권력의 영향에 저항하는 방법들을 실행할 수 있다고 보았습니다. 푸코는 이에 대해 "자아는 우리에게 주어지는 것이 아니라 우리가 스스로를 예술 작품으로 구성해야 한다"고 말했습니다. 이러한 점을 고려하면서 마지막 장에서는 어린이 또는 교육자의 이미지에 대해 논의하려 합니다. 우리는 다른 사람이 만들어 놓은 이미지를 생각하며 그런 척하고 있나요 아니면 스스로 자신의 이미지를 만들고 구성하기 위해 고군분투하고 있나요?

　푸코는 결국 외부의 힘과 개인의 행위주체성 모두를 한 장소에서 발견할 수 있는 '주체'에 대한 관점을 갖게 됩니다. 그것은 다음과 같이 설명될 수 있습니다.

[주체란] 담론적인 실천(무엇이 진실 또는 거짓인지 결정하는 것)과 권력 관계(다른 사람
의 행위를 통치하는 합리성과 테크닉)와 윤리(개인이 그 자체를 주체로서 구성하여 자아를 실
천하기) 간의 관계들에서 구성되고, 스스로 구성하는 것이다(Ball, 2013: 143).

푸코가 그의 설명에서 어떻게 '윤리', 관계적 윤리의 실제를 가져왔는지 주목해 봅시다. 이는 제3장에서 논의된 자아에 대한 윤리의 중요한 부분인 자기 배려에 어떻게 작동하는지 또는 관심을 갖게 되는지를 의미합니다.

스티븐 볼은 이 주제를 심도 깊게 탐색하면서, 만약에 "권력이 우리 안에서 그리고 우리의 주체성을 통해 작동한다면, 자유로워지려는 우리의 저항과 투쟁이 있는 곳에 초점을 두어야 한다"(Ball, 2013: 126)고 언급합니다. 「투쟁의 장소로서 주체성: 신자유주의 거절하기?Subjectivity as a Site of Struggle: Refusing Neoliberalism?」에서 그는 여러 학교 교사들의 예시들을 활용하고 있습니다. 교사들은 "지금의 모습과 어떻게 다르게 볼 수 있는지에 대해 생각하면서 … 통치의 기법에 의한 [그들의] 자아 형성에서 벗어나 다른 용어로 [자신들을] 이해하려고 시도"(Ball, 2016: 1135, 1136)했음을 보여 줍니다. 여기서 교사들은 자신의 정체성, 자신이 누구이며 어떤 존재인지, 교사로서 자아에 대한 의식 등에 대해 좀 더 많은 통제를 되찾고자 원했던 거지요.

이 예시에서 교사들은 주체성을 형성하는 활동들, 푸코가 말한 '자기 글쓰기'와 다양한 형태의 '자기에 대한 테크놀로지'를 통해 '자기 배려'에 착수합니다. 볼의 사례에서 교사들의 자기 글쓰기의 실천은 블로그, 논문, 학회 논문, 스티븐 볼과 교환하는 이메일 등을 통해 이루어집니다. 이런 글쓰

기는 푸코가 말한 '성찰적인 불순종reflective indocility' 활동으로, 예술 작품으로서 자아를 구성하고 자기 스스로 주체성을 형성함으로써 강요된 주체성, 당신이 누구인지에 관한 다른 사람의 이미지들로부터 자아를 해방시켜 주는 것입니다. 아주 간단하게, 이는 기술자로서의 자신을 구성하려는 시도들에 대한 저항입니다. 그리고 선험적인 목적에 따른 휴먼 테크놀로지들을 효율적으로 적용하는 대신에 가능한 다른 정체성과 그 의미를 탐색하는 직업을 가진 사람으로 자신을 보는 것입니다. 저항이라는 아이디어로 생각해 봅시다. (볼의 용어로) 저항은 "거절의 정치학, '우리를 재현하려는 범주와 규준' 모두를 거절하는 것, 지적인intelligible 자아의 포기, 우리가 될 수 있는 사람의 한계를 테스트하고 넘어서는 의지"(Ball, 2016: 13)의 훈련입니다. 그래서 거절과 대안 탐색 모두를 포함하게 됩니다. 우리는 이런 저항을 '교사에 대한 당신의 이미지는 무엇인가'라는 질문에 대한 응답으로 분명한 정치적 선택과 관련된 정치학적 실천으로 볼 수 있습니다.

    비판적 사고하기, 해체, 자기 배려 등과 같은 방법들을 적용함으로써 담론들 그리고 당연하게 여기는 강요된 주체성을 취하지 않고 그것들에 대해 의문을 품고 질문하기와 분석하기를 통해 진리의 레짐을 흔들 수 있으며, 사실이라고 주장하는 이야기들이 정말 허구임을 보여 줄 수 있습니다. 그리고 이런 저항을 통해 다른 이야기들을 탐색하고 생산하면서 우리 자신을 해방시킬 수 있고, 다르게 사유하면서, 밤은 낮 다음에 온다는 것처럼, 변화를 욕망하게 됩니다. 푸코는 비판적 사고하기를 다음과 같이 설명하면서 생생하게 사건들의 연속성을 제시합니다.

    비판적 사고란 생각을 밀어내고 … 그것을 바꾸려는 시도로 사람들이 믿는 것처럼 사태들이 자명하지 않음을 보여 주는 것이며, 자명한 것으로 수용했던 것을 더 이상 그렇게 수용하지 않는다는 것을 이해하는 것이다. 비판을 실천하는 것은 쉬운 행위를 어렵게 만드는 일이다. … **그것들을 더 이상 이전에 생각했던 것처럼 생각하지 않는 순간 변형은 매우 긴급하게, 매우 어렵게, 상당히 가능해진다**(Foucault, 1988a: 155; 강조는 추가).

이 글은 푸코가 쓴 글의 일부로, 직설적이고, 자신 있고, 희망적이기 때문에 제가 좋아합니다. 이런 방식으로 이해하면, 자유를 행사하는 것은 "권력에 의해 그렇게 많이 통치 받지 않는 기예"(Foucault, 1990: 29)로 당신은 이런 방식으로 자신에 대해 사유하고 말할 수 있어야 하며, 유아교육에 대한 당신의 의미를, 당신의 해석을, 당신의 이해를, 당신의 정체성을 탐구하고 구성해서 넣을 수 있어야 합니다. 그것은 '왜'뿐만 아니라 '만약 그렇다면' 그리고 '어떻게'를 묻는 것입니다. 그것은 대안적인 내러티브들과 수많은 관점과 토론을 개방하는 것입니다.

유아교육에서 푸코 실행하기: 두 가지 사례

유아교육 분야에서 푸코의 개념과 아이디어를 가지고 실천하는 두 가지 사례를 소개하며 이 장을 마무리하고자 합니다. 두 사례는 공통적으로 권력만들기와 권력의 효과를 가시화하고, 비판적 사고하기와 해체를 통해 주체를 면밀하게 조사하고, 동시에 새로운 가능성을 탐색하고 구성합니다.

사례 1: 어린이를 알아야 한다는 나의 권리 의심하기

첫 번째는 글렌다 맥노튼의 『유아교육연구에서 푸코 실행하기』에서 발췌한 사례로, 호주 출신 카일리 스미스Kylie Smith가 직접 설명한 것입니다. 그 당시 카일리 스미스는 멜버른에 있는 유아교육센터의 원장으로 글렌다와 함께 연구하고 있었습니다.

나를 위한 비판적 성찰은 나의 주체성을 조사하고 가시화하는 데 항상 경계하는 것이다. 내가 왜 그런 방식으로 말하고 행동하는지 그리고 나의 주변 사람들에게 어떤 영향을 주었는지를 스스로에게 물어봄으로써 나의 무의식을 의식으로 이동시킨다. 나는 지속적으로 내 자신에게 다음과 같은 질문을 한다. 내가 말하고 행동하는 것은 누구에게 가장 이득이 되는가? 나에 대한 비판적 성찰은 나를 순환하고 있는 정치적·사회적·역사적으로 구성된 담론들의 위치를 파악하고 인식하기 위한 시간을 갖는 것이다. 그것은 내가 다른 담론에 저항하거나 침묵하는 동안 나를 유혹하고 내가 매력적으로 느끼는 담론들을 인식하는 것이다. …

[미셸 푸코, 제니퍼 고어Jennifer Gore, 질 들뢰즈, 브로닌 데이비스Bronwyn Davies는] 나에게 지식 구성에 관한 정보를 그리고 그런 지식들이 어디에서 유래하고 왜 유래했는지에 대해 이해하게 해 주었다. 이를 통해 나는 지식에 대한 정치적·역사적·사회적 구성을 탐색했다. 내가 이론의 부분들을 읽고 반복해서 읽었던 매 순간들은 누구의 지식이 나의 연구에 정보를 제공했는지, 나의 연구를 이해하는 다양한 방식들이 부모·동료·어린이에게 어떤 효과를 주었는지에 대해 비판적인 성찰을 하게 해 주었다. 나아가 이런 이론들은 어린이와 부모들을 위한 나의 실천의 효과를 더 생각하도록 이끌었다. 내가 당연하다고 여긴 실천 속에서 나타나는 당연하다고 생각되는 진리들을 비판하기 위해 나의 실천의 효과들을 탐색하면서 이론들은 나를 정치적이게 했다.

나는 푸코가 유아교육기관에서 활용하는 관찰을 어떻게 규율적 도구장치로 생각했는지 읽기 시작하면서 나의 시선을 내 자신에게 두기 시작했다. … 내가 어떻게 어린이들에게 시선을 두는지, 그리고 부모나 다른 유아교육 전문가들이 시선을 어떻게 어린이들에게 두는지도 생각해 보았다. 관찰을 하면서 나는 부모나 다른 유아교육 전문가들이 해 준 말들과 나의 지식을 어린이를 알기 위해 사용하고 있음을 성찰했다. '관찰은 규율적인 장치'라는 푸코의 도전적인 개념을 활용하여 그 어린이를 알아야 한다는 나의 권리에 의문을 갖기 시작했다. 거기에는 나의 삶에서 가장 밀접한 사람들과도 공유하지 않았던 내 자신 안에서만 유지해 왔던 사유·질문·꿈·상상 등이 있었다. … 하지만 난 그 어린이의 모든 것을 알게 될 것이라고 기대하며 그 어린이에게 시선을 두고 있었다. … 나는 나의 주체성과 어린이·부모·동료들에 대한 효과들을 분명히 밝히기 위해 시선을 전환함으로써 나의 실천을 어떻게 다르게 볼 수 있는지를 고려하기 시작했다.

내가 이런 개념에 이끌려 비판적으로 성찰하기 시작한 정확한 순간을 찾아냈다. 그날 동료의 실행 연구 프로젝트를 위한 자료 수집에 대해 [동료와] 이야기하면서 실외놀이 영역 밖에 서 있었다. 나는 [푸코의 책]『감시와 처벌: 감옥의 탄생』을 읽기 시작했고, 푸코의 '진리의 레짐'이라는 개념에 빠져 있었다. 푸코가 말한 것처럼 진리와 권력이 우리가 실행하고 말하는 것들을 어떻게 제한하고 통치하는지를 탐색하기 위해 정상화, 감시, 규제, 범주 그리고 전체화 등의 개념을 내가 어떻게 사용하고 있는지를 사유하기 시작했고, 이런 개념들과 어린이들을 관찰하는 실천 사이의 연결을 깨닫기 시작했다. 교실에서 나타나는 이런 개념들과 이슈들에 대해 이야기하면서 … 만약에 '진리의 레짐'이 어린이를 관찰하는 안에서 순환하고 있다면, 그것이 부모들에게는 어떤 의미를 주는지에 대해서도 생각하게 되었다.

나는 다음과 같은 질문을 하면서 부모들에게 관찰이 어떤 의미인지 비판적으로 성찰하기 시작했다. '나는 어떻게 부모들의 지식과 실천을 정상화하고 규제하는가?' 이런 질문을 시작하면서 나와 부모들과의 관계에 그림자가 드리워지기 시작했다. 나는 나의 백인 중류 계층 세계관에 맞는 부모들과 협력적으로 일한다고 항상 생각해 왔다. 이런 프레임에 맞지 않는 부모들에게는 그들의 자녀·교사·서비스를 지원하기 위해 부모들이 해야 하는 것들을 알려 줌으로써 그들을 '힘든 부모' 또는 '이해할 수 없는 부모'라기보다는 '좋은 부모'로 인식될 수 있도록 했다. …

비판적인 성찰을 위해 [후기구조주의] 이론을 활용했을 때 그 효과는 크다. 부모 및 어린이와 나의 관계는 변화되었다. 나는 하나의 정답이 있다고 확신하지 않는다. … 현재 대화conversations는 사람들 사이의 대화dialogue에 관한 것이다. … [그것은] 질문, 아이디어, 딜레마, 욕망 등을 공유하는 것에 관한 것이다. 나는 더 이상 어린이나 부모 또는 나의 페다고지에 대한 진리를 갖고 있지 않다. 이런 불확실성의 효과는 매일매일 바뀐다. 어떤 날은 내가 좋은 선생님의 이미지에 순응하기보다는 가능성을 탐색하면서 불확실성에서 해방되기도 한다. 나는 내가 전혀 알지 못했던 생각, 관심, 신념, 체험 등에 대해서도 배우게 된다. … 나는 아이들 그리고 아이들의 행동에 대해 진술하고 평가하며 알아가기보다는 질문을 한다. … [그것은] 성찰과 행동을 위한 토대가된다. … 하지만 어떤 날에는 불확실성이 문제가 되고 초초해지기도 한다. 이런 날들은 일반적으로 내가 피곤함을 느끼는 날이다. … 이런 날이면 나는 비판적인 성찰을 위해 저널 쓰기 공간을 만들기도 한다[self-writing의 예]. 항상 다양한 진리들이 존재하지만 나의 핵심이 무엇인지에 대해 곰곰이 생각하면서 나의 사유에 초점을 맞춘다. 나의 핵심은 사람들이 안전하고 존중받는 방식으로 대우받아야 하며 사회적 정의는 내가 시작하는 플랫폼이다. …

나의 현재 위치에서 실행 연구와 결합된 비판적 성찰로 인해 깨닫게 된 나의 가르침의 불확실성, 변환, 변화, 예측할 수 없는 특성 등은 날이면 날마다 흥미진진하고 도전적임을 의미한다. 날마다 탐색하고 도전하고 토론할 수 있는 새로운 위험들과 가능성들이 있다. 그래서 매일 할 일이 있다.

(MacNaughton, 2005: 57-60)

사례 2: 새로운 비전의 재구성

두 번째 사례는『유아교육과 보육에서 질의 담론을 넘어서기』에서 발췌한 것으로 레지오 에밀리아와 푸코의 개념과 이론의 연구에서 영감을 받은 스톡홀름 프로젝트입니다. 이 프로젝트는 스웨덴의 가장 큰 도시 스톡홀름 지역의 7개 '유아학교'(1~6세 아동을 위한 유아교육기관의 스웨덴 이름)에서 4년 동안 이루어졌으며, 교사들(또는 페다고그)이 함께 연구에 참여하였습니다. 이 프로젝트는 "유아교육 분야의 지배적인 담론을 해체하기 위해 다른 담론을 재구성하기 위한"(Dahlberg et al., 2013: 135) 목적으로 실시되었습니다. 프로젝트 연구자였던 구닐라 달버그는 지배 담론을 문제화하기 그리고 해체하기에 대한 가치를 확인한 이 프로젝트가 가져온 변화를 성찰하기 전에, 스톡홀름 프로젝트 초기에 주제 또는 프로젝트 활동에서 교육학적 기록pedagogical documentation으로 어떻게 초점을 전환하기로 결정했는지를 설명합니다. 무엇보다도 이렇게 연구하는 방식은 교사들로 하여금 "페다고그로서 어린이와 그들 자신에 대한 새로운 구성을 위해 노력함으로써 그들의 실천을 발전시키며, 자신의 실천에 대해 더 많은 통제력을 갖게"(Dahlberg et al., 2013: 144) 되었다고 합니다.

우리가 작업을 하면 할수록 교육적 기록작업과 결합된 네트워킹은 변화를 보여 주는 분석과 자기 성찰의 과정을 열어 주는 중요한 도구였다. … [우리는] 기관에서 어떠한 일이 있었는지 기록한 교육적 기록을 네트워크로 가져와 주제를 중심으로 시작하기로 결정했다. 우리는 일상적인 교육적 실천에 초점을 두고 갈등하고 성찰하기를 원했다. 그러나 몇 번의 모임을 한 후 우리는 주제를 중심으로 하는 작업이 변화에 대한 우리의 아이디어와 거리가 멀다는 것을 알게 되었다. 우리가 언제나 쉽게 해 왔던 것을 기록하게 되고, 어린이의 배움과 페다고그의 배움을 우리가 어떻게 구성하고 있는지에 대해서는 문제의식을 갖지 않고 있었다. 또한 우리는 교육적 기록 자체가 매우 어려운 도구임을 깨달았고, 훈련과 새로운 기술이 필요하다는 것도 알게 되었다. 그래서 우리는 방향을 바꾸어서 각 교육기관이라는 작은 규모로 활동하고 관찰하고 기록하기로 결정했다. 우리는 '관찰에서 헤엄치게 되었다.'

이러한 방향 전환은 큰 결실을 맺었다. 다양한 매체를 이용해 어린이들이 세계를 어떻게 탐색하고 구성하는지 그리고 어린이들의 배움이 어떻게 일어나는지를 관찰하고 기록하면서, 이 프로젝트에 참여한 페다고그들은 자신의 교육적 활동을 비판적으로 설명하고 발전시켜 나갔다. 우리는 유아교육기관에서 어떻게 어린이가 (의미들을) 구성하고 있는지를 이해하기 위해 교육적 기록을 도구로 이용했다. 이 과정은 우리에게 다음의 질문에 답을 제공해 주었다. 우리는 어린이들을 보고 있는가? 우리가 '어린이를 본다'는 것은 어떤 의미인가? 이것은 교육적 실천에 대한 관계들을 해체하는 작업의 형식으로 볼 수 있었다. 구체적으로, 우리가 어린이에 대해 말하는 방식 이면에는 어린이에 대한 구성이 있으며, 우리의 실천에서 어린이가 관계 맺기를 하는 방식 뒤에는 어떤 유형의 구성들이 있는지를 분석하게 했다. 이런 구성들이 어떻게 환경을 배치하는 방식을 구성하는가? 전체 교육적 공간들이 어떻게 구성되었는가? 다른 의미구성들은 없는가? 이것이 '유능한' 어린이·교사·부모를 위한 교육적 공간인가?

교육적 기록에 집중한 결과 우리가 발견한 것은 실천에 대한 우리의 토론은 끝나지 않고 점점 복잡해진다는 것이었다. 왜냐하면 교육적 실천 그 자체는 현실적으로 변화하지 않은 채 그대로 남아 있었기 때문이다. 우리는 쉽게 새로운 언어를 배울 수 있다. … 우리는 네트워크에서 이야기하면서, 예를 들어 우리가 '아동 중심' 관점과 '어린이의 관점'을 취하는 페다고지에 관해 토론할 때 우리는 매우 추상적인 방식으로 항상 이야기할 때도 서로 동의하고 있었다. 그러나 그것이 어떤 의미가 있는가? 이것은 단지 표면적인 이야기일 뿐이었다. 새로운 단어와 개념이 자동적으로 실천을 변화시키지 않는다. 새로운 이해는 새로운 행위와 같은 의미가 아니다. …

교육적 기록은 이러한 일이 벌어지는 것을 피하게 해 준다. 만일 우리가 우리의 실천과 어린이들의 배움을 기록한다면, 우리는 성찰할 수 있는 구체적인 예시들을 실천에서 얻을 수 있다. 교육적 기록들은 개념적 도구와 실천 사이를 오고가면서 가능성을 열어 준다. 또한 해체 작업과 힘께 교육적 기록은 페다고그가 어린이와 자신들에 대한 새로운 구성으로 갈등하면서 그들의 실천을 발전시키게 하며, 이런 방식으로 그들 자신의 실천을 더욱 통제할 수 있게 한다.

페다고그가 어린이를 경청하고 그들의 교육적 관계를 변화시킬 때 어린이와 페다고그에 대한 새로운 의미가 구성된다. 예를 들어, 페다고그가 가졌던 이전의 구성과는 달리 어린이는 훨씬 더 오래 활동에 집중할 수 있으며 자기 중심적이지 않다는 것이다. 우리의 프로젝트에서 점점 더 많은 어린이들이 '내가 무엇을 할 수 있고 무엇을 아는지 보세요'라고 말하기 시작했고, 페다고그는 점점 더 어린이들의 잠재력—어린이들이 할 수 있어야 된다고 것을 보여 주는 분류 체계보다 실제로 할 수 있는 것과 하는 것—을 인식하기 시작했다. 페다고그 사이에서 놀라움이 나타났다. "나는 20년 동안 유아학교에서 일했는데, 어린이들이 아는 것에 대해 생각해 보지도 않았고 그만큼 할 수 있다고 생각해 보지도 않았다. 지금 내 앞에 다른 어린이가 있는 것 같다."

어린이에 대한 의미구성 변화가 어떻게 새로운 실천의 생성에 기여하는지 놀랍다. 말라구치는 언젠가 그런 변화에 대해 이렇게 말했다. "사실 이것은 매우 간단하다. 그런데 하지만 이것을 어렵다고 생각하도록 만드는 누군가가 있다." 지배적인 담론과 어린이에 대한 구성을 고민함으로써 우리는 많은 능력을 가진 '다른 어린이'를 위해 개방적이 될 수 있다. 이런 '다른 어린이'는 다른 아이들의 관점뿐만 아니라 다른 어른의 관점들도 가치 있게 경청하는 사유와 이론을 가진 어린이다.

이 프로젝트에서 어린이에 대한 의미구성은 어린이와 어떻게 교육적으로 연결할 것인가, 우리가 어떻게 환경을 고안하고 흐름을 구성할 것인가, 어떻게 부모들과 연결할 것인가 등 놀라운 결과를 가져온다는 것을 명백하게 보여 주었다. 만일 우리 앞에 문제를 가진 어린이 대신 풍요로운 어린이가 있다면 이는 모든 것에 영향을 미칠 것이다. 언어 자체가 생산적이 되는 것이다. 레지오의 페다고그들은 다음과 같이 말한다. "만일 우리 앞에 풍요로운 어린이가 있다면 우리 역시 풍요로운 페다고그들이 될 것이며 풍요로운 부모가 될 것이다." 우리는 우리 자신의 배움 과정을 통제할 수 있고 세계를 해석할 수 있는 권리가 있을 뿐만 아니라 다른 사람들과 이 해석을 협의할 수 있다. …

유아교육기관과 교육적 실천들은 우리 사회의 지배 담론들에 의해 구성되고 주어진 사회에 퍼져 있는 사유·개념화·윤리 등으로 구현된다. 따라서 교육적 실천이 변화되기 위해서는 이런 담론들을 문제화하고 해체하기 시작해야 하며, 담론들이 교육적 실천에서 일어나는 일과 어떻게 연결되는지 이해하고 보여 줄 필요가 있다. 레지오 에밀리아는 우리가 이를 실행하도록 도와주며, 그렇게 함으로써 새로운 비전의 재구성을 위한 공간을 창출하고, 어린이·페다고그·유아교육기관에 대한 대안적인 이해를 제공한다. …

이러한 해체의 과정을 통해 [스웨덴에서] 어린이와 페다고그의 정체성이 어떻게 구성되었는지를 이해할 수 있다. … 우리는 이런 의미구성들이 우리의 교육적 기관들에서, 어린이들과의 관계에서, 다른 페다고그들의 관계에서, 그리고 환경을 고안하는, 즉 환경에 대한 전체적인 연출을 하는 방식에서 어떻게 생산되는지 분석해 오고 있다.

이 작업은 이런 지배적인 담론적 제국들 그리고 이런 담론적 제국들이 생산해 내는 실천들이 어떻게 권력과 묶이게 되는지를 분명히 보여 준다. 시작부터 바로 우리는 이 분야에서 사유하고 이해하는 다른 방식들에 대한 모든 관용(내성)을 얻어 내기가 매우 어렵다는 것을 알게 되었다. 우리는 이를 푸코의 개념들과 관련지어 이해하게 되었다. … 우리는 종종 우리가 지배적인 담론 그리고 지배적인 담론이 생산한 의미구성을 체현하고 있다는 것을 인식하지 못했다(이상을 진리로 높이 받들고 있었다). 또는 우리는 행위와 연관된 권력에 대한 의식하지 못했다. 그리고 우리는 하나의 방식이나 또는 여러 방식으로 항상 권력의 실행에 항상 참여하고 있다. 예를 들어, 우리가 어린이에게 많은 자유 놀이, 창조적 놀이를 허용할 것인지 아니면 다양한 몬테소리 교구들을 스스로 선택하도록 허용할 것인지 또는 점토를 가지고 활동하도록 허용할 것인지 그리고 어린이들의 활동을 관찰하고 기록할 것인지 등 권력의 행위에 참여하고 있다. 범주들 그리고 개념의 기능들 역시 푸코의 관점에서 보면 권력이 실행되는 경우이다. 레지오는 우리가 지배적인 담론으로 어린이와 페다고그를 어떻게 새기고 있는지뿐만 아니라 그런 각인을 통해 우리 자신을 어떻게 통치하고 있는지를 이해할 수 있도록 도와준다.

　의미구성은 항상 권력을 구현하며, 우리가 형성한 어린이에 대한 의미구성 그리고 페다고그 실천들은 이런 구성들을 기반으로 생산되는 것임을 우리가 알고 있다는 것을 강조하는 것은 중요하다. 이는 우리가 주변에서 얻을 수 없는 것이다. 우리는 권력으로부터 자유로운 척할 수 없고 권력 관계 밖에 서 있을 수 없다. 우리는 항상 지식/권력 결합 내에 존재한다. 푸코는 "모든 것은 위험하다"고 말했다. 그 뜻은 우리의 의미구성은 항상 임의적이며 결코 중립적이거나 순수하지 않다는 의미다. 그것들은 항상 사회적 결과들을 담고 있다. …

　많은 사람은 권력·문제화·의미구성(해체)라는 이런 이야기를 비관적이고 어디에도 이끌리지 않는다고 생각할지도 모른다. 그러나 이 프로젝트에서의 경험과 레지오 에밀리아에서 받은 영감을 함께 생각해 볼 때, 우리는 낙관적이고 매우 생산적이 되어서 이전 모습과 꽤 반대의 모습으로 변해 있음을 발견할 수 있다. 우리가 수행한 관점을 채택하는 것은 위험을 수반하며 변화를 전혀 일으킬 수 없다는 것은 사실이다. 그러나 또한 역동적인 변화를 위한 가능성과 잠재력을 포함하고 있다. 만일 우리가 권력에 복종한다면 우리는 권력을 갖게 될 것이다. 한편으로 관습과 사회적 표상들은 권력을 구현하며 항상 권력을 포함하고 있을 것이며, 또 다른 한편으로 우리는 항상 변화에 열려 있는 임의적인 의미구성을 하게 될 것이다. 이것이 학교나 유아교육기관과 같은 기관에서 구현되고 있는 전통을 문제 삼고 가면을 벗겨 내야 하는 중요한 이유다. 이렇게 함으로써 변화와 희망에 대한 새로운 가능성과 새로운 공간이 개방될 수 있다. 여기서 개념과 관점들은 대안적인 이해들과 실천들을 구성하기 위한 도구가 된다.

지배 담론들과 의미구성을 문제화하고 해체함으로써 우리는 … 그것들에 의해 구성된 실천들의 근거가 되는 가치들을 차단할 수 있다. 우리는 언어와 실천을 재구성함으로써 또 다른 담론을 우리 자신에게 다시 새겨 넣으면서 다른 방식으로 실천의 틀을 짤 수 있다. 이 프로젝트에서 이런 방법들을 사용함으로써 우리는 지식과 문화의 공동 구성자로서 어린이뿐만 아니라 페다고그와 유아교육기관에 대한 재해석과 재의미구성을 위한 새로운 공간을 열어 둘 수 있게 되었다. 그런 새로운 공간에서 우리는 또 다른 관점으로 유아교육 페다고지를 이해할 수 있었으며, 이전의 지배적인 담론적 레짐에서 분명하지 않았던 대안적인 실천 또는 대응 담론을 공식화할 수 있다.

우리가 이 프로젝트에서 제시한 핵심적인 질문은 다음과 같다. 어린이·지식·배움·배움에 필요한 조건들에 대한 또 다른 의미구성은 어떻게 이루어질 수 있는가? 어린이에 대한 이론·가설·꿈·상상력, 그리고 공동의 의미 구성으로서의 지식과 배움에 대한 관점에서 출발한다면 유아교육 페다고지는 어떻게 재구성할 수 있는가? 불확실성, 다양성, 비선형선, 복합적인 관점, 시간적이고 공간적 특수성 등을 인지하고 지속적이고 선형적인 진보·확실성·보편성에 대한 전망을 부여잡고 있는 모더니티의 프로젝트의 경계를 어떻게 교차시킬 것인가? [우리는] 불확실성, 다양한 관점과 관계들을 피하지 않고, 그것들의 가능성과 제한점, 그것들을 점점 더 다양하게 그리고 점점 더 자기 성찰적으로 실천을 구성하거나 또는 실천에서 작동시켜 보면서 이런 질문들에 대한 잠정적인 대답을 생성하기 시작해야 한다. …

초반부터 레지오는 '유능한' 어린이에 대한 의미구성 그리고 유아교육기관에서의 교육적 활동에 대한 의미구성의 권위와 실천적 의미를 제공해 주었다. 사회적 구성주의 관점은 어린이와 페다고그들에게 그들의 지식, 그들의 환경, 그들 자신들을 공동 의미구성자로서 보고 있음을 시사한다. 배움을 개별적인(개인적인) 인지적 행위, 어린이의 머리에서 무언가가 일어나는 것으로 보지 않고, 협력적이고 의사소통적인 행위로 보아야 한다. …

  레지오는 우리의 사유에 위기를 창출하도록 도왔고, 지배적인 담론들과 실천들을 넘어서게 했다. 비판적인 탐구를 통해 그리고 성찰적인 실천을 통해 지배 담론이 우리의 사유하기와 실천에 어떻게 새겨져 있는지 이해할 수 있었다. 이는 새로운 공간을 열어 주었고, 다른 가능성—대안 담론 또는 대응—과 담론을 이해하게 했다. 레지오와 관계를 맺고 연구하는 것은 비판적이고 생산적인 질문을 발견하게 했다. 어린이·지식·배움이 어떻게 스웨덴의 맥락에서 구성되고 있는가? 유아교육기관에서 해방적인 실천을 위해 개방적이면서, 어린이 그리고 페다고그로서 우리 자신을 구성하는 다른 방식들이 있는가? 어떤 도구와 실천이 지배적이고 대응적인 담론 그리고 다양한 페다고지 실천을 해체하고 재구성하도록 돕는가?

(Dahlberg et al., 2013: 41-145. 재정리)

질문들

제1장의 마지막에 제가 제시했던 질문들을 포함하여 이 장을 읽은 후 떠오르는 생각과 질문들을 공유하고 토론하는 것을 잊지 마십시오. 다음은 제가 여러분에게 드리는 몇 가지 질문입니다.

- 다른 사람과의 관계에서 어떻게 다른 사람의 행동을 지시하려고 했는지 생각해 보세요. SNS가 여기서 역할을 했나요?

- 여러분이 일하는 유아교육 분야에서 어린이, 부모 또는 종사자들에게 적용되는 규율적 기법들(186~188쪽에 개괄되어 있음)의 예시들을 제공할 수 있습니까? 예시들 중 최소한 한 가지 예시에는 물리적 환경의 조직을 포함시켜 보세요.

- 여러분은 어린이에 대해 알 권리를 갖고 있을까요? 만일 그렇다면 그 지식은 어디까지 시도될 수 있을까요?

- '거절의 정치학'은 여러분에게 매력적인가요? 그것이 개인적인 경험과 현재의 상황을 말해 주지 않나요?

- 어떻게 '자기 배려'를 실천할 수 있을까요? 그렇게 해 본 적이 있나요? 그렇게 할 때 어떤 일이 벌어졌나요?

- 앞의 두 가지 사례 발췌문 중 하나를 선택해서 그것을 다시 읽어 보세요. 이해하기 어렵거나 특별히 흥미롭거나 도발적이었던 부분을 선택해 보세요. 이해하기 어렵거나 흥미롭거나 도발적인 부분은 어떤 것인가요?

제6장

질 들뢰즈

사유와 운동 그리고 (더 많은) 실험

질 들뢰즈Gilles Deleuze(1925~1995)는 철학, 문학, 영화, 순수미술 등에 관해 저술한 프랑스의 철학자입니다. 들뢰즈와 푸코는 1960년대 친구가 된 이래로 지속적이고도 복잡한 관계를 맺으며 오랫동안 서로에게 중요한 영향을 주고받았습니다. 푸코는 20세기는 '들뢰즈의 시대'가 될 것이라고 얼마간은 농담처럼 유명한 말을 남겼습니다. 그에 비해, 들뢰즈는 푸코와 그의 저술에 관해 짧게 책을 써서 푸코가 세상을 떠난 후 발표했습니다. 들뢰즈는 프랑스의 철학자이자 정신과 의사였던 펠릭스 가타리Félix Guattari(1930~1992)와 가깝게 지내며 주요 저서들을 공동으로 집필했습니다.

푸코와 마찬가지로 유아교육에 관한 책에서 왜 들뢰즈가 등장하는지 궁금하지요? 유아교육 분야에서 일어나는 저항 운동(저는 이렇게 부릅니다)에서 들뢰즈의 개념이나 아이디어에 관심을 기울이고 그가 보여 주는 새로운 관점에서 대안적 내러티브의 영감을 찾고자 하는 사람들이 늘고 있다는 것이 이에 대한 답입니다. '푸코 실행하기'처럼 '들뢰즈 실행하기'가 유아교육에서 일어나고 있는 것이지요. 푸코와 마찬가지로 들뢰즈는 사유 방식에 대해 그리고 다른 무언가를 생성하는 다양하고도 잠재적인 것을 인식하는 방식에 관해 몰두했습니다. 두 사람은 모두 지속적이고 독창적인 창조의 원리를 연구했습니다. 푸코와 같이 들뢰즈 또한 권력에 대해 관심이 있었지만, 그가 생각하는 권력은 진화하는 것이며 지금 이 순간에도 새롭고 보다 효과적인 방식으로 움직이는 것입니다. 들뢰즈는 사유와 지식에 관한 새로운 개념들과 그것을 그려 내는 새로운 방식에 그리고 그러한 개념들이 어떻게 만들어질 수 있는지와 이러한 창조적 경험이 우리에게 어떤 영향을 주는지에 대해 새로운 아이디어를 제공합니다. 이러한 점에서 유아교육에서 들뢰즈는 아마도 가장 중요한 인물일 수 있습니다.

때때로 푸코는 우리가 직면하고 있는 권력의 힘, 규율과 통치를 두렵게 느끼도록 만듭니다. 이와는 달리 들뢰즈는 '미지의 세계에 다가갈 수 있다'는 기대로 흥분과 즐거움을 불러일으킵니다. 이 이야기는 리셀로트 마리에트 올슨Liselott Mariett Olsson의 『들뢰즈와 가타리를 통해 유아교육 읽기: 운동과 실험Movement and Experimentation in Young Children's Learning: Deleuze and Guattari in Early Childhood Education』(2009)*에 나옵니다. 이 책은 들뢰즈(그리고 가타리)와 관련 있는 시리즈 중 하나입니다. 우리는 올슨에게서 스웨덴 유아학교에서 실행한 연구(후반부에 소개하겠습니다)에 관해 많은 것을 들을 수 있습니다. 유아교육과 들뢰즈를 연결시킨 그녀의 연구를 보면 소름이 돋는답니다.

---

* 2017년 살림터에서 출간된 번역본의 제목을 따라 표기―옮긴이 주

다르게 그리고 새롭게 사고하기

들뢰즈가 통찰한 바에 따르면, 일반적으로 우리는 실제 전혀 생각하지 않으며, 그 대신 오랫동안 주변에 머물러 있던 잡다한 것을 머릿속에 집어넣을 뿐입니다. 교육철학자 헤르트 비에스타Gerd Biesta와 교육전문가 데버라 오스버그Deborah Osberg는 교육에 작동하는 수동적 과정, 즉 진짜라고 여겨지는 것과 기존 아이디어를 알고 있는 성인이 이것을 알아야 하는 어린이 (성인일 수도)에게 전달하는 그런 수동적인 과정에 대해 말합니다. 그들은 이러한 과정을 재생산reproduction이라고 보았습니다. 들뢰즈는 이것을 '관습적 사유orthodox thought'라고 말했습니다. 비에스타와 오스버그는 교육을 매우 다르게 '창발자emergentist'라고 주장합니다. "이전에는 없었던, 더 중요하게는 이전에는 상상할 수 없었던 새로운 것이나 새로운 특성이 출현 또는 창조"(Osberg & Biesta, 2007:33)된다는 점에서 이 용어를 사용한 것이지요. 창발은 창의성, 혁신적인 것, 세계를 다르게 생각하는 것이라고 이해하면 됩니다.

들뢰즈가 말한 사유thought라는 개념이 바로 그것입니다. "그는 문제가 원칙과 본질에 이미 존재하는 생각을 지시하거나 체계적으로 적용하는 것이 아니라 아직 존재하지 않는 존재를 가져오는 것"(Marks, 1998: 84)으로 보았습니다. 사유에 대한 그의 관점은 지식과 학습에 대한 관점과 밀접히 연결되어 있습니다. 후기구조주의자들과 마찬가지로 들뢰즈는 지식은 진리와 세계를 객관적으로 표상하는 것이라고 생각에 이의를 제기했습니다. 즉 이미 알려져 있고 규정되어 있는 것을 교사로부터 배우는 과정을 통해 전승되는 단순한 과정이라는 생각에 반대했습니다. "학습은 예측하고 계획하고 미리 정해져 있는 기준에 따라 감독 또는 평가하는 것이 불가능하며"(Olsson, 2009: 117), 예상치 못한 놀라운 곳으로 이끌어 주는 사회적 구성의 과정을 통해 이루어집니다. 지식과 학습은 새롭고 창조적인 사유의 산물인 것입니다.

이러한 새롭고 창조적인 사유는 어떻게 생기는 걸까요? 세계에 있는 무언가가 우리로 하여금 생각하게 하며, 그 결과 들뢰즈에 의하면 차이difference와 마주치며 무언가가 발생합니다. 요약하면, 사유는 미지의 것 또는 낯선 것과의 관계 또는 마주침의 산물입니다. 따라서 사유는 항상 실제로 관계 속에 있습니다. 하지만 여기서 어떤 관계를 말하는 것이지, 어떤 종류의 마주침인지에 대해 의문이 생깁니다. 앞서 레비나스의 '만남의 윤리'에 관한 논의한 것을 떠올려 볼까요? 우리는 만남을 통해 타자를 이해하고, 타자를 동일자로 만들려고 노력하고, 익숙한 타자의 무언가를 재인식하기 위해 기존의 이해나 분류에 적용하는데, 그 궁극적 목적은 '관습적 사유'에 있습니다. 그러나 우리가 타자의 타자성에 열려 있다면, 우리 스스로가 차이를 경이롭게 여기고 차이에서 자극받을 수 있다면, 우리는 다르게 그리고 새롭게 생각할 수 있게 되고 새로운 곳으로 나아가는 자신을 깨닫게 될 것입니다. 마그 셀러스Marg Sellers가 『어린이의 교육과정 되기: 들뢰즈, 테 파리키와 교육과정에 대한 이해Young Children Becoming Curriculum: Deleuze, Te Whāriki and Curricular Understandings』에 쓴 것처럼, 이러한 운동에는 아무런 경계가 없습니다. 들뢰즈의 철학에 영향을 받아 셀러스는 이렇게 썼습니다.

> 최소한 "작업에 상상력을 넣으려고"(Gough, 2006: xiv) 사유하려 할 때 경계란
> 없다. 왜냐하면 사유는 익숙한 것으로부터 벗어나 자유롭게 돌아다닐 수 있
> 기 때문으로, 차이의 영토와 사고의 통로를 계속해서 확장시키며 발생의 장을
> 열어 준다(Sellers, 2013: 16).

엄청나게 많은 것들! 너무도 새롭고 한계가 없이 생각하는 결과는 신체
와 감정에 영향을 줍니다. 이에 대해 올슨은 다음과 같이 말했습니다.

> [차이와] 마주친다는 것은 특히 폭력적이다. 생각을 혼란 속으로 밀어 넣는다
> 는 점에서 그렇다. 정말로 사유한다는 것, 그것은 땅에 부딪쳐야만 추락하고
> 있음을 알고 있는 것과 같다. 왜냐하면 아무것도 존재하지 않기 때문이다. 일
> 종의 참조 틀을 잃어버린 현기증에 관한 것이다. 그러나 우리가 전혀 알지 못
> 한 세계에 다가갈 수 있도록 해 주기 때문에 동시에 매우 즐겁고 긍정적인 일
> 이기도 하다(Olsson, 2009: 26).

올슨은 『들뢰즈와 가타리를 통해 유아교육 읽기: 운동과 실험』에
서 들뢰즈의 중요성을 드러냈습니다. 즉 사유함으로써 안정적이고 고정적
인 위치에서 벗어나 '우리가 모르는 세계'뿐만 아니라 창안invention과 실험
experimentation으로 움직여 갈 수 있다고 말하고 있습니다. 들뢰즈에게 '사유
는 곧 실험'입니다. 이러한 아이디어를 올슨은 다음과 같이 발전시켰습니다.

[관계와 마주침을 통해 언제나 끊임없이 만들어지는] 이러한 방식으로 사유 또한 실험이라는 특성을 지닌다. 그러나 실험이라는 아이디어에는 무언가가 있다. 예상되는 결과뿐만 아니라 모든 변수를 기계적으로 통제하는 식의 실험과는 완전히 다르다(Deleuze, 1994). 여기에서 말하는 실험은 미지의 것, 새로운 것 그리고 진실을 인식하거나 재현하는 것 이상을 필요로 하는 그 무언가에 관한 것이다. 실험으로서의 사유는 새로운 것, 흥미로운 것, 그리고 놀랄 만한 것에 관한 것이다(Olsson, 2009).

이러한 아이디어는 매우 도전적인 논쟁거리가 되어 있습니다. 오늘날 유아교육을 지배하는 담론 때문에 그렇습니다. 앞서 언급했던 질과 고수익의 논리로 인해 미리 정해 둔 표준에 따라 수행을 예측하고 감독하고 평가함으로써 어린이를 지배하고 길들이려는 그러한 담론 말입니다. 그것은 관습적 사유를 전승하는 것에 관한 것이자 '예상 결과뿐만 아니라 모든 변수를 기계적으로 통제하는' 것에 관한 것입니다.

들뢰즈를 연구하다 보면 오래전으로 거슬러 올라가게 됩니다. 들뢰즈는 '신체가 할 수 있는 것을 미리 알 수 없는'(오늘날 다시금 주목받고 있는 바뤼흐 스피노자의 표현) 그러한 잠재성potentiality의 교육으로 우리를 이끌어 줍니다. 잠재성의 교육은 예측할 수 없는 미지의 교육, 새로운 존재 방식을 생산해 내는 힘을 가진 새로운 사유의 교육, 놀라움과 경이로움이 중요한 가치인 그런 교육입니다. 어린이가 배우고 알고 또 생성해 갈 수 있다는 것을 우리가 모르고 있다는 점을 들어 힐레비 렌스 타구치Hillevi Lenz Taguchi는 『들뢰즈와 내부작용 유아교육: 이론과 실제 구분 넘어서기Going beyond the Theory/Practice Divide in Early Childhood Education』*에서 다음과 같이 결론 내렸습니다. "이러한 미지의 잠재성과 변화가 교육 이론과 실제 탐구의 가장 중요한 주제가 될 것이다"(Lenz Taguchi, 2009: 16).

---

* 2018년 창지사에서 출간된 번역본의 제목을 따라 표기—옮긴이 주

새로운 개념과 새로운 언어

들뢰즈가 중요하게 여겨 사용한 개념과 언어를 살펴봄으로써 우리는 그의 철학에 한걸음 더 다가갈 수 있습니다. 그러한 개념과 언어는 우리를 사유의 새로운 방식으로 이끌어 줍니다. 유아교육에서 이러한 개념들이 어떻게 작동하고 있는지 그 예를 올슨의 책에서 발췌하여 이 장의 마지막 부분에서 소개하겠습니다.

탈주선lines of flight이란 개념부터 살펴보겠습니다. 내게 탈주선이란 개념은 생생하게 와 닿습니다. 차이와 마주친 후 발사된 새로운 사유를 떠올리게 됩니다. 또 완전히 새로운 빛 속에서 무언가 갑자기 보게 되어 흥분과 에너지의 크나큰 파동을 느끼게 되는 그런 미지의 순간으로 이끄는 사유를 떠올리게 됩니다. 우리는 탈주선의 개념을 뇌파, 전구가 켜지는 순간, 영감이 떠오르는 순간, 번개 치는 순간으로 묘사해 왔습니다. 저는 에너지와 강렬한 빛이 예고 없이 갑자기 폭발하는 점화lightening의 이미지 또는 관습적인 사유의 한계로부터 벗어나 비상하는 이미지를 떠올립니다. 탈주선은 들뢰즈가 말한 견고한 선rigid lines, 즉 기존 사유의 선을 충실히 따르는 관습적 사유와는 매우 다릅니다. 마치 어린이의 발달을 미리 정해진 것으로 보는 이론처럼 관습적인 사유는 "내용과 방법을 사전에 조직하고 계획"(Olsson, 2009: 71)하게끔 합니다. 이를 두고 말라구치는 '예언적 페다고지prophetic pedagogy'이라고 표현했습니다. 견고한 선과는 매우 다른 유연한 선supple lines은 개별 어린이나 성인에게 보다 많은 선택권을 갖게 해 줍니다. 하지만 이 또한 일련의 목표 지점, 즉 미리 정해진 고정적인 목표에 따라 시간·공간· 가구를 배치하는 범위 내에서의 선택일 뿐입니다. 견고한 선이든 유연한 선 이든 둘 다 기존의 고정적인 목표 지점이 있습니다. 반면, 탈주선은 "다른 선들(견고한 선들과 유연한 선들) 사이를 왔다갔다 균열을 내면서 어디로든 갈 수 있도록 해 준다. 들뢰즈와 가타리의 관점에서 보면 이러한 [탈주]선들만이 새 로운 무언가를 창조"(Olsson, 2009: 58)할 수 있습니다.

탈주선을 타면서 우리는 고정된 지점에 놓여 있는 것, 즉 미리 규정해 놓은 문제나 해결책으로부터 자유로워집니다. 그리고 사유의 새로운 선과 다른 새로운 무언가가 되어 가는 운동을 시작할 수 있습니다. 탈주선은 변 형을 가능하게 합니다. 이것은 하나의 고정적인 위치에서 다른 곳으로 횡단 하는 동안 일어나는 짧은 운동이 아니라 "운동의 지속적 상태가 막 열리는 것이며, … [이것은] 흐름의 상태이자 발생 과정의 세계"(Moss, 2013: 9)입니다. 브 로닌 데이비스는 이러한 주제를 발전시켜 『어린이에게 귀 기울이기: '이기'와 '되기'Listening to Children: Being and Becoming』에서 탈주선을 "미지의 것으로 향 하는 변형적 이동이며 … 예전의 것으로 가는 것뿐만 아니라 발명하는 것 까지 모두 포함한다"(Davies, 2014: 41, 55)고 썼습니다. 올슨은 자신의 책에 다음 과 같이 말했습니다.

새롭게 사고하고 말하고 행동하는 방식처럼 보이던 것이 때때로 과거와 동일한 논리의 새로운 버전으로 밝혀지기도 한다. 때로는 전혀 제대로 기능하지 못하는 것으로 판명되기도 한다. 그럼에도 가끔 새롭고 색다른 것이 일어날 수 있는 순간들이 있다. 그 순간 모든 참여자는 교사와 아이들 사이에서, 실천의 내용과 형식 사이에서 흥미로운 접속과 특징을 창조해 내고 활동하는 능력이 증진된다. 이때가 탈주선의 순간들이다. 들뢰즈와 가타리에게 탈주선은 새로운 곳을 향해 가면서 지그재그로 균열을 만들어 낸다. … 무언가 새롭고 다른 것이 발생할 때, 실천 속에서 탈주선이 만들어지고 활성화될 때, 그것은 결코 특정 개인에 의해 이성적으로 계획되고 실행되는 변화로서 일어나는 것이 아니다. 완전히 새롭고 다른 무언가가 발생하는 것처럼 보이는 마법의 순간들이 종종 있다. 이 순간들은 엄청난 강도에 의해서만 알아차릴 수 있으며, 매우 자주 참여한 사람들을 소름 돋게 한다(Olsson, 2009: 62-23).

탈주선을 경험하는 순간을 올슨의 책에 있는 예를 발췌하여 이 장의 마지막 부분에서 소개하겠습니다.

그러한 스릴과 경험의 몸성physicality에 주목해 보세요. 탈주선은 '참여자들을 소름 돋게' 하면서 알아차리게 되는 그러한 '마법의 순간'에 나타납니다. 이것은 감응affect의 '엄청난 강도'를 표현한 것으로 감정의 범주(행복, 슬픔, 흥분 등)로는 묘사할 수 없는 생명력과 생동하는 느낌을 가장 잘 표현해 줍니다. 이러한 느낌은 인식·인지·언어에 앞섭니다. 일어나고 있는 것을 분석하거나 측정하거나 말하려고 하는 것은 지금 일어나고 있는 일을 방해할 수 있다는 점에서 위험하기도 합니다.

탈주선의 타이밍도 주목해 보세요. 탈주선은 항상 일어나는 것도 아니며 정해진 시간에 일어나는 것도 아닙니다. 탈주선은 '합리적으로 계획되거나' 또는 '예측되는' 것이 아닙니다. 탈주선은 '때때로' 마법처럼 일어납니다. '완전히 새롭고 다른 무언가가 오는' 바로 그 순간은 사건event입니다. 들뢰즈는 이 순간을 탈주선과 마찬가지로, 강도와 힘이 함께 묶여 와서 운동과 생성을 향해 그리고 감응과 잠재되어 있는 것을 향해 열리는 순간이라고 보았습니다. 사건은 푸코에게도 중요한 개념입니다. 푸코는 우리가 일반적인 것과 추상적인 것에 점령당해 왔고, 미리 정해 놓은 목표를 달성하고 처방적인 프로그램에 따르고 범주화된 시스템에 적응하도록 강제되어 왔다고 생각했습니다. 이런 식으로 지내면서 우리는 '소름 돋는' '엄청난 강도'의 '마법의 순간'을 무시해 왔다는 것입니다. 여기에 있는 잠재성, 바로 이 순간의 잠재성, 예기치 못한 차이와 마주칠 때의 잠재성, 새로운 무언가의 발생이 지닌 잠재성을 무시해 온 것입니다. 그러한 사건들이 물질화되거나 또는 '사건화'되면 불현듯 집단과 환경에 강렬한 생명력이 솟아납니다. 그리하여 그 순간들이 지니고 있는 가능성과 새로운 사유, 지식 그리고 드러난 가능성을 열어 주는 탈주선이 만들어집니다. 가타리(1995)는 창의적 사유의 가능성을 유지시켜 주므로 사건에 대해 반응하는 것이 중요하다고 강조합니다. 그는 사건에 대한 반응 없이는 오늘날 직면하고 있는 거대한 환경적·사회적·정신적 문제의 그 어느 것도 해결할 수 없다고 주장합니다.

유아교육자들이 강렬하고 예측할 수 없는 경험들에 열려 있으며, 그것을 기쁘게 받아들이는지 아니면 미리 정해 놓은 성과와 추상적인 기준에 몰두해 지금 여기에서 일어나는 특별한 순간들을 놓치고 있는지가 관건입니다. 구닐라 달버그는 이렇게 지적했습니다.

[만약] 우리가 지금 이 순간, 즉 바로 즉시의 현재라고 부르는 순간에 주목하지

않는다면, 말로 쉽게 표현하기 어렵다는 이유로 우리는 생명력의 역동적 형태를 놓치게 될 것이다. 말로 옮겨 놓는 순간, 강도·감응과 활력을 불러일으키는 그 힘의 대부분을 잃게 된다. 그리고 우리는 "사유가 발생하는 느낌"(Stern, 2010: 10)과 사회적 상호 작용과 학습의 기초를 만드는 그 힘을 놓치게 된다.

따라서 교육자들의 과제는 '조응attuned하는 것'입니다. 그것은 공유 능력, 어쩌면 어린이들의 감응·강도와 활력을 동일한 파장 위에 놓을 수 있는, 말하자면 어린이들이 일련의 미리 정해 둔 목표 행동에 도달하는지 감독하는 외부 관찰자가 되는 것이 아닌, 그것을 사건의 일부로 보는 능력을 말합니다.

순간의 사건에 대한 예를 들어 보겠습니다. 스웨덴 유아학교에서 있었던 일로, 점토로 외래종 벌레를 '그리는' 장면을 잉겔라 엘프스트룀Ingela Elfström과 카린 푸네스Karin Furnes가 묘사한 것입니다(Elfström and Furnes, 2010). 아이들의 아이디어와 이미지로 형태를 만들어 내는 작업에 아이들이 진지하게 집중하고 있을 때 아이들은 놀이하며 그때 만들었던 점토 총으로 서로 쏘아대기 시작했습니다. 그러다가 갑자기 멈추더니 "하지만 우린 친구야"라고 말하고는 책상 위에 벌레들을 연결했습니다. 그리고 '단어 기차string of words'라고 이름 붙이고는 벌레들이 서로 이야기하고 위험을 경고하며 아플 땐 도움을 요청하는 방식이라고 말했습니다. 엘프스트룀과 푸네스는, 다른 사람들이 외부에서 이 사건을 보면서 이전에는 이와 같은 일을 전혀 본 적이 없다고 말하는 것을, 몇몇은 온몸에 소름이 돋았다고 말하는 것을 들었습니다.

마주침과 관계는 사유와 관련된 들뢰즈의 사상에서 매우 중요하며, 이것은 그의 배치assemblages라는 개념으로 이어집니다. 새로운 사유가 차이와의 만남을 통해 만들어진다는 아이디어를 A가 B와 만나면 C가 된다는 식의 단순한 인과관계로 이해해서는 안 됩니다. 오히려 마주침은 다수적이고 복잡한 몸들 또는 실체들 내에서 그리고 그 사이에서 발생합니다. 또 생물과 무생물, 다양한 힘과 아이디어, 다양한 관점과 담론의 다수성 내에서 그리고 그 사이에서도 발생합니다. 이러한 다수성이 배치를 만들어 냅니다. 들뢰즈는 배치에 대해 이렇게 말합니다.

> 다수성multiplicity은 수많은 이종의 조건 위에 만들어지며 그러한 조건들은 연령·성·지배권 같은 다양한 속성을 가로지르는 동맹의 관계를 만들어 낸다. 따라서 배치의 유일한 통합은 공기능화co-functioning다. 그것은 공생이며 '공감'이다. 그것은 [하나에서 다른 하나로 이어지는 관계인] 계승이 아니라 동맹과 합치라는 점에서 중요하다. 상속이나 혈통이 아니라 감염이자 유행이며 바람wind인 것이다(Deleuze and Parnet, 1987: 69).

주체가 차이와 새로운 생각과 마주칠 때 이러한 마주침들은 탈주선을 만들어 냅니다. 그러한 마주침은 배치들 내에서 발생하거나 또는 이종적인 실체들의 묶음들, 유동적이고 일시적인 것의 조합들, 복잡하고 예측할 수 없는 접속과 마주침들의 발생하는 풍부한 장milieu 내에서 발생하는 것 같습니다. 앞서 말했듯이, 교사가 담당해야 할 중요한 과제는 '풍부한 기회와 환경을 만드는 것'입니다. 그리고 이러한 작업은 새로운 사유가 발생하기 위한 풍부한 잠재성을 지닌 배치를 만드는 데 도움을 줄 수 있도록 재구성되어야 합니다.

배치에는 욕망desires 또한 내포되어 있습니다. 욕망은 창조·발명·가능성을 만드는 데 중요한 힘입니다. 하지만 욕망을 어떻게 정의하는가에 따라 달라지기도 합니다. 들뢰즈는 욕망을 종종 결핍이나 욕구, 상실한 무언가를 표현하는 것처럼 여기는 것에 대해 지적했습니다. 정신분석학에서는 욕망을 무언가 결핍되어 있기 때문에 생기는 것이라고 봅니다. 발달 단계라는 도식으로써 어린이의 위치를 정하는 것과 마찬가지입니다. 발달 단계라는 도식은 어린이에게 결핍되어 있는 그래서 충족해야만 하는 것들이 무엇인지를 구성하고 규정합니다. 이런 식으로 욕망은 길들이기나 통제와 연결됩니다.

> 욕망을 결핍과 욕구로 정의한다면, 교사는 권위자이자 심판자로서 아이들이
> 미리 정해진 정상적인 발달 유형에 맞게 자라고 있는지 감독하고 판단하는 역
> 할을 수행한다. 교사는 이러한 판단에 근거하여 아이들의 활동을 계획하고
> '정상적으로' 발달하도록 도와주려는 야망을 가진다. 이 상황에서 아이들에
> 게 자신의 삶에 영향을 줄 만한 기회를 주기란 극히 드물다(Olsson, 2009: 99).

그러나 욕망은 매우 다르게 이해되고 정의될 수 있습니다. 결핍이 아닌 긍정적이고 생산적인 힘으로 말입니다. 이렇게 욕망을 이해한다면 교사는 어린이에게 타자의 욕망을 부과하여 어린이의 욕망을 억압하고 길들이는 것이 아니라 어린이와 매우 다른 관계를 맺을 수 있습니다.

> 교사는 가장 먼저 교실에서 어떤 욕망들이 있는지 귀 기울이고 찾으려 노력
> 할 것이다. 교실 안의 욕망들을 어린이의 욕구로 보지 않는다면, 모든 배움의
> 출발점이 되는 가장 강렬한 힘으로 볼 수 있게 된다. … 아이들을 정해 둔 도

식에 따라 판단하는 대신, 이제 논리는 아이들이 무엇에 관심을 가지고 있는

지, 무엇을 욕망하고 있는지 아이들에 대해 질문하는 것으로 전환된다. 이것

이 유아학교 또는 어느 기관에서든 중요한 반전이다. … 유아학교는 욕망에

대한 새로운 논리로 아이들에게 실제로 이러한 질문들을 던지는 것 같다. 이

제 너희들의 욕망은 어디에 있니? 실험하는 순간 동안 너는 어떤 배치 속에 있

니?(Olsson, 2009: 99)

잠시 유아교육에서 벗어나 칵테일의 세계 속으로 갈까 합니다. 칵테일의 세계는 사건·배치·욕망과 같은 개념들과 새로운 무언가가 나타나는 방식을 온전히 설명해 줍니다. 이런 예도 떠오릅니다. 현상은 삶의 작은 일부가 아니라 다양함 속에 있는 삶 바로 그 자체입니다. 아른드 헤닝 하이센Arnd Henning Heissen은 세계적으로 유명한 칵테일 제조자입니다. 그는 욕망에 이끌려 (음료를 마실 잔의 질을 포함하여) 재료들의 새로운 조합, 즉 재료를 배치하면서 새로운 음료를 발명해 냅니다. 그가 이렇게 새로운 음료를 발명해 낼 때마다 탈주선이 발생하는 사건이 일어납니다. 완전히 새로운 음료가 생겨나는 것입니다. 어느 라디오 인터뷰에서 인터뷰어가 그에게 물었습니다. 어떻게 완벽한 음료를 만들었는지 알 수 있느냐고 말입니다. 그의 대답에는 두 가지 핵심이 들어 있었습니다.

먼저, 소름이 돋고 머리가 쭈뼛 섭니다. 무언가를 느끼는 순간에는 꽤 흥분이

됩니다. 완벽하게 새로운 무언가를 말이지요. 특히 매우 평범한 재료들을 이용

해서 생각지도 못했던 배합이 잘 되었을 때 그래요. 또 마법의 순간 내 무릎이

흔들거리는 걸 느낍니다. 행복해서 마치 춤추고 있는 것 같아요(Hissen, 2017).

두말할 필요도 없이 고급 호텔과 바의 세계는 유아교육의 세계와는 꽤 다릅니다. 그러나 두 세계 모두에서 새로운 무언가가 실체로 드러날 때 마법의 순간들이 발생할 수 있습니다.

사건과 배치와 욕망, 이 모든 것은 학습과 지식에 관한 새로운 방식의 사유를 필요로 합니다. 발달 단계, 학습 목표, 학교 준비도로 구체화되어 있는 유아교육은 어린이들이 그리고 아래에서 위로, 모르는 상태에서 아는 상태로 향하는 일직선으로 미리 정해 둔 진로대로 한 단계씩 올라가는 계단의 이미지를 공통적으로 가지고 있습니다. 교육과 학습에 관한 또 다른 이미지 또는 메타포는 나무입니다. 이때 나무는 뿌리·줄기·가지의 위계, 즉 고정적이고 예측 가능한 질서를 가지고 있습니다. 이런 것들과 다르게 들뢰즈는 교육과 학습을 리좀rhizome이란 이미지로 제안했습니다. 리좀은 대부분 땅속에 있으면서 모든 방향으로 뻗어 나가고 항상 서로 연결되어 있는, 식물의 뿌리가 뒤엉켜 있는 모습입니다.

출발점이 명확하고 미리 정해진 종착점이 있는, 상세하게 규정되어 있는 일련의 계단이나 단계이 있는 그러한 층계나 나무와 리좀은 다릅니다. 리좀은 시작도 끝도 없습니다. '접속과 이질성에 의해서 작동하는 다수성을 지니고, 이러한 다수성은 주어지는 것이 아니라 구성되는 것'입니다. 마그 셀러스는 자신의 책에서 들뢰즈와 가타리의 '리좀적 접근rhizo approach'을 이렇게 설명했습니다.

> (은유적 표현으로) 지식의 나무 체계 속에서/에 의해 표상된 것들을 비롯하여, 종래의 관습적인 순서매기기, 계열화하기, 범주화하기, 선형성의 전개 방식을 교란시키는 것이다. … 수목형 사고는 이분법적 논리를 지지하며, 고정되어 있고

뿌리가 있는 선형적 질서를 따르는 사고 체계를 표상한다. 즉 '본뜸과 재생산의 논리'인 것이다. '본을 뜬다'는 것, 즉 사본을 만든다는 것은 이미 존재하는 구조적 패턴들이 계속 반복된다는 (마치 뿌리와 가지처럼) 믿음 위에 가능한 것이고, '재생산한다'는 것은 이미 완결된 구조나 고정된 실체가 있다는 가정하에 그것이 계속 재구성된다는 (마치 나무가 자라듯) 믿음에 바탕에 둔다. 본뜨기와 재생산 둘 다는 결과적으로 더 많은 '동일자'을 만들어 낸다. 이러한 과정은 특정 지점으로 국한되어 있으며 관습적 논리와 정해져 있는 결론에 도달하도록 하는 그러한 계열화된 순서에 따라 이루어진다.

반대로, 리좀의 복잡성의 특징은 이질적 접속에 있다. … 리좀은 중단 없는 상호 관계적인 운동으로 이루어진다. 이 운동은 접속성의 흐름으로서, 서로 다른 것들과 유사한 것들을 수없이 가능한 배치로 엮어 낸다. … 사고와 사유하기의 과정에서 리좀은 "망조직처럼 서로 얽혀 관계를 맺으며 횡단한다"(Coleman, 2005a: 231). 리좀이라는 용어는 추상적 또는 가상적인 것이기도 하지만, 무한한 접속의 특징을 지닌 인터넷 세계에서는 실제다(Sellers, 2013: 11).

나무의 논리와 리좀의 논리는 상당히 다릅니다. 고정되어 있는 나무의 논리는 결정적이며 선형적입니다. 역동적인 리좀의 논리는 유연하며 '횡적'입니다. 리좀의 논리에는 변화·복잡성·이질성이 포함되어 있으며, 역동적이고 끊임없이 변화하며 항상 '생성'되는 세계를 내포하고 있습니다. 더 많은 동일자 또는 더 많은 새로운 무언가가 있습니다. 들뢰즈는 리좀이란 이미지를 사용해 안정적이고 보편적인 세계의 진리를 만들어 내는 (선형적·보편적) 논리를 넘어서 새로운 사유와 지식을 향하는 이동과 다수의 진리들, 탈주선들을 만드는 (횡적·지역적) 논리로 나아간 것입니다.

시작도 끝도 없는 리좀처럼 우리는 항상 가운데에 있습니다. 우리의 삶
(삶의 전체를 과정으로 죽음을 결과로 잘못 간주하지 않는 한에서 그렇다)과 마찬가지로, 고정된
시작이나 끝이 없고 '과정'과 '결과'의 구분이 안 되는 그런 중간 말입니다.
이러한 이유로 우리는 알 수 없는 잠재성과 함께 늘 변화하며 항상 생성되
고 있습니다. 결코 지식의 정해진 지점이 있어 그곳에 도달해 가는 것이 아
닙니다. 이와 마찬가지로 리좀은 새로운 방향으로 탈주하는 새로운 선들을
자극하는 새로운 접속의 끝없는 가능성을 가집니다. 이러한 리좀은 우리를
닫힌 사고, 이항적 사고, 양자택일의 접근에서 벗어나 열려 있는 사고로 데
려다 줍니다. 리좀은 항상 새로운 가능성을 발견할 수 있는 열린 사고와 '그
리고… 그리고… 그리고…'로 이어지는 새로운 방향을 향하도록 하며, 또 다
른 아이디어들의 가능성과 탈주선들에 항상 열려 있습니다. 항상 문이 열려
있으므로 어떠한 결과도 어떠한 끝도 없습니다.

들뢰즈의 저술을 관통하는 것은 운동movement의 중요성과 운동을 제
한하는 것을 피하고자 하는 강력한 욕망입니다. 운동을 제한하는 것의 예
를 들면 이렇습니다. 길들이기와 '관습적 사유'를 통해 그리고 기존 지식을
전승하고 재생산하는 것을 통해 모두 고정되어 있고 결정되어 있는 안정성·
선형성·예측가능성·폐쇄성·질에 중점을 두고, 또한 미리 정해 둔 방식에 따
라 재현하는 데 중점을 두는 것 등입니다. 들뢰즈는 이러한 사고방식에 반
대하면서 운동을 유목민nomad과 유목적nomadic이라는 개념으로 포괄했습
니다. 실제로 들뢰즈에게 "사유하기란 유목적인 것이며, 관습적 범주들에서
달아나는 것"(Makrs, 1998: 7)입니다.

유목민은 A에서 B로 향하도록 계획하는, 정해진 지점에서 여행을 시
작하고 마치는 그러한 여행자가 아닙니다. 유목민은 항상 가운데에서, 항

상 사이에서, 정해진 지점이나 한계가 없이 끊임없는 운동 상태에 있습니다. 유목적이라는 개념은 "사유와 교육이 무엇인지에 관한 또 다른 아이디어를 가리키며 … 우리에게 그 과정들, 즉 생성에 대해 알려 준다. 생성은 결과에 따라 판단되는 것이 아니라 어떻게 진행되고 있으며 지속되고 있는지에 따라 판단"되며, 유목적 주체는 "잠재계로 … 예기치 못한 생성의 영역으로 들어가는"(Dahlberg and Moss, 2009: xx) 것입니다.

유목과 유목적인 것은 자유롭게 다니며 관습적인 것을 벗어날 수 있는 능력을 가능하게 할 수도 제한할 수도 있는 공간 내에 존재합니다. '예측할 수 없는 생성들'로 가득 찬 '잠재계'로 들어가기 위해 유목은 매끈한 공간smooth space을 필요로 합니다. 유목은 갇힌 홈 파인 공간striated space을 피하려고 합니다. 홈 파인 공간은 삶의 풍부한 다양성과 가능성을 틀에 끼워 맞추는 규제들, 이를테면 엄격하고 세세한 규칙·절차·분류 등이 많은 그러한 공간입니다. 그런데 들뢰즈는 홈 파인 공간이 매끈한 공간이 된다고 말합니다.

> 직물이 펠트가 되는 것처럼 말이다. 직물은 직조기의 경사에 따라 날실과 씨실이 촘촘하게 지어져 만들어진다. 이것은 상부와 하부의 수직적 질서를 갖춘 잘 규제되고 관리되는 공간을 보여 주는 좋은 예다. 이와는 달리 펠트는 유목적이거나 매끈하다. 그것은 수백만의 초미세섬유가 일정한 방향 없이 뒤엉켜 만들어지는 것으로 위계 없이 같은 수준에서 모든 것이 모여 축적된 것이다 (Roy, 2003: 59).

상세하게 기술된 처방적 형태의 교육과정에 실행되는, 선형적인 진보와 정해진 목표라는 확실성을 추구하는 학습은 접속(뒤얽힘), 경계선 횡단과 탈주선을 억압하는 홈 파인 공간을 만드는 데 기여합니다. 반면, 진정한 가치, 불확실성, 상호 관계성, 예상치 못한 도움이 허용되는 학습은 자유롭게 다닐 수 있는 매끄러운 유목의 공간을 만들어 냅니다. 마그 셀러스는『어린이의 교육과정 되기: 들뢰즈, 테 파리키와 교육과정에 대한 이해』에서 다음과 같이 구분했습니다.

> 홈 파인 공간들이 폐쇄적인 데 반해, 매끄러운 공간들은 '사물-흐름들이 분산되어 있는' 개방적인 공간이다. 홈 파인 공간은 점과 위치로 구분되어 있는 공간이며, 선형적이고 견고한 고형체들과 관계한다(Deleuze and Guattari, 1987: 361). 유목민은 매끈한 공간에서 작동하며, 코드화된(홈 파인) 공간에 갇히지 않고 속도와 운동에 따라 적응한다. 매끈한 공간은 '사이 내부in-between'를 통과하는 특징을 지니는데, 이때 빠르게 그리고 느리게 운동을 하며 점들을 계속해서 생성한다. 유목민은 항상 이미 가운데에, 사이 내부에 있으며 연속 릴레이나 포물선의 궤도(p.380), 즉 탈주선을 그리며 점들을 지나간다(Sellers, 2013: 18).

셀러스는 들뢰즈의 개념들 간의 관계를 잘 그려 내면서 일부를 짧게 소개했습니다.

> 리좀과 유목적으로 흐른다는 것은 어린이의 놀이와 놀이자들과의 관계로 구성된 [그] 물리적이고 상상적인 공간과 같은 다양한 영토를 지나고 탈주선을 만들어 내는 복잡한 교차적인 작용을 포함한다. 리좀을 통해 더 많은 접속들

이 발생한다. 시작점과 끝점 없이 영속적이고 역동적인 변화의 탈중심화된 장이 배치된다. 이와 같은 유목-리좀의 매끄러운 공간에서는 위치도 점도 없고 선들만 있거나 통로만 있을 뿐이다. 탈영토화된 탈주선은 서로 분리되어 연결점이 없어 보이는 생각이나 행동이 접속 가능하도록 열어 둔다. 이때 막대한 상호 연결성이 발생한다. 이는 열린 체계 내의 다차원적 운동의 배열 사이이의 중간들이 모인 것을 말한다. 유목-리좀 배치의 발생은 똑같이 구조화된 점을 따라가고, "항상 '똑같은 자리'에 돌아오는"(Deleuze and Guattaris, 1987: 12) 근대적 사고와 행동의 수목형의 직선적·순차적 진행을 방해한다(Sellers, 2013: 130).

권력과 미시정치

새로운 사유에 대한 전망, 매끈한 공간을 통한 유목적 배회, 예측할 수 없
는 실험에서 들뢰즈가 주목한 또 다른 것은 현대 사회의 힘의 관계에 저항
하고 파괴하고자 하는 욕망입니다. 그는 현대 사회의 권력 관계는 미리 정
해 둔 기준에 따라 예측·통제·감독·평가하는 것을 통해 길들이고 통치하는
식의 논리에 의해 이루어진다고 보았습니다. "교육의 실제는 항상 사전에
목표나 가치를 설정하면서 시작하며 성취하고 평가되어야 할 마지막이 있
다"(Lenz Taguchi, 2010: 16)는 식의 논리로 본 것입니다. 들뢰즈의 삶에 대한 철학
은 모든 시점에서 제한적이고 통제적인 논리—오늘날 유아교육 분야의 지배 담론의 논리
이기도 합니다—에 저항하고 도전하라는 것입니다. 들뢰즈의 세계로 들어간다
는 의미는 유아교육의 정책가·연구자·실천가 등이 중요하게 여기고 당연시
했던 모든 것에 대해 스스로 질문을 던진다는 것입니다. 또한 이러한 신념
이나 가정들에 대해 질문할 뿐만 아니라 완전히 새로운 사유와 삶의 방식
을 얻는 것을 의미합니다. 저는 들뢰즈가 진정한 혁명가라고 생각합니다.

들뢰즈는 세상을 떠나기 전 현대의 권력 관계 분석에 초점을 맞추어 짧
은 논문 「통제 사회에 부치는 추신Postscript on the Societies of Control」(1992)을 썼

습니다. 분석 과정에서 그는 현대의 권력 관계의 근간이 규율 사회에서 통제 사회로 변화하고 있다고 주장했습니다. 들뢰즈의 규율 사회에 대한 아이디어는 18세기에서 19세기 사이에 발현하여 20세기 초반까지 이어졌다고 역사적으로 분석한 푸코의 작업과 관련 있습니다. 그러한 사회에서 개인은 가족, 학교, 군대, 공장이나 사무실, 가끔은 병원이나 감옥과 같이 폐쇄된 곳에서 폐쇄된 곳으로 삶을 이어 갑니다. 폐쇄된 곳에서 각자 개인은 (제5장에서 소개한 푸코에 따르면) 규율 권력에 지배받는다는 것입니다.

그런데 1945년을 기점으로 새로운 사회 형태가 등장했습니다. 그 사회는 복종을 요구하지도 않고 효율적이지만 상당히 힘든 규율에 복종하도록 강요하지 않고 지속적으로 사람들을 통제합니다. 들뢰즈가 말한 이러한 지속적 통제의 예로 평생학습('영원한 훈련')을 들 수 있습니다. 다른 예도 있습니다. 정부나 기관들은 신용카드 및 체크카드 거래, 휴대전화와 뉴미디어 같은 일련의 새로운 기술공학을 이용해 우리의 모든 움직임과 행위를 추적할 수 있습니다. 교육에서도 어린이 관찰과 정기적인 평가, '데이터 감시' 기술을 통해 지속적으로 어린이와 젊은이의 수행을 감독하고 추적하고 있습니다. 어린이의 수행에 대한 데이터를 지속적으로 수집하고 분석해서 교육제도를 만들고 있습니다. 푸코가 말한 규율 사회가 아날로그적인 것이라면, 들뢰즈가 말한 통제 사회는 디지털적입니다. 통제 사회의 체계하에서 우리는 수행과 요구 기준에 각자가 얼마나 부합하는지 끊임없이 감독당하고 피드백을 받습니다. 주체는 집이나 학교에서 또는 대학이나 일터에서 내부 기제internal mechanism를 통해 점점 더 통제받으면서 기대하는 성과를 얻기 위해 항상 애씁니다. 이를 우리는 초통치성hyper-governmentality이라 부릅니다.

푸코와 마찬가지로, 우리는 변화의 속성과 시사점을 이해하기 위해 노력하면서 권력의 진화에 대한 들뢰즈의 분석을 매우 진지하게 살펴볼 필요가 있습니다. 실제로 푸코가 말한 '통치성'과 들뢰즈가 말한 '통제 사회'는 강력하고 놀랄 만큼 연결되어 있습니다. 하지만 오늘날 유아교육 분야의 지배담론은 권력과 통제를 완전히 무시하고 있습니다. 유아교육의 이야기꾼들은 권력과 통제에 관해서는 침묵하고 있습니다.

그러나 절망해서는 안 됩니다. 푸코와 마찬가지로 들뢰즈도 우리가 어느 정도는 권력을 벗어날 수 있다고, 권력을 매수할 수 있다고 믿었습니다. 모든 제도나 구조에는 언제나 '틈leakages'이 있기 마련입니다. 올슨이 설명했듯이 "모든 제도의 첫 번째 조건은 틈에 있다. 구조나 제도로부터 비껴나거나 벗어나려는 무언가가 항상 존재하며 … [들뢰즈의] 철학은 끊임없이 틈을 만드는 데 초점을 두고"(Olsson, 2009: 24, 79) 있습니다.

들뢰즈는 '미시정치'의 잠재성에 대해 보다 구체적으로 이야기합니다. 미시정치의 잠재성을 통해 우리는 틈들이 매우 효과적으로 활용되는 방식을 볼 수 있습니다. 국가나 기업의 권력은 거시정치학, 정책, 상부가 정한 공식 절차나 목표 등을 통해 작동합니다. 이러한 방식은 유아교육기관이나 학교에도 적용됩니다. 이러한 방식이 유아교육기관이나 학교라는 '실천의 장'에서 실제 일어나고 있습니다. 그곳은 매일 거시정치의 결과를 만들어 내라고 성인과 어린이에게 강요합니다. 미시정치가 있는 곳에는 개인의 신념과 욕망을 드러내고 교호하며 논쟁·저항·문제 등을 제기할 수 있는 여지가 있습니다. 올슨은 반복해서 다음과 같이 말합니다.

이렇듯 교육과정은 거시정치적 결정으로 보아야 한다. 그러나 교육과정이 유치원 현장과 만나게 되면 거대한 창의성이 발산되어 철저하게 그리고 지속적으로 교육과정과 그에 따른 실천을 상호적 관계 속에서 변형시키고 규정한다. 행정적 속성의 거시정치적 결정뿐만 아니라 모든 것이 미시정치적으로 관련된다. … 미시정치적 운동은 신념과 욕망의 흐름 또는 양자들quanta로 볼 수 있다. 신념과 욕망은 모든 변화의 처음을 만드는 양자들인 것이다. 그에 따라 사회와 개인의 모든 변화는 신념과 욕망의 흐름 또는 양자에서 시작한다. … 신념과 욕망의 운동은 예측이 불가능하며, 통제할 수도 정해 둔 기준에 따라 감독하거나 평가할 수도 없다. …

미시정치는 교사의 평가와 권위를 통해 어린이를 통제하는 것에 문제를 제기하며 다른 역할을 수행하는 교사의 가능성을 상기시키는 데 사용되었다. 또한 이 개념은 억압받는 욕망이 기능하는 방식을 발견해 주었을 뿐만 아니라 교사에게 일반적으로 부여된 권력의 위협을 피하는 방식으로 쓰였다 (Olsson, 2009: 74-76, 101).

미시정치 또는 소수 정치minor politics는 권력과 자신들만이 유일한 진리라고 주장하는 담론에 대항합니다. 미시정치는 일상의 삶에서, 매일의 실제 속에서, 지금 여기에서, 그리고 니컬러스 로즈가 말한 "작은 관심들, 사소한 일들, 일상, 초월적이지 않은 것들"(Rose, 1999: 280) 안에서 관습적인 정치 구조나 과정을 따르지 않습니다. 그것은 혹자들이 '기술적'이라고 정의한 것을 만들어 내는 일이기도 합니다. 사실상 대안이 있음을 인식하고, 주어진 상황 속에서 어떠한 대안이 작용하는지에 관해 스스로 생각하도록 선택하게 하는 그러한 부정할 수 없는 정치적인 것입니다. 요약하면, 작고 사소한 것이 지배 담론을 거부할 수 있는 기회가 됩니다. 들뢰즈가 분명히 밝혔듯이, 미시정치의 연료는 감응 및 '신념과 욕망의 양자'—예를 들면 유아교육기관의 교사들과 아이들이 함께 지닌 신념과 욕망—입니다.

우리는 하향식 권력과 그에 따른 지배 담론 그리고 인간의 기술공학이 가진 잠재력, 특히 현대 통제 사회의 잠재력을 결코 과소평가해서는 안 됩니다. 그 잠재력은 매우 강력합니다. 하지만 상향식 위반, 특히 신념과 욕망에서 비롯된 아래로부터의 위반의 가능성 또한 간과해서는 안 될 것입니다.

들뢰즈의 철학이 경종을 울리는가

앞서 들뢰즈와 두 명의 이론가, 즉 레비나스와 푸코를 관련지어 소개하고, 유아교육 분야에서 의식적으로 다루고 있는 들뢰즈 철학에 관련된 예를 간략히 살펴보았습니다. 여기에서 저는 들뢰즈의 개념이나 아이디어에 대한 토론이 당신에게 자극이 되는지, 이미 논의했던 레지오 유아교육을 떠올릴 때 공감을 불러일으키는지 묻고 싶습니다. 제가 아는 한, 로리스 말라구치와 레지오 에밀리아의 그의 동료 교육자들은 들뢰즈를 명확히 언급하지는 않았습니다(이것이 널리 읽히는 들뢰즈의 훌륭한 저술을 모르고 있다는 뜻은 아닙니다). 그러나 저는 레지오의 교육학적 사유와 작업 방식의 상당 부분이 들뢰즈의 개념이나 아이디어와 연결되어 있다고 생각합니다(Dahlberg and Bloch, 2006도 그 연결점을 보여 주었습니다).

리좀을 떠올려 보십시오. 구닐라 달버그와 저는 카를리나 리날디의 『레지오 에밀리아와의 대화: 대화와 소통의 교육학In Dialogue with Reggio Emilia: Listening, Research and Learning』의 「서문」에 다음과 같이 소개했습니다.

레지오에서는 질문하고 또다시 생각한다. 로리스 말라구치는 지식을 '뒤엉킨 스파게티'라고 말한 적이 있다. 카를리나 [리날디]의 관점도 비슷하다. 그녀는 "학습은 선형적 방식으로, 정해진 대로, 결정론적으로 이루어지는 것이 아니라 동시에 발생하는 여러 방향의 전진·정지·'후퇴'를 통해 구성되는 것이다'"라고 말한다. 이러한 개념으로 지식을 바라보면, 레지오 에밀리아의 프로젝트가 전체적인 순서 원칙 없이 여러 방향으로 진행되는 이유를, 지식 획득을 나무로 은유되는 선형적 진보의 형태로 바라보는 주류 아이디어에 도전하는 이유를 이해할 수 있다. 여기에 전혀 다른 메타포가 등장한다. 뒤엉킨 스파게티! 레지오에서 이루어지는 프로젝트는 일련의 작은 내러티브이며, 추가하거나 축적해 가는 방식으로 결합시키기 어려운 내러티브들로 보아야 한다. 생각해 보건대, 프로젝트는 리좀으로서 지식을 이미지화하는 것과 유사하다(Rinaldi, 2006: 7).

여기에는 수많은 유사점이 있습니다. 레지오에서 추구하는 가치들을 실험, 창의성, 예기치 못한 것, 경이로움, 상호 연관성, 경계 넘나들기, 들뢰즈의 욕망과 가치와 공명하는 모든 것 등과 연결 지어 떠올려 보십시오. 구닐라 달버그와 저는 레지오에 대해 이렇게 주장했습니다.

사유와 개념은 차이와의 마주침이 불러일으키는 결과라고 할 수 있다. 그들은 리좀을 시작도 끝도 없는 모든 방향에서 출발하며 항상 사이 내부에 있고, 다른 방향이 장소들을 향해 열려 있는 것으로 본다. 접속과 이질성을 수단 삼아 기능하는 다수성은 주어지는 것이 아니라 구성되는 것이다. 사유의 중점은 실험화와 문제화, 즉 탈주선과 생성의 탐색에 있다. 이는 '생성의 과정이 진정한 교육의 기초'라고 한 카를리나 [리날디]의 관찰에도 반영되어 있다(Rinaldi,

2006 8. 강조는 원저자).

들뢰즈로부터 강력한 영향을 받은 브로닌 데이비스는 『어린이에게 귀 기울이기: '이기'와 '되기'』에서 "앎에의 의지will-to-know와 예측가능성을 지향하는 숨 막히는 경향성을 벗어나고자 하는" 레지오 에밀리아의 욕망에 관해 썼는데, 레지오는 "차이를 중요한 가치로 여김으로써 자신과 다른 이들이 아직 생각하지 못했던 것들을 출현시키는 데 함께 열려 있음"(Davies, 2014: 11)을 통해 그러한 경향성에서 벗어나려고 합니다. 들뢰즈와 레지오 에밀리아 둘 다에게 학습은 예측 가능한 것, 예언적 페다고지에 의해 미리 규정한 기준을 재생산하는 것으로 환원될 수 없습니다. 학습이 일어난다는 것은 놀라운 일이며, 예측할 수 없는 것이며, 경이로움을 불러일으킵니다.

들뢰즈가 작동하게 하기

레지오 교육자들이 들뢰즈를 잘 알지 못한다 하더라도 그들은 들뢰즈의 개념이나 아이디어의 많은 것을 실현해 왔다고 말할 수 있습니다. 들뢰즈의 철학을 진지하게 실현하려는 유아교육자들, 의식적으로 그의 사유로부터 영감을 얻고자 하는 유아교육자들이 늘어나고 있습니다. 이미 앞서 브로닌 데이비스와 마그 셀러스가 쓴 책들을 언급했습니다. 두 사람 모두 유아교육을 연구하며 들뢰즈의 개념과 아이디어들에서 도움을 얻었습니다. 실제 셀러스의 연구—유아에게 교육과정이란 무슨 의미인지 그리고 교육과정이 어떻게 작동하는지에 관한 연구—뿐만 아니라 비선형적 구조(그래서 장들을 순서 없이 읽을 수 있다)로 책 쓰기에 들뢰즈(와 가타리)의 철학이 바탕이 되었습니다.

글렌다 맥노튼은 『유아교육 연구에서 푸코 실행하기: 후기구조주의 아이디어의 적용』에서 '리좀 분석rhizoanlysis'이란 용어를 발전시키기 위해 들뢰즈의 연구를 참고했습니다. 그녀는 이렇게 기술했습니다.

> 텍스트의 정치학을 탐색하는 방법 … 그것은 텍스트를 해체하고 재구성하는 것이다. 텍스트(연구의 순간 또는 어린이 관찰 등)를 해체하는 것은 텍스트가 어떤

의미인지, 어떻게 '외부' 즉 저자와 독자, 문어와 비문어 등과 어떻게 연결되어 있는지를 탐색함으로써 가능하다. … 그리고 텍스트가 분절·겹침·정복·확장을 통해 의미와 권력을 어떻게 조직하고 있는지, 텍스트가 의미와 권력을 조직하는지를 탐색함으로써 해체 가능하다.

리좀 분석은 텍스트에 대한 새롭고 다양한 이해를 만들어 냄으로써 텍스트를 재구성한다. 그리고 텍스트를 우리가 통상적으로 사용해 왔던 다른 텍스트들과 연결 지으면서 재구성한다. 예를 들어, 한 어린이를 관찰한 것을 어린이 발달 텍스트, 페미니즘 관점의 텍스트, 대중문화 텍스트들과 관련짓기 위해 리좀 분석을 이용할 수 있다(MacNaughton, 2005: 120).

글렌다는 그녀의 학생 카일리 스미스(앞서 소개했습니다)가 쓴 글을 예로 제시했습니다. 카일리는 『버피, 뱀파이어 해결사Buffy the Vampire Slayer』, 『해리포터Harry Potter』, 『종이봉투 공주Paper Bag Princess』 같은 대중문화 텍스트와 연결하여 어린이 관찰을 특별하게 '읽는' 시도를 했습니다. 이 텍스트들은 어린이·성·인종·계급에 대한 지배 담론에 질문을 던지는 것으로 신중하게 선택되었으며, 관찰 텍스트에 내포되어 있는 어린이·인종·계급 같은 구성 요소들에 대한 이해를 재구성하는 데 도움을 주는 것들이었습니다. "관찰에서 성의 의미를 리좀으로 구성함으로써 그녀는 성의 '행위'가 4세 아이들에게 무엇을 뜻하는지 그리고 유아기에 어린이의 성을 어떻게 바라보고 연구할 것인지에 대해 다시금 생각할 수 있었습니다." 관찰과 이러한 다양한 텍스트들과의 마주침을 통해 카일리는 어린이에 대한 새로운 관점, 성에 대한 새로운 사유, 사회 정의를 위한 새로운 가능성에 열릴 수 있었습니다(MacNaughton, 2005: 134-145 참조).

저는 리셀로트 마리에트 올슨을 떠올립니다. 그녀와 나눈 최근 대화의 한 부분을 여러분에게 소개하려고 합니다. 우리는 들뢰즈의 관계에 대해 그리고 왜 그녀가 유아교육에서 들뢰즈 연구가 중요하고 관련되어 있다고 생각하는지 이야기를 나누었습니다. 그에 앞서, 그녀의 책『들뢰즈와 가타리를 통해 유아교육 읽기: 운동과 실험』의 일부를 인용하겠습니다. 교육적 기록의 중요한 역할과 레지오 에밀리아와의 또 다른 접속에 귀 기울여보시겠습니까?

유아학교에서 만난 '마법의 순간들'

올슨은 스톡홀름 시내의 많은 유아학교와 (그녀가 일했던) 스톡홀름 교육연구소 주변에 있는 많은 학교에서 '일상의 마법 같은 순간들'이 일어난다고 말합니다. "마법의 순간은 완전히 새롭고 다른 무엇가가 생기는 것처럼 보인다. … 그 순간은 강력한 강도에 의해서만 인식되며 그곳에 있는 사람들은 종종 몸에 소름 돋는 경험을 한다." 그녀가 한 설명은 이렇습니다.

> 아이들, 교사들, 예비교사들, 교사교육자들, 연구자들은 모두 함께 주체성과 학습으로써 실험하고자 하는 의지에 말 그대로 사로잡힌다. 이곳에서는 실험과 강렬하고 예측 불가능한 사건들이 계속 발생한다. 그러한 사건들은 유아가 누구인지, 교사는 무엇을 해야 하는지, 유아학교의 목적과 조직·내용·형태는 어떠해야 하는지에 대한 아이디어와 관련되어 있다(Olsson, 2009: 11).

올슨은 책에 전직 교사였던 자신에 대해 그리고 함께 연구했던 유아학교들과 교사들, 마법의 순간들에 대해 썼습니다. 그녀는 들뢰즈의 개념과 아이디어가 유아교육에서 일어나는 것을 알고 이해하는 데 어떻게 사용될 수 있는지, 특히 새로운 사유를 이끌어 내는 탈주선이 어떻게 발생하는지 구체적인 예를 통해 보여 주었습니다. 그 예를 소개하겠습니다.

스톡홀름의 한 지역에 있는 광장에서 성 밸런타인데이를 기념하는 '심장 전시회Heart exposition'에 유아학교들이 참여한 이후 작은 프로젝트가 시작되었다. 어느 유아학교의 네댓 살 아이들은 전시회 준비 작업 동안 심장과 박동 주기에 대해 이야기를 많은 나누었다. 자신의 심장박동에 대해 서로 이야기하고 자기 생각을 다른 아이들에게 표현하기 주기 위해 그림을 자주 그렸다. 전시회 직후에 교사들은 아이들에게 종이와 펜을 가지고 자신들이 상상하는 심장박동을 그려 볼 수 있는지 물었다. 교사들은 아이들에게 청진기와 종이와 펜을 주었다.

아이들은 책상에 둘러앉아 있다가 책상 주변을 뛰어다녔다. 그러고는 다시 앉아서 서로의 심장박동 소리를 들었다. 아이들은 심장이 이전보다 더 빨리 뛰고 있음을 발견했다. 아이들은 자신들의 심장이 더 빠르게 뛸지 알아보고자 유치원 주위를 뛰어다니고 싶어 했다. 아이들은 밖으로 나가 뛰었고 청진기로 심장박동을 측정하기 위해 서둘러 안으로 들어왔다. 아이들은 다양한 방법으로 어떻게 심장박동의 변화를 머릿속에 그리고 있는지 설명하려고 그림을 그렸다. 활동이 끝난 후 교사들은 아이들의 활동 과정이 담긴 기록물을 갖고 와서 아이들이 그림을 통해 어떻게 자기 생각을 드러냈는지 분석하고 이해하려고 했다.

두 명의 여아가 앉아서 청진기로 심장박동을 측정하기 시작했다. 그러고는 1, 3, 5 … 숫자들을 썼다. 이후 아이들은 책상 주위를 뛰어다녔고 더 빨라진 박동을 50이라고 표현했다. 다시 유아학교 주위를 뛰어 돌고 와서는 5,000, 1, 5, … 1,000으로 바꾸어 썼다. 앉아서 휴식을 취하고 다시 가서 12를 적었다. 아이들은 다시 주변을 뛰려고 밖으로 나갔고 돌아와서 측정하고는 2,000, 2,001 …을 썼다.

다른 여아 두 명, 킴벌리와 에리카가 함께 작업하고 있다. 그들은 즉시 다양한 심장박동들을 점dot으로 그려내기 시작했다.

교사들은 아이들이 활동을 계속할 수 있도록 아이들의 그린 그림과 활동을 보며 몇 가지 가능한 방향에서 분석하고 논의했다. 먼저 아이들을 매혹시킨 것은 청진기를 통해 들려오는 심장소리인 것 같았지만, 그 외에도 박동의 수치적 논리와 이를 다양한 방식으로, 예를 들어 숫자나 점으로 표현할 수 있다는 점에 매료된 것 같았다. 또한 아이들은 다양한 활동과 전략을 선택했을 때 비록 서로 말을 하지는 않지만 어떻게 진행할 것인지에 대해서도 합의하는 것으로 보였다. 교사들에게 이러한 합의와 다양한 전략을 주고받는 행동들이 말spoken word을 넘어 발생하는 것으로 보였다. 심장소리와 박동에 대한 수학적 논리, 다양한 묘사가 담긴 그림들, 침묵 속의 합의, 전략 주고받기, 이 모든 것이 아이들과 교사들이 함께 작업할 수 있는 방향을 제공해 주었다. 그러나 교사들은 활동을 지속시키기 위한 구체적인 방향을 결정하기에 앞서, 아이들이 흥미로워하고 다함께 해결할 수 있는 문제들에 더 가까이 가기 위해 기록 자료를 들고 아이들과 의논하기로 했다.

다음 날 교사들은 아이들을 다시 모았다. 그들은 아이들의 그림, 자신들의 관찰 자료와 기록 자료들을 가지고 왔다. 그림이 더욱 눈에 잘 띄게 하려고 아이들의 사진들을 잘라서 종이에 복사해 붙였는데 이는 아이들이 그림을 좀 더 쉽게 다룰 수 있게 하기 위함이었다. 교사들은 또 관찰 자료의 일부만 가져왔는데, 그것들은 교사들이 가장 흥미롭다고 여긴 것들이었다. 일부의 관찰 자료를 바탕으로 아이들이 그 전날 했던 이야기들의 일부를 아이들에게 다시 읽어 주었다. 이때 아이들은 매우 놀라운 방식으로 반응했다. 아이들은 자신들의 그림이 똑같은 조각으로 잘려 있으며, 선생님들이 그 전날 자신들이 했던 이야기의 오직 일부만을 읽어 준다는 사실에 단단히 화가 났다.

그레이스: 이럴 수가! 이건 내 그림 전부가 아니잖아요!
에리카: 그런데 선생님은 왜 우리가 말한 것을 전부를 적지 않았어요?

교사들은 아이들에게 자신들의 생각을 설명했고 토론을 지속하기 위해 노력했다. 그러나 아이들은 더 이상 관심을 보이지 않았다. 아이들은 돌아서서 웃기 시작했고 토론을 계속할 생각이 없다는 가능한 모든 신호를 보냈다. 교사들은 아이들을 잠시 그렇게 두고 그 순간에서 일단 물러나야 한다는 것을 깨달았다. 교사들은 일어난 일에 대해 의논했고 아이들은 자신들이 중요하다고 여겼던 것들을 선생님들로부터 인정받지 못했다고 느꼈음을 이해했다.

교사들은 아이들의 욕망과 질문, 그리고 아이들이 구성하고 있는 문제들을 따라갈 것인지를 토의하기 시작했는데, 아이들이 원하는 방식으로 할지 결정하는 것이 가장 어려웠다. 교사들은 아이들이 실제로 하고 있는 것을 놓치고 있음을 자주 느꼈다. 즉 아이들의 생각, 말, 그리고 행동으로 부터 어떤 욕망·질문·문제 등이 실제로 그들에게 중요한 것인지 발견하기란 힘들며, 집단적 실험과 문제 구성 과정에서 아이들을 만날 수 있는 상황을 마련하는 것은 어려운 일이다. 그러나 교사들은 며칠 후에 새로운 토론의 장을 마련하기로 결정했다. 교사들은 아이들과 함께 앉아서, 이번에는 아이들의 원래 그림들과 그들이 관찰한 모든 것을 보여 주며 다시 한 번 그들이 어떻게 생각했는지 설명하고 자료들 중에 무엇을 가장 흥미로워했는지에 대해 함께 토론했다. 이번에는 아이들이 교사를 토론에 참여시켰고 곧 더 많은 소리를 찾아보고 싶다고 결정을 내렸는데, 바깥마당에서 그 소리를 찾고 싶어 했다.

다음 날 교사는 아이들에게 밖에서 심장박동 소리를 탐구할 수 있도록 필요한 장비와 도구들을 마련했다. 아이들은 집중하며 활동에 참여했고 많은 다양한 소리들을 발견해서 그림으로 묘사하기 시작했다.

심장박동을 묘사하는 데 숫자를 처음 사용했던 그레이스는 이제 전략을 바꾸어 점으로 묘사했던 킴벌리의 기법을 사용했다. 그레이스는 집단의 다른 친구가 지그재그 선을 그리는 기법도 따라했다.

점으로 묘사했던 킴벌리는 다른 종류의 상징들로 소리를 묘사하기 시작했다. 교사들은 이제 아이들에게 소리에 대한 확고하고 강렬한 흥미가 생겼고 이러한 소리들을 다양한 방법으로 표현하고 싶어 한다는 것을 알게 되었다. 교사들은 아이들이 교환하는 생각의 흐름, 전략, 활동 등에 매료되고 호기심을 느꼈지만, 이러한 것들이 언제 어떻게 발생하는지 관찰하기란 쉽지 않았다. 교사들은 아이들이 소리를 듣고 묘사하는 데 사용한 모든 다양한 방법과 어떻게 서로 협력하고 있는지를 관찰해 왔다는 점을 아이들에게 분명히 이해시킴으로써 아이들과 함께 이를 더욱 면밀히 탐구하고자 했다.

교사는 아이들을 모은 후 직접 소리를 감지하고 감지된 소리를 다양한 방법으로 묘사하는 것을 관찰했음을 말해 주고, 아이들이 생각과 전략을 교환하고 있는 것을 어떻게 알게 되었는지를 말해 주었다. 교사들은 아이들에게 짝을 이루어서 계속 탐구하고 싶은지 물었고, 짝을 이룬 아이들은 입으로 세 가지의 소리를 만들어 내어, 그림으로 표현했고 다른 아이들을 관객으로 초대했다.

이번에는 교사의 제안에 바로 호응하며 곧바로 작업을 시작했다. 어떤 소리를 만들어 내지? 그것들을 어떻게 그리지? 다른 아이들에게 어떻게 보여주지? 그레이스와 아담Adam은 함께 짝을 이루어 작업했고 즉각적으로 이야기talking 소리를 그리기 시작했다. 웃음소리와 속삭이는 소리 같은 다른 예들도 있었다.

그다음, 소리들은 조용한 상태에서 다른 아이들 앞에서 공연되었다. 이러한 공연은 활동과 웃음이 넘치고 열정적인 분위기의 교실을 만들었으며, 한동안 관련 있는 다른 많은 활동이 이어졌다.

유아학교에서 창조되는 탈주선들

섬세하게 협상하기, 배회하기, 지속적으로 교환하기는 탈주선들을 만들어 내는 유아학교에서 빈번하게 일어난다. 사례들은 어떤 조건이 탈주선이 생성되는데 적합한지 보여 준다. 이는 여러 중요한 이슈들을 제기한다.

1. 어린이를 미리 정해 놓은 발달에 따라 재현하거나 동일시하지 않을 때, 또는 유연하고 자율적인 학습자로 보지 않을 때 탈주선이 생성되었다. 앞서 본 소규모 프로젝트에서 관계적 장으로서 주체성과 학습에 대한 생각들이 드러났다. 협동 작업을 하며 그림을 그리는 다양한 전략이 만들어지고, 그러한 전략을 선택하고 주고받는다. 교사와 아이들은 자신들의 외부, 즉, 하나의 장과 놀이터 등 문제를 만날 수 있는 장소에서 협상

에 참여한다. 이러한 장과 관계 그 자체는 스스로 운동 속에 있다. 문제는 시작부터 명백하지 않은 채 진행되었으며 아이들과 교사는 문제를 함께 구성해 나갔다. 주체성과 학습을 관계의 장으로 정의 내리면, 흥미와 욕망과 신념은 사람들 사이에서 발생하는 흐름으로 간주될 수 있다. 이것은 개인 내면에서 그리고 학습 과정 중에서 일탈과 지그재그 균열을 만들어 낸다는 점에서 유연한 선이나 견고한 선과 구별된다. 교사들은 더 이상 아이들을 미리 결정된 발달 이론에 의해 만들어진 견고한 선에 따라 아이들을 개별 존재로 단순히 정의 내리지 않는다. 아이들의 흥미 또는 욕망 그리고 신념은 길들여지거나 통제되지 않는다고 본다. 오히려 아이들 사이에서 무엇이 일어날지 기대하며, 그들의 흥미는 전염성을 가진 유행과도 같은데 흥미란 각 개체 속에 자리 잡고 있는 것이 아니다. 여기가 바로 탈주선이 탄생하는 지점이다. 이것은 유아와 학습의 이미지를 관계적 장으로 볼 수 있도록 하며, 견고하고 유연한 이항 분할binary segmentarity2)과는 완전히 다른 개념이다.

2. 교사들이 한 한기 계획이나 연간 계획을 수립하여 정해진 대로 진행할 때보다 더 많은 준비를 하면서 탈주선이 만들어지는 듯하다. 교사들은

---

2) 들뢰즈와 가타리는 다음과 같이 주장한다. "인간은 분할적 동물이다. 분할성은 우리를 구성하는 모든 지층에게 고유한 것이다. 거주하기, 배회하기, 일하기, 놀이하기 등 삶은 공간적으로 사회적으로 분할되어 있다. 집은 배정된 목적에 따라 방들로 분할되고, 도시는 거리들로 분할되며, 일의 속성과 수행하는 일에 따라 공장은 분할된다. 우리는 대단한 주요 이원론에 따라 이항 분할적으로 분할되며, 사회적 계급 또한 남자-여자, 어른-아이 등으로 분할된다. … 우리는 선형적으로 분할된다. 하나의 직선 또는 수많은 직선들 사이에서, 하나의 에피소드 또는 '진행(proceeding)'으로 표상되는 각각으로 분할된다. 하나의 과정을 마치자마자 우리는 다른 것을 시작한다. 언제나 진행 중이거나 또는 진행되어 있다. 가정에서, 학교에서, 군대에서, 일터에서 그러하다. 학교는 우리에게 이렇게 말한다. '당신은 더 이상 집에 없어.' 군대는 우리에게 이렇게 말한다. '당신은 더 이상 학교에 없어'"(Deleuze and Guattari, 2004: 230).

신중하게 미리 준비하지만 현장에서 아이들을 마주하게 되면 무언가가 항상 (계획에서) 빠져나간다는 것을 발견하게 될 뿐이다. 이것은 탈주선으로 보일 수 있다. 왜냐하면 먼저 활동 내용과 방법을 조직하고 결정한 뒤, 계획이 올바른 방향으로 실행되고 있는지 확인하기 위해 통제하고 감독하여, 결과적으로 예상되는 결과에 따라 평가하는 견고한 선과 다르기 때문이다. 하지만 이것은 또한 아이들이 내용과 방법에 대해 책임감 갖고 유연하게 행동할 것과 스스로 세운 계획을 잘 살필 것을 요구받는 유연한 선과도 구별된다. 오히려 실제로 일어나는 것은, 교사들이 아이들의 그림을 조각내어 가져왔을 때의 사례처럼 아이들뿐만 아니라 교사들, 그리고 내용과 방법, 모두가 함께 (상호 작용하며) 움직인다. 이 과정에서 집단적인 협상과 실험이라는 섬세하면서도 강렬한 행위가 필요하다.

3. 탈주선은 유아교육기관 스스로가 지식과 가치의 집단적 구성을 위한 장소로 규정할 때 만들어지는 것 같다. 이것은 이미 선정되고 규정된 지식과 가치의 내용을 단순히 전달하는 문제로 학습을 바라보는 견고한 선과 구별된다. 또 이것은 자율과 유연성이라는 이름 아래 통제를 가하는 유연한 선과도 다르다. 이 두 가지 분할성의 유형 모두에서 지식과 가치의 내용을 여전히 본질주의적인 방식으로 다루고 있다. 유아교육기관을 지식과 가치의 집단적 구성을 위한 장소로 보는 것은 유아교육기관을 관계적 장 속에서 변화를 지속하고 있다는 것을 전제하는 것으로, 그 차이점은 어떠한 지식의 내용과 가치를 질문할 것인가에 있다. 앞의 사례에서 보면 누구도 구성되고 있는 문제를 완전히 이해하지 못하고 있다. 심장 박동에 관한 것이 될까? 수학? 소리를 그림으로 표현하는 것? 전략 교환인가? 문제는 과정이 진행되면서 집단적으로 구성된다. 교사와 아이들은

여전히 협력하면서 각각의 독특한 방식들로써 행동하기 위해 그 상황의 윤리적인 측면에 대해 갈등했다. 이러한 일은 지식과 가치가 지속적으로 생산되고 창조된다고 간주될 때에만 비로소 일어나는 것이다.

4. 탈주선은 교육적 환경과 관련해서도 생길 수 있다. 위의 사건은 아이들이 시간과 공간을 조직하는 데 함께 참여하는 교육적 환경 속에서 발생했다. 아침 모임 동안 교사는 아이들과 함께 그날의 내용과 구조에 대해 협의했다. 아이들은 하루 동안 다양한 크기의 집단에서 다양한 내용으로 작업을 선택할 수 있다. 아이들은 가구(비품)와 재료를 사용할 수 있으며 필요에 따라 의견을 내고 재료나 가구를 바꿀 수 있다. 견고한 선의 교육 환경 안에서는 배치된 가구를 바꿀 수 없으며, 그날의 내용은 동일한 방식으로 모두에게 적용된다. 유연한 선의 교육 환경 안에서는 하루에 각 아이들에게 더 많은 선택 사항을 제시할 수도 있지만, 여전히 설정된 목표를 따르는 한에서만 가능하며, 시간·공간·가구는 반드시 이미 결정된 확고한 목표를 따라야만 한다.

스톡홀름과 인근의 유아학교들에서 건축물과 가구들은 종종 재배치되었다. 어떤 경우에는 디자이너와 건축가들의 협동 작업을 통해 새 가구와 탐구활동 위한 새 자료들을 고안해 냈다. 이를 통해 아이들과 교사들에게 새로운 종류의 주체성과 학습 과정의 가능성이 열렸다. 교사와 건축가가 창안한 가구들은 유아학교의 일탈과 지그재그 균열을 가져왔다. 새로운 가구를 배치하면서 교육 환경은 아이들과 교사들의 손안에 들어가게 되며, 교실과 가구에 새롭고 예기치 못한 방식으로 영향을 주었다. 가구는 예상할 수 없는 패턴으로 변형되거나 새로운 접속이 가능했다. 가구에 내재되어 있는 예측 불가능함과 접속이 활성화될 때 바로 탈주선이 생성된다. 이는 건축과 디자인의 유연한 선, 견고한 선과 구별되는 탈주선이 탄생하는 순간이다.

5. 탈주선은 문제 구성에 초점을 맞추어 프로젝트를 진행할 때, 그리고 과정이 결과보다 중요하게 여겨질 때 창조되는 것 같다. 이것은 이미 결정된 지식의 내용과 형식을 전달하는 작업이 아니라는 점에서 학습 과정에서 이루어지는 사유와 행동의 견고한 선과 구별된다. 유연한 선은 아이들로 하여금 사고하게 하고 문제를 해결하게 하지만 문제와 해결 방식이 정해져 있다는 논리 속에 있기 때문에 탈주선과는 구별된다. 문제 구성이 프로젝트의 중심이 되면 정해 놓은 해결 방안과 답을 버리게 되기 때문에 탈주선으로 여길 수 있다. 대신 문제를 구성하는 과정에 초점을 맞추고 진행되는 과정에 따라 방법을 적용하게 된다.[3] 심장박동 프로젝트에서도 이렇게 진행되었다. 프로젝트 동안 계속 문제를 구성해 가면서 계속 의논했지만, 정답이나 해결책에 초점을 두거나 강조하지 않았다. 이것은 문제·

---

3) 아이들과 교사가 문제를 어떻게 구성하는지 보여 주는 또 다른 예로 '까마귀 프로젝트'를 들 수 있습니다. 스웨덴 유아학교의 교사인 앤 옴베리(Ann Åberg)가 『유아교육의 변혁적 변화와 진정한 유토피아』에 프로젝트를 소개했습니다. 앤은 유아학교에서 교사들이 새라는 보편적 주제의 프로젝트를 특정의 새 까마귀에 대한 아이들의 관심에서 출발한 프로젝트로 바꾸어 가는지에 관해 보여 줍니다. 관건은 경험에 대한 성찰, 즉 교육적 기록에 있다고 말합니다. "새와 관련하여 진행했던 몇 년간의 프로젝트들을 되돌아보면서, 우리 교사들이 아이들에게 새에 관한 기본 사실을 가르쳐 주는 데 중점을 두었다는 것을 떠올리게 되었다. 예를 들어, 우리는 아이들에게 가장 평범한 새들의 이름을 가르쳐 주었다. 되돌아보며 나 스스로에게 이런 질문을 던진다. 새 이름들이 누구에게 중요한가? 그러한 것이 아이들에게 얼마나 의미 있는 것인지 궁금해졌다. 새에 관해 알게 되면 흥분할 것이라고 생각했던 그 무언가를 아이들은 정말 배웠을까? 아이들이 새에 관해 실제로 관심이나 호기심을 보였기 때문에 내가 새라는 주제를 택한 것은 아니었다. 새라는 것은 어린이와 함께 살펴봐야 한다고 가정했던 수많은 '범주' 중 하나일 뿐이었다. 하지만 까마귀 프로젝트에서 우리는 보다 주의 깊게 아이들에게 귀기울이고 싶었다. 그리고 관습적인 방식으로 생각하고 과학 프로젝트를 이해하는 것과는 다른 방식으로 프로젝트가 진행되기를 원해서였다. 우리의 목적이었던 어떠한 과학적 사실도 아이들에게는 중요하지 않았다. 그 대신 우리는 어떻게 하면 우리가 관찰했던 아이들의 열렬한 관심을 위해 의미 있는 상황(context)을 마련할 것인지를 이해하고 싶었다."

해결·방법을 이미 결정된 관계 속에서 파악하는 견고한 선이나 유연한 선과는 구별된다.

6. 구성하고 있는 문제를 시각화하기 위해 사용하는 교육적 기록에 의해 탈주선은 만든다. 앞의 사례를 통해 우리는 아이들과 교사들이 어떻게 교육적 기록 주변에서 만나고, 교육적 기록이 문제를 시각화하는 장소로 기능하는지를 볼 수 있었다. 교육적 기록을 통해 새로운 아이디어와 행동은 형태를 갖추게 된다. 이것은 '정상'이라는 렌즈를 통해 아이들을 관찰하거나, 또는 아이들이 정상적인 궤도를 따르는지를 확인하기 위해 감시하는 견고한 선과 구별된다. 이것은 또한 아이들의 욕망과 학습 과정을 길들이고 그들을 유연하고 자율적인 학습자로 만들기 위해 교육적 기록물을 사용하는 유연한 선과도 다르다. 교육적 기록은 문제가 시각화되고 있는 관계적 장을 접하게 되는 지점으로 사용될 때 어떤 의식적 또는 길들여진 논리에 의존하지 않게 된다. 예측할 수 없는 실험을 하고 있다는 점에서 이것은 탈주선이라 할 수 있다.

유아학교들에서는 몇몇 탈주선들이 만들어졌다. 탈주선들은 홀로 존재하지 않는다. 오히려 이들은 견고한 선, 유연한 선과 함께하는 전투의 장에서 볼 수 있으며, 생존 공간 확보를 위해 싸운다. 이것이 유아교육기관을 시끌벅적한 곳으로 만든다. 거기에서는 모든 것이 동시에 발생하며, 탈주선이 만들어지기에 좋은 환경을 갖추기 위한 투쟁이 계속되고 있다.

(Olsson, 2009, 63-67. 사진은 생략)

유아교육에서 들뢰즈와 함께하기: 올슨과의 대화*

M 유아교육 연구를 하게 된 배경을 말씀해 주십시오.

O 두 가지가 있습니다. [스웨덴에서] 유아학교 교사 시험에 합격했지만, 교사를 시작하자마자 대학에서 공부를 더 해야 할 필요가 있다고 느꼈고 그래서 유아교사로 일하면서 동시에 대학에서 코스를 밟았어요. 저는 교육학, 특히 교수 및 교육철학을 공부했습니다. 그래서 두 가지 직업의 조합을 할 수 있습니다. 교사이면서 교육에 대해 사유했던 초기 철학자에게 거슬러 올라가 만나는 교육학, 지식의 전통을 열망한 사람이었어요.

　일을 계속하면서 몇몇 유아학교에서 원장 기회가 있었고, 레지오 에밀리아 연구소[레지오 교육에 심취하고자 하는 유아학교와 교육자들을 지원하는 스웨덴에 있는 기구]와 구닐라 달버그가 이끄는 스톡홀름 교육연구소와 함께하는 협력 프로젝트를 이끌게 되었어요.

M 그다음은요?

O 교수 및 교육철학에 관한 연구를 통해서 저는 케네트 홀트크비스트 Kenneth Hultqvist 교수가 진행하는 연구팀에서 2년 동안 지내면서 정말이지 멋진 기회를 얻었습니다. 케네트 교수는 푸코 전문가였고요, 그와 구닐라 달버그가 함께 세미나를 열었습니다. 저는 그때 푸코의 원저를 모두 공부했어요. 당시 연구를 시작하지 못했기 때문에 그것은 굉장한 기회였어요. 케네트 교수의 연구팀은 거의 다 박사과정생이었는데, 교

---

* M은 모스, O는 올슨의 약칭이다—옮긴이 주

수님은 토머스 팝케위츠Thomas Popkewitz와 니컬러스 로즈 같은 학자들을 초청하여 매우 흥미로운 이야기를 나누기도 했습니다. 저는 매우 젊은 학생이었고 여전히 유아학교에서 일하고 있었거든요.

그 후 스톡홀름 교육연구소에 지원했고, 박사 공부를 할 수 있는 상을 받아 매우 운이 좋았어요. 2002년쯤의 일입니다. 그 당시 저는 푸코가 제가 하고 싶은 쪽과는 꽤 거리가 있다는 것을 발견했어요. 저는 항상 현장에 관심을 가지고 있었고 이론과 실천의 다른 관계를 보여 줄 수 있는 무언가를 찾기를 원했거든요. 그러한 점에서 저에게 푸코는 실제 적절하지는 않았습니다. 저는 계속해서 이론/실제에 관해 도움을 얻을 수 있는 몇몇 이론적 관점을 찾아다녔고, 구닐라 달버그가 저에게 들뢰즈에 관해 이야기해 주었습니다. 그래서 읽기 시작했지요.

M 그때 당신은 들뢰즈에 입문했군요?

O 네. 아무것도 이해할 수 없었어요! 하지만 이해할 필요가 있음을 알았지요.

M 이해해야 할 중요한 무언가가 있다는 것을 이해한 것만으로도 당신은 충분히 이해한 것입니다. 들뢰즈 철학을 이해하기 위해 어떤 노력을 했었나요?

O 열심히 공부했지요. 그것은 너무 어려운 일이었고 기억하는 것이 중요했어요. 하지만 즐겁기도 했고요. 엄격한 학문적 훈련의 일부로 들뢰즈를 읽었지만, 동시에 즐거움도 느꼈습니다. 왜냐하면 이해보다 느낄 수 있도록 해 주는 그의 텍스트들에서 저는 모든 순간을 찾을 수 있었고, 현장에서 연구할 수 있겠다고 느꼈어요.

하나의 개념을 가지고 학위논문에 쓰고 이후 연구에도 적용했어요.

욕망과 순수 생산적 힘으로서의 욕망, 실재하는 무언가의 생산으로서의 욕망에 대한 아이디어입니다. 이것은 발달심리학과 유아교육 연구의 이론적 패러다임 또는 결핍으로서 어린이를 간주하는 정신역동적이론들과는 상당히 달랐습니다. 대다수 유아교육 실제는 특정의 발달단계에 기초를 두면서 다음 단계에 도달하기 전까지 계속해서 부족한 상태에 있는 것으로 간주합니다.

하지만 어린이에 대해 다른 이미지를 지니고 있는 레지오 에밀리아학교들로부터 그리고 스웨덴의 유아학교에서 시도하고 있는 모든 혁신과 실험에 영감을 받았던 저는 매우 유용하게 욕망이라는 들뢰즈의 개념과 마주치게 된 것이지요. 그의 모든 책을 더욱 주의 깊게 읽기 시작했고요, 특히 욕망에 대해 쓴 중요한 책인 『안티 오이디푸스Anti-Oedipus』(1972년 가타리와 함께 쓴 책)에서 가장 주의 깊게 읽었어요. 가타리가 언젠가 말한 적이 있어요. 심리 치료에서는 미리 정해 둔 해석틀에 맞추는 것이 아니라 환자에게 귀 기울여 주는 것이 필요하다고. 제가 본 교사들도 마찬가지였어요. 그들은 유아교육 현장에서 어린이와 함께하기 위해, 미리 결정된 도식 없이 또는 고쳐야 할 결핍되어 있는 무언가를 찾지 않고 아이들의 욕망에 귀 기울이려고 노력하고 있어요.

M 당신은 많이 읽었고 거기에서 영향을 받았다는 말씀이군요. 들뢰즈가 쓰고자 했던 것 그리고 당신이 알고자 했던 것을 말씀하시는 건가요?

O 네. 그러나 수많은 학술 연구가 필요하다는 점도 강조하고 싶어요. 저는 특히 제 박사학위 논문의 지도교수인 구닐라 달버그를 도와 연구했어요. 우리는 매우 열정적으로 들뢰즈에 관해 계속해서 토론했습니다. 들뢰즈의 개념에 대해 제가 이해한 바를 박사 논문을 작성하면서 [유아

학교] 교사들과도 나누었지요. 저는 이전에 오랫동안 함께 일했던 교사들과 함께 현장 연구를 했어요. 꽤 오랫동안 함께 교사로서 일해 왔지만, 이때의 제 역할은 연구자였어요. 우리는 서로에게 계속 도움을 주었어요. 그 후에 제가 대학에서 강의를 시작했을 때도, 유아학교들에서 얻은 자료를 가져와 예비유아교사들과 함께 계속해서 들뢰즈의 개념들을 실험해 보는 일을 멈추지 않았습니다.

M 교육실천가들은 들뢰즈의 아이디어들에 대해 어떻게 반응하던가요?

O 그들은 호의적이었어요. 제가 들뢰즈를 완벽하게 이해하지 못했고, 지금도 그렇지만요. 제 생각에 우린 모두 얼마간 혼란스러웠던 것 같아요. 명확히 다른 무언가를, 유아나 교육에 대해 다른 방식으로 추리하고 사유하는 것을 볼 수 있었던 것이지요. 유아학교에서의 일상과 연결되는 그 무언가가 있었어요.

M 박사 논문을 시작했을 때까지 시간제 교사로 유아학교에서 일했나요?

O 네, 맞아요. 하지만 교사들에게 가서 계속해서 함께 작업을 했어요. 박사과정 중에는 현직 교사 교육을 했었거든요. 지금은 스톡홀름 근처에 있는 쇠데르퇴른 대학교Södertörn University에 부교수로 근무하고 있습니다. 유아학교 교사교육 프로그램 중 하나를 책임지고 있고요. 그 프로그램에서는 들뢰즈의 이론을 적용하지 못하고 있습니다.

M 앞서 당신은 푸코가 이론과 실제의 관계에는 썩 만족스럽지 않다는 것을 발견했다고 하셨는데요.

O 전적으로 그렇다고 할 수는 없습니다. 들뢰즈와 가타리가 쓴 『안티 오이디푸스』의 「서문」에서 푸코는 이론과 실제 간의 아름다운 관계에 대해 썼습니다. 푸코 또한 욕망을 말할 때 어린이에 관한 낭만적인 아이

디어들로 인해 함정에 빠지는 것을 피해야 한다고 보았습니다. 더 나쁘게는 신자유주의가 만들어 놓은 함정, 즉 자율적이고 유연하며 문제 해결력을 갖춘 주체라는 아이디어에 빠지는 것을 피해야 한다고 말입니다. 주체를 이데올로기적으로 보지 않는 것, 이 역시 매우 주의 깊게 살펴보려고 했던 부분이었습니다.

우리들이 이러한 함정들에 계속해서 필연적으로 빠져들게 된다고 생각합니다. 창의성, 긍정성, 혁신 같은 개념들이 우리를 유혹할 수 있어요. 최악의 경우 그러한 개념들은 '꽃말[빈말]'이 되어 버리지요.

저는 '탈주선'에 관해 말하고 싶습니다. 책에서 탈주선에 관한 예를 택할 때, 조금이라도 '저항'하는 것은 중요합니다. 탈주선은 제가 조금 잘못 이해한 개념인데, 지금은 매우 조심스럽습니다. 탈주선은 파시즘을 포함할 수 있기 때문입니다. 어떠한 형태로든 말입니다. 파시즘을 탈주선으로 읽고 그것에 관해 비판적으로 사유하지 않은 채 탈주선에 관해 기술하는 것은 위험한 일입니다. 그것이 하나의 함정이지요. 들뢰즈는 의도되지 않은 방식으로 읽혀야 합니다.

가끔씩 저는 정치적 상황과 관련해 들뢰즈와 가타리가 해 놓은 일들에 관해 걱정이 됩니다. 스웨덴에서 그리고 국제적으로도 들뢰즈와 가타리의 관점은 대단한 인기를 얻고 있어요. 선생님께서 앞서 질문하셨는데요, 제가 공부하면서 누구와 이야기할 수 있었는지 말입니다. 매우 중요한 한 사람을 더 말씀 드려야겠어요. 리안느 모제르Liane Mozère(들뢰즈와 함께 활동한 프랑스 사회학자)입니다. 박사과정생일 때 저는 프랑스에서 살았는데 메츠Metz(프랑스 북동부 지역)에 있는 리안느의 연구팀의 일원이었습니다. 저는 제가 생각한 모든 것을 리안느와 그리고 그녀의 박사 지도 학생들과 토론했어요. 프랑스어로 들뢰즈를 읽으며 그의 이론들을 정치적 차원에서 이해하게 되었고요. 그리고 이제는 그러한 차원을 잃어버리고 있는 것 같아 두렵습니다.

M 정치적 차원에 대해 어떻게 이해하고 있는지 좀 더 말씀해 주시겠어요?

O 이들 이론과 개념들은 치장거리나 꽃말처럼 여겨져서는 안 됩니다. 이들은 우리들이 일하고 있는 사회 내에의 정치적 상황과 연결 지을 필요가 있습니다. '유능한 아이'에 대해 생각할 때 이 개념은 창의성이라는 선line뿐만 아니라 파시즘과도 연결될 수 있습니다. 파시즘의 선을 따라 내려가면 신자유주의와 새로운 통치성까지도 연결될 수 있지요. 때때로 그러한 개념들이 너무 많이 '열성적으로' 사용되면서 정치적 차원은 사라지고 위험해질 수 있습니다. 이러한 개념들은 매우 혁명적인 것처럼 보이고 심지어 황홀하게 느껴지기도 하지만, 거기에는 항상 정치적 책임감과 윤리적 책임감이 있음을 명심해야 합니다.

M 들뢰즈의 아이디어를 연구할 때 비판적 관점을 가질 필요가 있다는 말씀하시는데요. 예를 들어, 사건이 발생하는 한 어떠한 것도 괜찮다는 말씀이신가요?

O 박사 과정에 있을 때 현직 교사 교육 코스의 학생들과 이에 대해 토론한 것이 기억나네요. 학생들은 '소아성애에 대해 어떻게 생각하는지' 말하고 싶어 했어요. 그것은 정말이지 대단히 복잡하고 까다로운 문제예요. 우리는 푸코와 그의 비판적 접근에서 결코 벗어날 수 없었습니다.

M 앞서 당신은 실험과 레지오 에밀리아에 관해 이야기했는데요, 레지오 에밀리아는 들뢰즈와의 작업에 어떻게 열려 있을 수 있었지요?

O 꽤 오래전에 레지오 학교들을 방문할 기회가 있었어요. 그곳에서 저

는 매우 강력하고 생생하게 살아 있는 교육적 전통을 느꼈어요. 그 당시 저는 이에 대해 공부하고 있었고, 이론적 이슈들과 실천 간의 환상적인 연결에 대해 충분히 생각할 수 있었습니다. 그곳에서는 아이들에게 사회 내에서 다른 위치를 부여하고 있다는 것이 명백했고, 그것은 매우 중요했어요. 제가 아는 한에서 들뢰즈와 가타리의 저술과 개념은 레지오에서 발견한 실제와 실험에 가장 잘 들어맞는 것 같습니다.

M 레지오 학교들에서 들뢰즈와 가타리를 알고 있나요?

O 그렇다고 생각합니다. 들뢰즈와 가타리의 이론이 그곳의 실제에 매우 중요한 부분을 차지하고 있는 것 같아요. 저는 그 학교들이 취하는 절충적 접근에 감탄했어요. 그 학교들은 이론들을 자신의 것으로 최선의 용어로 만들었거든요. 이를테면 그곳에서는 '우리의 피아제'라고 말한답니다. 두 개의 선들이 함께 있는 그곳의 실제가 저에게는 환상적이었어요. 한쪽은 실제에 그리고 다른 한쪽은 정말이지 복잡한 이론들을 딛고 있는 것에 대해 항상 열성을 가지고 있었거든요.

　게다가 가장 중요한 것은 그들이 정치적으로 작업하고 있다는 점이었어요. 그들은 공교육에 초점을 맞추면서 교육을 정치적 대상으로 접근했어요. 시민성과 교육적 질문이 사회를 움직이는 힘이라는 것, 그것이 정말이지 저에게 영감을 주었습니다.

M 당신은 스웨덴에서 연구하면서 때마침 레지오 에밀리아와 실험에 대해 관심이 많았던 곳에 있었군요. 스웨덴의 유아학교에 가서 교사들에게 실험에 관해 말해 줄 수 있나요? 교사들이 이러한 실험에 열려 있을까요?

O 네. 하지만 오늘날 교사들은 대단한 압력을 받고 있어요. 제가 책에 쓴

바로 그 도전해야 할 논리, 즉 길들이기, 감독하기, 통제하기의 논리가 스웨덴에서 강력하게 작동하고 있어요. 제가 예상한 것 이상으로요. 스웨덴의 유아학교를 조사하고는 유아학교들에서 교수teaching 실제와 개념을 강화해야 한다는 내용의 보고서가 나왔어요. 그러나 그 보고서에서는 교수를 환원적으로 정의했고, 이미 존재하고 있는 유아교육의 수많은 다양한 교수 실제를 고려하지 않았어요. 오늘날 교사들은 이러한 요구와 실험을 향한 희망 사이에 붙잡혀 있어요.

M 하지만 많은 교사가 실험에 대해, 새로운 방식으로 교육하는 데 열려 있지 않나요?

O 유아교사들에게 혁명 정신이 있다고 생각해요. 유아교육은 여성 개척자들의 이야기였어요. 적어도 스웨덴에서는요. 그리고 유아교육은 그 출발부터 어린이의 사회적 위치에 관한 하나의 프로젝트였고, 아름답고 환상적인 분야입니다. 유아학교에서 교사들과 이야기 나누며 저는 느낄 수 있습니다. 오늘날 유아교사들의 교육으로 무언가를 가져와야 한다는 것을요.

M 당신의 박사 논문에서 들뢰즈가 중요했었는데, 그 이후에 후속 연구를 했나요?

O 박사학위와 책 작업(Olsson, 2009)을 마치고, 구닐라 달버그와 함께 '마법의 언어Magic of Language' 연구 프로젝트를 지원받아 함께 작업했습니다. 우리의 목표는 읽기와 쓰기 같은 언어와 아이들의 관계를 보다 잘 이해하는 데 그리고 [교사들과 아이들이 함께 활동하는 방식의] 새로운 교수 전략didactic strategies을 실험하는 데 있었습니다. 언어에 관한 들뢰즈와 가타리의 저술은 대단히 중요했습니다. 사건 내부에서 일어나는 의미에 관

한 들뢰즈의 이론인 사건이라는 개념이 특히 중요했어요.

단순하게 우리는 '의미'를 문제와 해결에 관한 질문과 연결되어 있다고 말할 수 있습니다. 보통 우리는 문제 이전에 해결이 있다고 생각하면서 교사의 과업은 아이들에게 해결해야 할 문제를 제시하는 데 있다고 생각합니다. 이미 교사는 해결을 가지고 있다고 여기면서 말입니다. 앙리 베르그송Henri Bergson에 힘입어 들뢰즈는 이러한 아이디어를 주장합니다. 그는 진정한 이슈는 어떻게 문제를 구성하는가에 그리고 있다고 말합니다. 또 그러한 구성이 생산해 내는 의미와 문제 구성이 어떻게 전적으로 비례 관계에 있는지가 진정한 이슈라고 말합니다. 따라서 해결이란 생산된 의미와의 관계 속에서 문제가 구성되는 그러한 방법의 결과일 뿐입니다. 들뢰즈가 말한 '의미'의 가장 중요한 점은 그것이 주어지는 것이 아니라 문제의 구성을 통해 생산된다는 데 있습니다. 이미 정해진 해답을 지닌 미리 규정된 문제에 답하는 것이 아니라 아이들의 '의미 생산'과 다양하게 문제를 구성하는 것에 가치를 두는 것이지요.

유아의 언어에 관해 연구할 때 이 의미라는 개념이 환상적인 자원이 됩니다. 아이들은 무엇을 하고 있을까요? 아이들은 언어를 계속 되풀이해서 재창조해 내기 때문입니다. 아이들은 새로운 철자나 단어를 발명해 내고, 우리가 옳다고, 언어에 내재되어 있다고 생각하는 의미를 그대로 이어받지 않습니다. 그렇게 말하는 성인이 문제입니다. 여기에서 이론은 매우 유용합니다. 아이들이 의미를 부여하는 방식이나 언어의 문제를 구성하는 방식을 인정하는 것이지요.

M 교사들은 문제가 무엇인지 알고 있고, 아이들은 읽고 쓰는 법을 배워야 하며, 그래서 어떻게 읽고 쓰는지에 초점을 맞추어야 한다고 말하

는 경향이 있습니다. 그 맥락에서 볼 때 들뢰즈와 관련지어 연구한 것이 생산적이었나요?

O 네. 우리는 18개월부터 2세에 이르는 영아도 언어적 문제를 구성한다는 것을 알 수 있었습니다. 세밀히 분석해 보니, 우리는 아이들에게 반응적인 교육적 접근을 잘 갖추고 있었어요. 예를 들면, 아이들은 자신들이 만든 신호와 연결하여 소리를 만들어요. 이것은 '음소'와 '자모'의 관계를 표상하는 것에 관한 것으로, 가장 기본적인 언어적 문제 중 하나지요. 만약 우리가 이미 알고 있는 언어적 표상뿐만 아니라 아이들이 발명하는 언어적 표상에 열려 있다면, 우리는 아이들을 위한 환경을 마련할 수 있습니다. 신호와 소리의 관계에 대해 의미를 생산하는 데서 출발하여 구성되었던 문제를 아이들이 계속해서 탐구할 수 있는 기회가 보다 많은 그러한 환경 말입니다.

M 들뢰즈와 가타리의 연구를 연결하는 작업은 추상적이지 않군요. 매우 구체적이네요.

O 네, 매우 어렵지만 매우 실천적인 일이지요.

M 유아교육에서 보다 광범위하게 연구할 수 있을지, 다른 철학자들로 확장할 수 있을까요? 보다 많은 유아학교에서 그러한 연구가 유용하다고 알 수 있을까요? 최선의 유아교육을 위해 들뢰즈가 기여한 바가 무엇이라고 생각하시나요?

O 고전적인 교육 문제와 관련하여 들뢰즈의 철학적 사유와 개념들 일부를 활용 가능하다고 봅니다. 이를테면 개인과 사회의 관계, 지식 재생산 대 지식 생산 같은 문제에서 말이지요. 들뢰즈의 이론과 개념들은 매우 유용한 도구임에 분명합니다.

앞서 말했지만, 여전히 위험 부담은 있어요. 그의 이론과 개념들이 현대의 통치성을 작동시키는 데 이용될 수 있어요. 푸코의 개념을 이용하는 데, 더욱더 통제적이고 지배적이 되도록 하는 데 이용될 수 있습니다. 또는 신자유주의가 바라는 바대로 신자유주의 체제에 투입시켜 융통성 있는 문제 해결적 주체를 생산하는 데 쓰일 수도 있습니다. 이러한 이론들이 비정치적인 방식으로 쓰인다면 위험합니다.

반면, 들뢰즈와 가타리는 저항하고 새로운 사유를 만드는 데 도움이 됩니다. 예를 들어, 아이들이 세계에 기여한다는 것이 갖는 가치를 다시 볼 수 있도록 해 주지요. 들뢰즈와 가타리와는 매우 다르지만, 한나 아렌트Hannah Arendt 같은 많은 저자가 이와 같은 노력을 하고 있습니다. 한나 아렌트는 사회·문화·가치·지식에 대해 새로운 세대들이 겪을 불가피한 변화에 대해 꾸준히 이야기합니다.

M 들뢰즈와 가타리가 세계에 대한 아이들의 기여를 재가치화하는 방식을 보여 준다는 말씀이네요.

O 그것은 우리가 유능한 어린이라는 이미지를 가지고 있고 그 의미를 분명히 할 필요가 있다는 점에서 복잡한 사항입니다. 유능한 어린이는 융통성 있는 주체의 신자유주의 버전에 꼭 들어맞는 본질주의적 묘사일 수 있습니다. 들뢰즈와 관련지어 연구하다 보면, 유능한 어린이를 그런 의미로 이야기할 수 없게 됩니다. 새로운 세대들이 사회 변화를 위해 열려 있도록 그들에게 시간과 공간을 제공할 필요성에 관해 이야기해야 합니다. 들뢰즈와 가타리를 연구하면서 우리는 이런 질문을 할 수 있습니다. 무엇이 아이들을 이 세계로 데려왔는지, 아이들이 어떻게 이 세계를 바꿀 수 있을 것인지 말입니다.

들뢰즈는 철학자의 과업은 개념을 창조하는 것이라고 정의 내립니다. 그리고 그는 창조적 사유를 매우 중요하게 여기지요. 많은 이들이 들뢰즈의 사유에 관해 무언가를 말하려고 노력해 왔습니다. 그의 사유는 사회를 개선하기 위해 새로운 세대에게 시간과 공간을 주는 것이 교육적 과업이라는 점에 잘 들어맞습니다. 그의 이론은 그야말로 매우 어린 아이들이 세계에 어떻게 기여하는지를 강조합니다. 따라서 새로운 세대가 사회를 변화시키고 새로움을 창조하는 것이 항상 가능해야 합니다. 그러나 또한 우리는 너무도 가치 있는 것이어서 잃어버려서는 안 된다고 여기는 것들, 새로운 세대에게 주고 싶은 것들도 물려주어야 합니다.

학교의 시초인 그리스인들의 학교에 대한 개념, 즉 학교는 공부하고 동시에 사회를 새롭게 하기 위해 새 세대에게 시간과 공간을 주는 것이라는 말이 생각나는군요.

M 유아교육에서 지니는 들뢰즈의 잠재성에 관해 덧붙이고 싶은 말씀이 있나요?

O 저는 그의 이론과 개념이 일부 고전적인 교육 문제들과 연결될 수 있다는 점이 가장 중요한 공헌이라고 정말 생각합니다. 그러한 이론과 개념들은 특히 아이들이 세계에 어떻게 기여하는지, 아이들이 문화나 가치·지식을 어떻게 변화시키는지를 조명해 줍니다. 이것이야말로 들뢰즈의 가장 중요한 공헌입니다.

제1장의 마지막에 제가 제시했던 질문들을 포함하여 이 장을 읽은 후 떠오르는 생각과 질문들을 공유하고 토론하는 것을 잊지 마십시오. 다음은 제가 여러분에게 드리는 몇 가지 질문입니다.

- 유아교육에서든 또 다른 곳이든 여러분이 경험했던 사건/또는 탈주선에 관한 예를 떠올려 보십시오. 무엇이 발생했고 왜 발생했는지에 대해 이야기해 보세요. 탈주선이 발생할 때 배치를 이루는 구성 요소는 무엇이었습니까?

- 유아교육에서 탈주선이 만들어지기에 좋은 조건은 무엇이라고 생각합니까?

- 몸으로 감응을 느껴 본 적이 있나요? 이를테면 무언가 예상하지 못했던 또는 새로운 것으로 인해 소름 돋는 것과 같은 경험을 해 본 적이 있습니까?

- 성인이 정한 문제를 푸는 것보다 아이들이 구성한 문제에서 출발하도록 하려면 유아교육은 무엇을 극복해야 할까요?

- 당신 스스로 경험하고 있거나 또는 누군가와 관련되어 있는 현재 진행 중인 미시정치의 예를 떠올릴 수 있을까요? 무슨 일이 일어났고 그 결과 어떻게 되었습니까?

제7장

포스트휴머니즘,
포스트휴먼 어린이
그리고 내부작용 페다고지

이제 저는 유아교육의 다양한 관점들로부터 나온 대안적 내러티브를 창조하는 데 도움이 되는 마지막 사례로 이동하고자 합니다. 유아교육에 자극이 되는 수많은 아이디어 중 이것이 마지막 아이디어가 아님을 다시 강조합니다. 이보다 더 많은 대안적 내러티브가 있습니다. 단지 이 관점은 이 책에서 다루어지는 마지막 사례일 뿐입니다. 이 장에서는 레지오 에밀리아의 프로젝트와 푸코·들뢰즈 등의 사물에 대해 사유하는 방식, 세상과 관계에 대한 관점, 그리고 '항해하는 도구'(Braidotti, 2013: 5)로 옮겨 가보겠습니다. 바로 포스트휴머니즘입니다.

들뢰즈와 더불어 포스트휴머니즘 관점에 기반한 연구를 하는 많은 사람이 자주 언급하는 이름이 캐런 바라드Karen Barad입니다. 바라드는 미국 페미니스트 학자이면서 덴마크 물리학자인 닐스 보어Niels Bohr의 이론에 기반을 둔 물리학자이기도 합니다. 보어의 양자물리학은 1930년대 주류 물리학과 아인슈타인에 도전한 이론입니다. 이 장에서는 어린이와 유아교육을 위하여 바라드의 '행위적 실재론agential realism'과 '내부작용intra-action' 개념을 포스트휴머니즘과 폭넓게 관련지어 보겠습니다.

푸코와 들뢰즈의 개념과 이론이 오늘날 유아교육에서 작동하여 우리가 다르게 생각하고 실천할 수 있도록 자극하는 것처럼 포스트휴머니즘의 개념과 이론 또한 그러합니다. 푸코와 들뢰즈 그리고 특히 레지오 에밀리아는 오늘날 지배 담론에 질문을 던집니다. 실증주의 패러다임이 이분화하는 것에 대해 그리고 실증주의에 깊이 내재되어 있는 통제와 억압에 대해 지속적으로 의문을 제기합니다(통제를 목적으로 하는 실증주의의 전략은 분열·통치·분류와 지배입니다).

이와 달리 레지오 에밀리아, 푸코와 들뢰즈로부터 발현되는 것은 사람과 사물과 아이디어의 심오한, 기꺼이 수용되는, 피할 수 없는 상호 연결성에 대한 이해입니다. 이것이 포스트휴머니즘의 핵심이기도 합니다. 포스트휴머니즘은 과학, 기술 연구, 동물 연구, 포스트휴먼 철학과 윤리학, 환경적 인문학 등 상대적으로 새로운 분야를 포함하며 다양한 관점과 방법론과 함께하는 학제 간 연구라고 할 수 있습니다. 발달심리학이나 특히 경제학과 같은 일부 학문 분야에 의존하고 있는 지금의 지배 담론을 넘어 우리는 다학문의 산물에 접하게 됩니다.

CEC 시리즈에서 포스트휴머니즘을 다루고 있는 책은 모두 세 권입니다. 이 장에서는 이 세 권의 귀중한 자료를 광범위하게 활용할 것입니다. 렌스 타구치의 『들뢰즈와 내부작용 유아교육: 이론과 실제 구분 넘어서기』 (2009), 아프리카 테일러Affrica Taylor의 『아동기 특성 재고하기Reconfiguring the Natures of Childhood』(2013), 카린 무리스Karin Murris의 『포스트휴먼 어린이: 그림책과 철학하기를 통한 교육적 변화The Posthuman Child: Educational Transformation through Philosophy with Picturebooks』(2016)가 그것입니다.

휴머니즘과 그 문제점

수세기 동안 휴머니즘은 인간의 사고와 행동에 많은 영향을 미쳤습니다. 그 중심에는 특권과 중심 지위를 부여받은 인간이 있습니다. 지구를 지배하고 환경과 분리되어 있거나 그 위에 있으며, 세계에 특별한 힘을 가할 수 있는 존재로 인간을 보는 것입니다. 최악의 휴머니즘은 책의 시작 부분에서 소개한 환경단체 '암흑의 산 프로젝트'가 기술한 경우입니다. 즉 인류는 다른 모든 생명과 분리되며 그것을 통제할 운명이라는 상황을 초래하기도 합니다. 이들이 기술한 인류는 인류가 연구한 모든 영역에서 자율적이고 이성적인 지배자로, 인류는 생물이든 비생물이든 인간 아닌 모든 것에 대해 제한 없는 선택을 할 수 있고 지배할 수 있습니다. 그 외의 모든 비인간은 행위자로의 가능성을 부정당합니다. 이렇게 인간과 비인간을 완전히 이분법으로 분리합니다.

이 상황은 검정이 필요합니다. 인류에 대한 이러한 생각은 상당히 배타적이기 때문입니다. 출발점부터 강력한 발달적 요소를 포함하고 있습니다. 성인은 완전한 인간성과 능력에 기반한 행위주체성이 있다고 보는 반면, 어린이는 완전한 인간이 아니며, 미성숙하고 불완전하며, 아는 것이 많고 발달한 성인과 동등하지 않다고 간주합니다. 그리고 휴머니즘은 여성, 장애를 가진 사람, 유색인종, 쫓겨난 사람 등을 불완전한 인간으로 취급하는 경향을 가지고 있습니다.

백인 성인 남성이 최고의 위치를 차지하는 존재의 계층 구조를 갖는 이러한 휴머니즘에 대해 점점 더 의문이 생겨났습니다. 한 가지 원인은 다수가 백인 성인 남성의 지위에 특권을 부여 하는 것을 거부하기 때문입니다. 또 다른 원인은 우리에게 닥친 생태학적 위기와 핵 위기입니다. 분리와 정복의 지배 담론이 우리 눈앞에서 무너져 내리고 있으며, 우리를 아주 위험한 상황—《핵 과학자 회보Bulletin of the Atomic Scientists》의 지구 종말의 시계Doomsday Clock가 2분 전을 가리키고 있습니다—으로 몰아가고 있습니다. 지구 종말의 시간에 우리는 모두 함께 있습니다. 이는 인류와 지구 나머지 존재들 사이의 새로운 관계, 더 큰 존중과 보살핌 그리고 지속가능성으로 무장한 관계로 나아가야 함을 의미합니다. 필요한 시간 안에 이를 해낼 수 있을지 알 수 없습니다.

변화의 실제 이유는 지구상의 모든 사람과 사물의 위치와 관계를 근본적으로 재고하려는 철학적 변화에 의해 수반됩니다. 적어도 일부 사람들 사이에서 휴머니즘에서 포스트휴머니즘으로의 패러다임 전환으로 이어지는 '물질적 전회material turn'가 일어나고 있습니다.

물질적 전회와 포스트휴머니즘

제2장에서 '언어적 전회'에 대해 언급하면서 (적어도 일부에게는) 실증주의에서 후기근본주의로의 이동을 수반한다고 언급했습니다. 보다 최근에는 '물질적 전회'가 일어나고 있습니다. '물질적 전회'는 언어적 전회를 기반으로 하는데 렌스 타구치는 다음과 같이 기술했습니다.

> 담론과 실재를 구축하는 데 물질을 능동적인 행위자로 포함시키기 위해 물리학적 물질은 형태를 변화시킬 수 있는 능력을 가진 역동적인 물질 또는 변형된 물질이 된다. 그 과정에서 다른 물질 및 유기체와 내부작용을 한다. 실증주의(실증과학)나 마르크스주의와 연결되어 있던 '오래된' 물질주의와 달리 '새로운' 물질로의 전회란 물질세계의 능동적인 역할, 물질적 문화, 물질적 행위 주체성과 예술적인 것 등에 대한 관심을 증가시키고 있다(Lenz Taguchi, 2009: 18-19).

간략히 말해, 물질적 전회는 언어와 언어의 의미 형성에서의 역할('담론적인')을 중요하게 다루며 더불어 생물이나 무생물을 포함한 인간 아닌 모든 측면과 그들의 세계 형성에서의 적극적인 역할('물질적인')에 대해서도 중요하게 다룹니다.

　물질적 전회와 인간 아닌 존재에 대한 다른 사유를 통해 인간은 지구의 다른 거주자와 새로운 관계를 맺게 되고 휴머니즘은 포스트휴머니즘에 무너집니다. 인간(성인) 존재가 중심적이고 특권적이며 자율적이라는 입장은 우월성과 분리에 대한 신념과 함께 모든 것을 지배하도록 합니다. 그러나 세계는 인간과 인간의 관심사가 중심이 아닙니다(Prout, 2004). 세계 내에서 인간 존재의 위치는 탈중심화되며, 사물, 대상, 동물, 살아 있는 존재들, 유기체, 신체의 힘, 영적 실체와 인간의 광범위한 구성물을 포함하고 있는 '인간 그 이상의 세계'라는 용어로 묘사되는 것들 간의 상호 의존성으로 중심이 움직입니다. '뒤얽힘'이라는 용어가 이들이 맺는 관계의 다수성·복잡성·불가피성에 대한 의미를 전달할 때 사용됩니다.

　이와 같이 새로운 포스트휴먼 관점에서는 오래된 경계, 특히 인간이 독특하고 특권적인 입장을 유지하는 경계는 무너지고 흐려지기 시작했으며 이는 상호 의존성, 상호 연결 및 (리좀의 그림자) 얽힘에 대한 관심으로 대체되었습니다. 렌스 타구치는 또 이렇게 말합니다.

　　내재적 존재론 또는 존재의 내재성이란 우리가 '인간/인간 아닌'으로 나누는 것을 넘어서는 것으로, 우리의 존재란 나머지 모든 세계와 결국 같이 공존한다는 사실을 이해하는 것이다. 우리가 내재성을 생각할 때 생명을 가진 조직(인간과 비인간 모두)과 물질적 세계에서 위계적 관계란 있을 수 없다. 우리는 모두 한 상태에 그리고 인간과 비인간의 수행하는 자로서 서로서로 연관되어 있고 상호 의존적 관계에 있다. "존재는 개인적 문제가 아니다"라고 쓴 바라드의 말처럼, "인간 개개인과 비인간적 조직체와 질료는 복잡하게 얽히고 얽힌 내부작용적 관계를 통해 발현되는 것이다"(Barad, 2007, ix). 우리를 둘러싼 모든 것은 다른 모든 것에 영향을 주고 그럼으로써 모든 것은 또 변화하고, 또 끊임없이 되어 가기의 과정에 있다. 즉 그 자체로 **다르게 되기**이며, 이는 단순히 다른 물질과 관계를 맺음으로써 다른 자가 되었다는 것과는 다른 것이다(Deleuze, 1994). 이러한 과정에서 비예측성이 핵심으로 자리 잡고 있는데, 다른 잠재성을 가진 물질과 조직체가 얽혀 창조적 생성이 일어나는 것과 같은 변화는 항상 명료한 예측이 불가능하다는 것이다. 모든 물질과 조직체는 모두 행위주체성을 가지고 지속적인 힘의 흐름으로 얽히는데, 이들은 불가능과 비예측성이 모두 작동하는 강도와 힘의 흐름 속에서 서로가 서로에게 영향을 주는 존재들이다(Grosz, 2008). 어쨌든 지금 여기서 현재 현시된 것은 결과다. 모든 물질과 유기체는 자기 조직 행위를 습관적으로 계속 반복하고 있으며, 그것이 모든 사물과 유기체가 작동하는 사이에서 내부작용이 일어나게 하는 변화이고 오류이고 창조이고 발명인 것이다. 변화의 한계와 모든 유기체와 물질이 변화하고 발전할 가능성에 관해 우리는 알 수 없을 뿐더러 그 잠재성이 무엇인지는 아직 알려져 있지 않다(Lenz Taguchi, 2009: 15. 강조는 원저자).

'우리 주변의 모든 것은 다른 모든 것에 영향을 미치는데, 그럼으로써 모든 것을 변화시키고 지속적인 되기becoming의 과정 속에 놓입니다.' 이것이 포스트휴머니즘의 핵심이며, 모든 것을 변화시킵니다. 인간이 상위에 있는 위계적 세계 대신 살아 있는/불활성의, '인간/인간 그 이상'의 모든 형태의 타자들과 함께 역동적인 공동체와 예기치 않은 파트너십을 형성하고 공유하는 공동 세계common worlds가 있습니다(Taylor, 2013: 62). 이렇게 재개념화된 세계에서 더 이상 인류만이 행위주체성을 갖지 않습니다. 인간을 능동적이고 의도적이며 행위주체성을 행사하는 힘을 가진 존재로, 인간 이외의 모든 것은 수동적인 배경을 제공하는 것으로 분할하지 않습니다. 오히려 모든 것이 역동적이며 수동적이지 않습니다.

> 의자들과 점들과 마룻바닥이 내부작용할 때 이 사물들이 느끼고 내는 소리가 **물질화**되는 것을 보라. 일반적으로 이것들은 특정 공간 또는 세계에서 우리의 사고와 존재를 변형시킬 힘과 권력을 갖는다. **내부**작용은 적어도 두 사람 사이의 관계를 말하는 대인관계와 관련된 상호 작용과 다르다. 여기서 말하는 **내부**작용은 물리학 용어와 관련 있으며 유기체와 물질(인간 또는 인간 아닌) 간의 관계에 관한 것이다. 그래서 바라드와 다른 물질론적 페미니스트(Alimo and Hekman, 2008)가 제안한 바에 따르면, 이 세계에서 어떤 행위를 하고, 세계와 타자를 중재하고 영향을 미칠 가능성을 가진 존재는 인간만이 아니다. 오히려 **모든 물질이 행위주체자라고 봐야 한다. 그리고 인간과 물질은 지속적인 내부작용을 통해 서로 변화시키고 바꿔 간다.** 간단한 예를 생각해 보자. 뜨거운 차 한 잔과 커피가 우리 몸을 데워 주고 긴장된 몸을 이완시켜 주면서 내부작용을 해 나가는 방식이다. 여러 방법으로 몸에 심각한 영향을 미칠 정서적 사건 때문에 신체 질병이 나타날 때 우리가 몸과 마음으로 개념화한 것 사이에서 일어나는 보다 복잡한 상호 연결도 이 예에 해당한다. 또는 대도시의 소음 속에서 생명의 진화 과정으로 새들과 귀뚜라미가 더 크게 소리를 내고 더 좋은 '소리-악기'를 발전시켜 나가는 것도 예로 들 수 있다(Lenz Taguchi, 2009: 4. 강조는 추가).

이렇게 재개념화된 세계에서는 인간뿐만 아니라 인간 아닌 것도 '수행적 행위주체자performative agent'가 됩니다. 스피노자의 '우리는 몸이 무엇을 할 수 있을지를 결코 이미 알지 못한다'는 관점은 인간과 인간 아닌 모든 것에 적용됩니다. 그러나 행위주체성에 대한 이런 확장된 이해가 행위주체성이 어떤 단순한 상호 작용의 과정이거나 원인과 결과의 직접적인 관계임을 말하는 것은 아닙니다. 그보다는 '내부작용의 역동적 과정'을 통해 일어난다고 할 수 있습니다. 이것이 바라드의 '행위적 실재론'입니다. 이는 인식론이자 존재론입니다. 즉 바라드의 이 이론은 지식이 어떻게 만들어지는가와 실재가 어떻게 실제로 형성되는지를 재개념화합니다.

이렇게 사유하기 위해서는 인간이든 인간 아닌 것이든 그것이 행위주체성을 행사하는 분리되고 개별화된 존재라는 생각을 뒤로 남겨 두어야 합니다. 인간 또는 인간 아닌, 생물 또는 무생물인 주체들이 '모두 함께 있는' 세계를 상상해야 합니다. 그들은 서로 관계를 맺고 있으며 영향을 주고받습니다. 모두 얽혀 있기에 각각의 어린이, 교사, 비치된 가구, 그림의 경계를 말하기 불가능합니다. 이와 같은 상호적 관계를 통해 모든 물질은 지속적인 내부작용 속에서 변화시키고 변화합니다.

캐런 바라드는 행위주체성이란 "누군가가 또는 어떤 것이 저마다 다르게 갖고 있는 어떤 것이 아니다. 나는 독립적으로 존재하는 개체라는 바로 이 개념을 바꾸려고 한다. 그것은 오히려 뒤얽힘들을 재형상화하기 위한 가능성의 문제이자 집행이다. 따라서 행위주체성이란 휴머니즘에서 의미하는 선택에 관한 것이 아니며 … 그것은 상호적 반응의 가능성에 관한, 반응-능력에 관한 것이다"(Barad, 2009)라고 강조했습니다. 카린 무리스는 『포스트휴먼 어린이』에서 카린 홀트만Karin Hultman과 렌스 타구치가 모래 구덩이에서 놀고 있는 한 여자아이의 사진을 분석한 것을 이 뒤얽힘의 상호적 내부-행위 주체성에 대해 설명했습니다.

홀트만과 렌스 타구치는 우선 휴머니즘 렌즈로 사진을 어떻게 분석할 수 있는지(선언한 대로 단순화할 수 있는지) 설명합니다.

습관적인 (인간 중심적) 방식으로 보면 모래사장에서 모래를 가지고 놀고 있는 여자아이가 먼저 보인다. 사진의 주체로 여자아이는 모래사장에서 분리되고 모래사장은 배경이 된다. 이런 방식으로 이미지를 읽는 것은 주체/객체를 이분화하여 경계로 나누는 방식이다. 연구자가 자신을 사진에서 분리해 보는 주체로 이해하는 것과 유사하다. 이런 방식은 주체는 인간 (주체 인간)으로 이해하고 객체는 자연 (객체 자연)의 일부로 이해하여 근본적인 구분을 만들어 낸다(Mol, 2002: 33). 이러한 구분은 모래를 가지고 노는 여자아이에게 훨씬 큰 가치를 부여한다. 모래를 가지고 노는 여자아이가 모래·양동이·모래사장보다 우월하다고 보는 것이다. 여자아이는 적극적이고 모래사장은 수동적이다. 여자아이는 주체로 자신의 의도대로 행동하고 능력을 발휘하고 있는 것이다(Hultman & Lenz Taguchi, 2010: 527).

휴머니즘적 관점에서 볼 때 사진 속 물질은 단지 질료로 단순한 배경일 뿐입니다. 물리적 물체는 다른 물체와의 관계에서 분명하게 분리되며 "외부 행위자에 의해서만 작용합니다"(Jackson & Mazzei, 2012: 111). 홀트만과 렌스 타구치는 위의 사진을 '수직적으로' 계층적으로 읽는 것의 대안을 제시합니다(Hultman & Lenz Taguchi, 2010: 529). 그들의 읽기는 '수평적'이거나 또는 '평평'합니다.…

포스트휴먼 방법론은 사진 속 인간에 초점을 두고 시작하는 것에 저항합니다. … 훌트만과 렌스 타구치는 다음과 같은 특이한 방식을 제안합니다. **수평적** 사진 읽기입니다.

모래와 여자아이는 동시에 서로에게 무언가를 하고 있다. 모래와 여자아이는 그들 사이에서 일어나는 내부작용의 영향으로 변형된다. 그러므로 사건 속 모든 신체는 서로에 대한 원인으로 이해되어야 한다(Deleuze, 1990: 4). 이렇게 이해하는 또 다른 방법으로 모래사장은 여자아이와의 관계 내에서 어떤 가능성을 제공한다. 새로운 문제는 서로 얽힘의 영향으로 나타나고 해결된다. 여자아이와 모래는 각자 자신이 소유한 고유한 행위주체성은 없다. 오히려 행위주체성을 관계적 물질론으로 접근하면 서로 다른 신체들 사이에 상호 간섭이 관여하는 '사이 내부in-between'라고 할 수 있다: 팔과 손을 들어 올리는 근육은 천천히 열리고 모래를 흘러 보낸다. 중력으로 인해 모래 알갱이는 양동이에 특정 속도로 떨어지며 착륙한다. 한 알갱이가 다른 알갱이에 걸리고 양동이 중간에서 모래 언덕을 만든다. 모래사장의 불완전한 울퉁불퉁한 기초는 여자아이의 몸이 그녀의 임무를 수행할 수 있도록 완벽한 균형을 찾도록 한다. 온몸을 모래사장으로 휘감는다. 중력의 힘, 고르지 않은 기초, 양동이 및 모래 알갱이의 질, 여자아이의 몸과 마음이 내부작용하면서 함께 작동한다(Hultman & Lenz Taguchi, 2010: 530).

관계적 물질주의relational materialist의 방법론으로 보면, 모래는 능동적이며 행위주체성을 갖고 있다. 모래와 여자아이, 두 신체 사이에는 절대적인 경계선이 없다. 그들은 중첩되는 힘들이다. 여자아이는 모래와 놀이하고, 모래는 여자아이와 놀이한다. 어린이와 모래 둘 다 지속적인 되기becoming이다. 여자아이는 확실히 행위주체성을 갖고 있지만, 의도적인 우월한 자율적인 휴머니스트의 주체는 아니다(Hultman & Lenz Taguchi, 2010: 530).

(Murris, 2016: 94-96)

이 예에서 중요한 점은, 내부작용은 서로 다른 신체 '사이 내부'에서 일어나는 어떤 것이라는 것입니다. '사이 내부'는 행위주체성을 이해하는 데 매우 중요한 개념입니다. B에 작용하는 A라는 단순한 생각에서 새로운 어떤 것을 발생시키는 내부작용으로부터의 뒤얽힘이라는 좀 더 복잡한 생각으로 이동하는 것이라고 할 수 있습니다. (독자는 이제 단순한 인과관계에서 벗어나는 것이 이 책 전반의 주제라는 것을 알아차렸을 것입니다.)

이제 휴머니즘과 포스트휴머니즘의 관계에 대한 명확한 설명이 필요할 것 같습니다. 휴머니즘은 연대, 사회 정의, 평등을 포함하는 해방이라는 어젠다와 관련됩니다. 포스트휴머니즘도 더 나은 인간의 삶을 위한 어떤 의제를 거부하지는 않습니다. 포스트휴머니즘이 반대하는 것은 휴머니즘에 의해 지구의 모든 거주자에게 행해지는 '인식론적 폭력epistemic violence'입니다. "인식론적 폭력을 알아차리는 것은 실제 삶에서 일어나는 폭력을 인식하는 것과 관련 있다. 그것은 휴머니즘의 규범에 의해 인간 아닌 동물들과 비인간화된 사회적·정치적 '타자'에게 행해지는 폭력이다"(Braidotti, 2013: 30). 폭력·착취·정복에 저항하면서 연대와 사회 정의와 평등을 유지하는 것이 관건입니다.

행위주체성과 선택에 관한 노트

저는 선택의 가능성에 대해 앞에서 이야기한 적이 있습니다. 개인의 정체성, 내러티브, 관점, 어린이의 이미지와 정치적 결정을 선택하는 것이 해당됩니다. 나는 이것을 마치 자율적인 소비자가 제품을 구매할 때 합리적으로 계산하여 최선의 선택을 하는 것처럼 개인 행위주체성의 직접적인 행사로 보지 않아야 한다는 것을 분명히 합니다. 사실 선택과 행위주체성은 불충분한 정보, 권력 관계 또는 다른 구조적 힘에 의해 제약된다는 것을 인정해야 합니다. 이렇게 우리는 결코 완전히 자유로운 행위자가 아닙니다.

포스트 휴머니스트들은 행위주체성과 선택의 가능성에 의문을 제기하면서 더 나아가고 있습니다. 여러분은 앞에서 행위주체성이란 "누군가가 또는 어떤 것이 저마다 다르게 갖고 있는 어떤 것이 아니다. 나는 독립적으로 존재하는 개체라는 바로 이 개념을 바꾸려고 한다"는 바라드의 견해를 읽었습니다. 무리스는 이 주제를 CEC 시리즈로 출판된 책을 통해 다음과 같이 이야기하고 있습니다.

> 포스트휴머니즘은 (마치 아침에 일어나서 입을 옷을 선택하는 것처럼) 교육자들이 여

러 가지 선택 사항 중에서 **선택**할 수 있는 가르침과 연구에 대한 또 다른 '개념적' 틀을 제공하는 것이 아니다. 이것은 휴머니스트 주체성을 가정한 지향성의 개념을 전제한다. 이론은 인간 동물이 자유롭게 선택하는 단순한 **담론적** 도구일 뿐이다. 인간 동물은 자연도 문화도 책임지지 않는다. **사실**, 인간 동물은 자연문화의 **일부**이며, 초월적이거나 (특정한 '지금 여기'에서) 분리된 관점을 취할 수도 없다. 이는 단순히 선택 사항이 아니다(Haraway, 1988). 우리는 어린이에 대한 우리의 **이야기**를 간단히 변화시킬 수 없다(Murris, 2016: 121. 강조는 원저자).

다시 말해, 대안과 선택의 관점에서 이 책의 틀을 잡은 방식이 제가 취한 입장의 증거이기도 합니다. 이는 사회적 구성주의자에게서 널리 기술되는 방식이며 포스트휴머니스트에게서는 공유되지 않는 입장입니다. 이제 보게 되겠지만, 포스트휴머니스트는 사회 구성이라는 바로 이 생각에 비판적입니다.

포스트휴먼 어린이

포스트휴머니즘은 휴머니즘 관점에서 보는 어린이의 개념에 의문을 제기합니다. 휴머니즘 관점에서 보는 아동의 개념은 다음과 같습니다. 일반적이고 보편적인 자연의 순서와 법칙에 따라 타고난 대로, 연령에 따라 순서대로, 위계적으로, 뚜렷이 구분되는 단계에 따라 발달하고 성장하는 '발달하는 아동', 적극적이고, 유능하고, 두드러지고, 강력하지만 여전히 성인이 되어 가는 과정에 있어 보호와 특별한 준비가 필요한, 개인적이고, 탈맥락화되어 있으며 보편적인 '권리를 가진 아동', 특히 사회경제적·언어적·문화적·역사적 환경에 맥락화되고 사회적으로 구성된 '사회적 아동' 등입니다.

이 개념들에서 포스트 휴머니스트는 자연('발달하는 아동')과 문화('권리를 가진 아동' 또는 '사회적 아동') 사이의 경계와 분리를 봅니다. 이에 대해 테일러는 다음과 같이 이야기합니다.

> 오랜 '자연/문화' 논쟁에서 가장 널리 표현되어 온 자연 아니면 문화라는 양극화된 진영은 … (이들의) 깊은 인식론적 차이는 '자연사실주의자nature realist'와 '사회구성주의자social constructionist' 사이에서 명백하게 드러난다. 자연사실주

의자는 대부분 신체 또는 행동 과학자로 어린 시절의 생물학적·화학적·신경학적 결정 요인과 함께 아동기에 관한 '견고한 사실'을 찾는다. 사회구성주의자는 문화적으로 만들어진 담론을 통해 (아동기의 사실에 대한 사회적 담론을 통해서만) 어린 시절을 알 수 있다고 생각하는 사회과학자다(Taylor, 2013: xvii).

그러나 인간과 인간 아닌 것 사이에 확립된 분열을 분해하고 공동 세계에서의 얽힘에 찬성하는 포스트휴머니스트의 사고는 자연과 문화, '자연사실주의자'와 '사회구성주의자' 사이의 분리, 즉 이항성에 의문을 제기합니다. 포스트휴머니스트는 아니지만 앨런 프루트Alan Prout는 『아동기의 미래The Future of Childhood』(2004)에서 아동기와 아동기 연구에 '새로운' 사회학을 주도한 인물로, 자신이 수십 년을 홍보하며 보낸 사회구성주의 입장에 의문을 제기합니다. 아동기의 미래 연구에서 그는 자연/문화의 분리와 생물학적/사회적 분리를 거부하는데, 아동을 이해하는 데 초기에 우세했던 측면은 시간이 지남에 따라 다른 측면이 우세해지는 '서로 구성하는' 열린 상호 관계 속에 있습니다. 테일러는 프루트를 이렇게 설명합니다.

학자들에게 아동기에 대한 담론적 [사회적] 구성에 관한 통찰과 사실주의자가 내린 정의를 그대로 수용했던 태만을 버리라는 것이 아니라 순수하게 자연적으로 가정된[즉 생물학적] 또는 순수하게 문화적으로 가정된[즉 사회적구성주의자] 사이에서 … 상호 배타적인 선택을 요구하지 않는 아동기를 연구하는 방법을 추구하라는 것이다. … 프루트는 "… 아동기의 미래 연구에서 아동기를 '자연문화'로 보는 방법에 아동기 연구가 달려 있다고 제안했다. … 어떤 경우에도 쉽게 분리될 수 없는 자연과 문화의 이질적인 요소들에 의해 어린 시절

을 형성하는 방식을 이해해야만 아동기 연구에 한걸음 나아갈 수 있을 것이
다"(Latour, 1993: 44). (Taylor, 2013: xvii, xix).

아동기를 자연문화nature-culture로 보면서 프루트와 다른 학자들(예컨대
생물학자이면서 철학자인 도나 해러웨이Donna Haraway)은 아동기를 생물학적 개체로 볼 것
인지 또는 사회적으로 구성된 것으로 볼 것인지의 논쟁을 넘어서고 싶어 했
습니다. 실제로 그들은 아동기를 자연의 비율이 높은 부분으로 볼 것인지
문화의 비율이 높은 부분으로 볼 것인지, 즉 물질의 일부로 볼 것인지 담론
의 일부로 볼 것인지 등의 논쟁을 넘어서려고 했습니다. '자연문화'로 접근한
다는 것은 생물학적 것과 사회문화가 서로 밀접하게 얽힌 상태로 연결되어
있음을 의미합니다. 어린 시절은 두 가지가 뒤섞여 있기 때문에 생물학적인
것과 문화적 또는 사회적으로 구성된 것의 경계를 그릴 수 있는 방법은 정
말 없습니다. 캐런 바라드는 다음과 같이 말합니다.

> 물질적인 것과 담론적인 것은 서로를 수반하는 관계다. 담론적 실천이나 물질
> 적 현상은 존재론적으로나 인식론적으로나 그 어느 것도 선행하지 않는다. 그
> 어느 쪽도 다른 쪽의 입장에서 설명될 수 없다. 다른 쪽으로 감환될 수 없다.
> 어느 한쪽이 다른 쪽을 규정짓는 데 우월한 위치를 점하지 않는다. 다른 한쪽
> 이 결여된 상태에서는 구별되지도 구별 가능하지도 않다. 질료와 의미는 서로
> 유기적으로 관련되어 있다(Barad, 2007: 152).

그러므로 포스트휴먼 어린이는 "개념들과 물질의 힘에 의해 구성되는
뒤얽힘입니다. 거기에는 사회적, 정치적, 생물학적, 그리고 관찰하고 측정하

고 통제하는 기계들은 서로 얽히고 연결되어 있습니다. 즉 모든 요소는 '내 부작용'을 합니다"(무리스의 비공식적 의견).

내부작용 페다고지

유아교육에는 힐레비 렌스 타구치의 '내부작용 페다고지Intra-active pedagogy'
라는 개념을 통해 포스트휴머니즘이 연구되었습니다. 내부작용 페다고지는
물질과 담론의 얽힘 그리고 인간과 비인간의 얽힘으로의 교육에 대한 시사
점을 탐구합니다. 렌스 타구치는 다음과 같은 중요한 질문들을 던집니다.

> 담론적인 것과 관련해 생각할 때 질료를 '죽은' 것이나 수동적으로 구분되지
> 않은 다른 무엇으로도 생각할 수 있을까? 유아교육 활동에서 물질 그 자체가
> 행위주체성을 갖는다고 생각할 수는 없는가? 물질 자체가 어린이와 학습 그
> 리고 교사로서의 우리 자신에 관해 적극적으로 그 어떤 의미를 만들어 낸다
> 고 볼 수는 없는가? 우리의 담론적 의미 만들기에 물질이 적극적 역할을 하는
> 것으로 생각하는 것이 가능한가(Lenz Taguchi, 2009: 29).

우리가 이러한 질문에 예라고 대답할 경우, 교육 실제는 우리의 담론적
실천에 의해서만 아니라 "적극적이고 담론적으로 물질화하여 구체적인 모습
으로 현실화하는 물질들에 의해서도 이루어진다. 담론적 이해의 내부작용

적 생산 과정 속에서 물질이 행위주체적으로 관여하기 때문이다"(Lenz Taguchi, 2009).

이러한 생각을 따라가면 모든 종류의 유기체와 질료는 수행적 행위주체자로 이해됩니다.

> 심지어는 교실에서 어린이들이 원형으로 함께 모이는 활동을 하기 위해 교사가 마루 위에 표시해 놓은 점들조차 어린이의 몸에 적극적으로 행위한다. 이 점들은 어린이가 자기 자리를 찾아갈 수 있도록 해 줌으로써 어린이에게 이해될 수 있는 그 무엇이 되도록 자신을 적극적으로 만든다. 그리고 어린이가 제 자리를 벗어날 경우 우리 눈에 띔으로써 신호를 보낸다(Hultman, 2009). 만약 그것이 그 어떤 종류의 행위의 원천으로 인식된다면, 수행적 행위주체자는 유기체인 인간만을 지칭하는 것이 아니라 마루 위의 점들과 같은 비유기체인 인간 아닌 존재도 포함하는 것이다(Lenz Taguchi, 2009).

내부작용 페다고지는 인간과 마찬가지로 행위주체적인 것으로서 물질적 존재를 인식할 것을 요구합니다. 이때 물질은 사물, 질료와 유기체 사이의 관계에서 내부작용하는 상호 의존적이고 얽혀 있는 존재입니다. 따라서 그들은 서로에게 의존할 뿐만 아니라 항상 서로에게 영향을 미칩니다. "물질은 우리의 담론적 이해에 영향을 준다. 또한 담론적 이해는 우리 주변의 물질적 실재에 영향을 미친다"(Lenz Taguchi, 2010: 30).

내부작용 페다고지와 포스트휴머니즘에 영향을 받은 페다고지는 어린이를 포함하여 인간을 탈중심화시킵니다. 예를 들어, 얽힘을 강조하는 내부작용 페다고지는 오늘날 유아교육에서 너무도 보편화되어 있는 아동 중심주의의 언어와 아이디어에 의문을 제기합니다. 테일러는 다음과 같이 말합니다.

> 아동 중심주의라는 관습적인 사유는 아동의 개성과 발달하는 자율적 행위주체성에 초점을 맞춘다. … 누구도 혼자 서 있거나 행동하지 않으며, 모든 인간의 삶은 타자(인간과 인간 그 이상의 것)와 불가분의 관계에 있으며 모든 인간의 타자와 연결되어 있고 타자(인간 아닌 타자를 포함하여)에 영향을 끼친다.
>
> **요점은 21세기의 어린이들은 개인주의가 아닌 관계적이고 집단적인 성향을 필요로 하며** 그들이 상속받은 세계에서 잘 살기 위해 준비해야 한다는 것이다. 그들은 즉각적 공동 세계의 자연문화 공동체 내에서 다른 존재와 책임을 공유해야한다. … 그들은 자연문화 공동체와의 근본적 연결성을 맺을 수 있어야 한다. 이러한 성향과 역량은 아동 중심적 '과잉 개인 중심주의' 발달적 접근을 통해서는 결코 길러지지 않을 것이다(Taylor, 2013: 117. 강조는 원저자).

내부작용 페다고지에서 아동은 어떤 중심이 아니라 얽힌 망 또는 관계 네트워크의 일부로 인간과 인간 아닌 존재, 자연과 문화, 물질과 담론 등과 연결됩니다. 아동이 아니라 관계가 모든 것의 중심입니다.

유아교육에서 포스트휴머니즘 실행하기: 두 가지 사례

저는 포스트휴먼 관점을 유아교육에서 풀어 낸 두 가지 사례를 들면서 이 장을 마무리하려고 합니다.

사례 1: 막대기, 총 그리고 인형

첫 번째는 힐레비 렌스 타구치의 책에 소개된 것입니다. 스웨덴의 한 대학 유아교육과에 다니는 2학기차 예비교사 크리스틴이 어린이집에서 2~3세 아동들과 함께한 작은 프로젝트의 일부를 기록한 것입니다. 렌스 타구치는 이것을 내부작용 페다고지의 예라고 보았습니다. 즉 학습은 개별 아동이 독립적으로 획득하는 것이 아니라 유기체와 질료 그리고 대화가 서로 내부작용하는 것임을 보여 주는 예라는 것입니다. 교육을 이런 식으로 이해한다면, 모든 것이 어떻게 연결되고 또 상호 의존적인 전체의 일부로 모든 것에 서로 어떠한 영향을 미치는지 인식하게 됩니다. 어쨌든 여기서 렌스 타구치는 레지오 에밀리아에서 영감을 얻은 교육적 기록과 경청뿐만 아니라, 들뢰즈의 아이디어와 포스트휴머니즘의 관점을 연결하는 것 또한 보여 줍니다.

교육실습의 목적 중 하나는 교육적 기록작업을 어린이와 교사의 입장에서 학습과 성찰을 위한 도구로 사용하는 방법을 배우는 것이다. 기록작업은 어린이로 하여금 더욱 배움에 도전하도록 그들의 배움을 가시화하는 것인 동시에 교사가 학습에 대해 지니고 있는 선입견, 즉 교육 실제에 대해 사고하고 조직하는 종래의 인습적인 방식에 비판적으로 도전할 수 있게 했다. 나는 학생들에게 교육 활동에서 어린이들 사이에서 '진행되고 있는' 그 무엇인가를 포착하는 게 중요하다고 말한다. 즉 어린이들의 놀이나 일상적 삶에 계속 재등장하곤 하는 질문이나 이슈 같은 것이 있는지 주의를 기울이라는 말이다. 나는 학생들에게 자신이 포착한 내용을 기록해 그다음 놀이나 학습을 위해 활용하라고 했다.

크리스틴은 후일 교육연구소에서 발표하기 위해 짤막한 파워포인트 자료를 만들었다. 그는 1~2세 영아들이 오후에 실외 놀이를 하는 중에 땅에서 주은 나무 막대기를 장총이나 권총으로 활용하는 것을 기록했는데, 그 이야기를 시작했을 때 우리는 순간적으로 깜짝 놀랐다. 아이들은 놀이터를 돌아다니며 총을 쏘는 흉내를 내고 소리치며 사냥하는 모습을 보여 주었다. 크리스틴이 "이것이 윤리와 젠더에 대한 프로젝트입니다"라고 말했을 때, 내 가슴이 그 어떤 의문과 갖가지 예측으로 빠르고 힘차게 뛰기 시작하는 것을 느꼈다.

그는 자신이 어떻게 그 어린 소년들을 관찰하게 되었는지 말하면서, 다른 교사들이 소년들의 작은 몸을 조용히 제지하면서 위험한 공격적인 놀이보다 좀 더 안전한 다른 활동에 관심을 돌리도록 유도했다고 했다. 그러나 그 교사들이 이에 성공하지 못한 채 아이들의 울음만 유발시키면서 당황해하는 것을 보게 되었다고 했다. 또한 어떤 경우에는 교사들이 그 소년들을 실내에 불러 모아 놓고 공격적인 게임은 허용할 수 없다는 유아학교의 규범과 가치를 말하면서 화내기도 했다고 했다. 하지만 이것으로 그 아이들의 총기 게임을 막을 수는 없었다. 오히려 마치 이 놀이를 더욱 열망하게 만든 것 같았다고 했다. 결국 교사들은 별도의 학부모 회의를 열어서 유아학교의 규범과 가치를 토론하기 시작했으며, 학부모들에게 제발 가정에서 장난감 총과 칼을 버리고 전쟁 게임을 못하게 하라고 부탁했다고 한다.

크리스틴은 어느 날 한 아이가 늙은 소나무 가지에서 집어온 막대기를 자기 친구에게 겨누며 "내 총은 살아 있어. 이건 널 죽이고 싶어 해!"라고 크게 소리치는 것을 들었다. 그는 그 소년을 불러서 단호하면서도 호기심에 가득 찬 자상한 목소리로 물었다. "만약 네 총이 살아 있다면 이건 이름을 가져야 해. 네 총의 이름은 뭐니?" 그 아이는 놀라면서 거기에 조용히 서 있었다. "그게 너랑 같이 살고 있니?" 크리스틴은 계속 물었다. "이 유아학교의 놀이터에서 살고 있니?" 그 아이는 크리스틴에게 오랫동안 조용한 눈길을 보낸 다음 대답했다. 그는 그 막대기를 주워 왔던 나무를 가리키며 "이 총의 이름은 에릭이고요, 얘는 저 나무 밑에서 자기 엄마랑 살고 있어요." 그러고는 달아났다. 크리스틴은 자신의 실습 일지에 이 짧은 대화를 기록했다. 이 대화는 그의 교육실습 기간 중에 수집한 교육적 기록의 일부였다.

다음 날 아침 크리스틴은 막대기를 가지고 노는 소년들에게 잠시 동안 이야기 나눌 시간이 있겠느냐고 물었다. 아이들이 허락하자 그들을 실내에 불러 모아 앉히고 말했다. 바로 전날 마크와 짧게 얘기할 기회가 있었는데, 마크의 이야기 내용이 매우 재미있어서 노트에 적어 놓았다고 했다. 그러고는 그 내용을 전체 모임에서 읽어 줘도 되겠느냐고 마크에게 물었는데, 그가 좋다고 대답했다. 곧 그 소년들은 자신들의 막대기도 이름을 갖고 있으며 집에서 같이 살고 있거나 또는 큰 방의 의자 밑과 같은 장소에 살고 있다고 한결같이 큰 소리로 말하기 시작했다. 크리스틴은 "좋아, 그러면 너희들 한 사람씩 이야기해 보자"고 말했다. 아이들이 각자 자신의 이야기를 말하기 시작하자, 각각의 막대기는 그 어떤 표정과 특성을 지니고 가족과 또래 친구가 있는 사회적 맥락 속의 존재들로 표현되었고, 전체 분위기는 점점 더 상상과 유머로 가득 차 오르기 시작했다. "이제 너희 막대기에다 물감을 칠하고 예쁘게 장식해서 어느 것이 누구 것인지 알아볼 수 있게 하자"고 크리스틴이 제안했다.

이 이야기를 더 상세하게 하지 않아도 우리는 이제 소년들이 장총이나 권총 등으로 막대기를 사용하던 데서, 어떻게 또래 역할의 놀잇감으로 전환하고 가족을 만들며 더 이상 총으로는 사용할 수 없을 정도로 장식하는 데까지 이르게 되었는지 상상할 수 있다. 더욱이 이렇게 관심을 전환함으로써 소녀들도 함께 참여할 수 있었다. 그들은 또 막대기를 가지고 인형을 만들고자 했다. 그리하여 막대기를 가지고 하는 놀이와 심미적 작업은 거의 전체 아이들에게로 확장되었다. 어떤 아이들은 막대기가 나무의 일부분인 것에 착안해 막대기 인형들과 그 삶에 대한 이야기들을 함께 만들어 냈다. 막대기들이 어떻게 한때 나무의 일부분이었는지, 곧 비와 태양과 땅의 혜택을 받고 있는 자연의 일부였는지에 대해 아이들은 경이로워했다. 어떤 막대기가 나무에서 떨어져 나온 다음에 겪게 되는 삶과 죽음에 관해 토론하는 것을 흥미로워하기도 했다. 막대기가 단지 나무의 일부일 뿐으로 생각하거나 아니면 총기로 사용될 수 있는 것이라고 인식하는 대신에, 유아학교 어린이 공동체에서 흥미로운 주제 사물이 되었다.

내가 이 이야기를 하는 것은 이 책에서 말하고 있는 '내부작용에 기반한 교육'의 윤곽을 설명하기 위해서다. 이를테면 이 일화에서 이론/실천과 담론/물질의 통상적인 구분이 어떻게 깨졌는가? 그 외의 다른 이분법적 분리 개념도 깨진 것이 있는가? 이 과정에서 새롭게 생겨난 중요한 전환점은 어느 지점인가? 이 일화에서 질료, 즉 물질의 질료가 어린이의 배움을 위해, 또한 학습자로서의 그들의 주체성을 구성하는 과정에 어떻게 중요하게 작용했는가?

이 일화 속에서 어린이들의 세계와 그들 놀이의 중요성을 인식하고 이를 어린이의 언어와 생활 경험의 관점에서 고려하며 협상해 나가는 것은 그다지 어려운 일이 아니다. 이것이 레지오 에밀리아에서 그토록 성공적으로 개발되어 스웨덴의 유아학교와 각급 학교에 도입된 '경청하기 교육'의 토대다. 놀이에 대한 어린이 자신의 생각과 그들이 유아학교 마당에서 시간을 어떻게 보내는지 살펴서, 이를 적극적으로 활용하는 일이 곧 이론을 만들어 내고 교육을 실천하는 것이 아니고 무엇인가? 위 일화에서 이 소년들은 아마도 그저 무료한 상태였을지 모르고, 단순히 막대기를 집어 들고 마당을 돌아다니는 것 외에 다른 놀이를 진지하게 생각해 보지 않은 상태가 아니었을까? 이 아이들은 익히 시청해 온 텔레비전 프로그램을 흉내 냈을 뿐인지도 모르기 때문에 이들의 놀이를 더 확장시켜 주기 위해서는 아이들의 행동에 대해 크리스틴처럼 많이 이해하여 보다 적극적으로 이를 활용해야 하지 않겠는가? 또는 이 아이들은 남자아이가 자신의 남성다움을 우리 사회에서 기대하는 방식으로 나타내려면 어떤 놀이 행동을 해야 한다고 이미 강력한 문화적 메시지를 받은 것이 아닐까? 이러한 점들을 충분히 고려해 아이들의 놀이성을 확장하고 이들이 배움을 심화시키는 방식으로 놀이하며 사고하고 행위하도록 하려면 어떻게 막대기 놀이를 지도해야 할 것인가?

여러 가지 가능한 지도 방식이 있을 것이다. 그러나 어떠한 방식이든 내부작용을 강조하는 접근에서 중요한 점은 우리가 교사로서 우리의 도덕적 가치와 학습 목적을 어린이에게 강요하지 않고 어린이가 놀이나 배움의 상황에 가져오는 것을 가시화하고 그것을 정당하게 취급하는 것이다. 우리 교사는 그들에게 귀 기울이는 대화의 상황, 바로 그곳에 있고자 한다. 그리하여 어린이의 것과 차이나는 우리 자신의 이해를 바꾸고, 어린이가 행하는 다양한 의미 창조와 전략의 차이들을 배우고자 한다. 이것은 어린이가 이미 행하고 있는 것으로서, 우리가 이것을 가져와서 활용함으로써 어린이가 보다 확장된 범위로 탐구하고 더 깊은 배움을 이루어 나가도록 도전하게 할 수 있는 것이다.

위 일화에서 크리스틴은 아이들에게 막대기를 다른 방식으로 내부적으로 작용하도록 제안함으로써 그들의 놀이 의욕을 북돋아 주고자 했다. 그런데 아이들이 막대기를 총기에서 인형으로 변형하기 위해 여러 가지 미적인 물질을 활용하고 이름을 붙여 주며 인간적 속성을 부과했기 때문에, 종래의 지배적인 세계관에서 볼 때 대개 그것을 '인간화'했다고 쉽사리 생각할 수 있다. 이러한 해석에서는 행위주체성이 여전히 어린이에게 있다는 관점인데, 그렇다면 어린이는 막대기를 변형하기 위해 수동적인 물질을 사용하는 것이 된다. 그러나 우리가 물질의 관점으로 시선을 변경하면, 어떻게 물질의 현실이 물질-담론적인 내부작용, 즉 물질과 아이들, 크리스틴 사이에서 발생한 그 무엇과 관련해 행위주체성을 갖게 되었는지 알게 된다. 매끈하게 빛나는 색종이의 행위주체적인 힘이 아이에게 막대기를 애초에 생각해 보지 않은 방식으로 변형할 욕망을 불러일으켰다고 볼 수 있다. 우리는 그 얄팍한 색종이가 팔락거리면서 막대기 꼭대기 끝에서부터 막대기를 감아 나가며 내는 바스락거리는 소리와 행위주체적인 부산함을 들을 수 있다. 이러한 부산한 소리와 움직임은 아이의 담론적 사고와 연결되고, 막대기는 여러 막대기와 아이들이 벌이는 놀이 속에서 다시 그리고 다시 거듭 변형된다.

이 막대기들의 담론적 의미는 아이들이 막대기를 가지고 무엇을 하는가에 따라 놀이의 여러 국면에서 행위주체적으로 변화한다. 어린이들은 막대기를 가지고 여러 다른 방식으로 놀이하고 새로운 재료를 보태거나 하면서 그것에 대해 계속 다르게 알아 가게 된다. 단순하게 이해하면, 막대기는 물감, 리본, 빛나는 색종이, 풀 등의 재료와 연관되는 과정에서 또래를 겨누는 총기로부터 보살펴 주고 함께 상호 작용하는 인형으로 변화했다. 이 재료들은 또래-막대기-인형의 외양과 속성을 활성화시키고 '인간화'하면서 그것을 물질화한 것이다. 물질화에 관한 바라드의 사고방식에서는 이것이 단순히 담론과 의미 창조가 어떻게 중요한 문제가 되는가의 문제가 아니라, 어떻게 질료가 그 행위주체성 속에서 중요한 작용을 하는가의 문제다. 보다 복잡하게 이해하면, 물질의 관점에서 볼 때 아이들이 지속적으로 막대기에 대한 이해를 바꾸어 가는 놀이 과정에서 물질이 질료로서 중요하게 작용했고 소년들과 내부작용했다. 애초에는 시선이 막대기에 관한 아이들과 교사 사이의 내부작용, 즉 막대기에 관한 대화와 주변을 돌아다니는 움직임 등에 한정되어 있었는데, 점차 종이의 펄럭거림 및 바스락 소리, 그리고 담론적 이해와의 내부작용 관점으로 더 넓어지고 확대된 범위로 옮아가게 되었다.

교사의 입장에서는 초점이 애초에 개별 어린이들의 인지적 지식 구성 또는 어린이들 간의 대화에 한정되어 있던 데서 배움의 사건, 즉 배움이 일어나는 공간과 상황 속에서 어린이와 물질 재료 '사이에서' 발생하는 배움의 사건으로 이동했다. 반짝이는 얇은 색종이 몇 장이 유아학교의 아틀리에에 있는 접착풀과 함께 어떻게 어린이와 그의 나무 막대기에게 일종의 행위를 할 수 있었을까? 만약 어린이가 계속하여 막대기를 가지고 논다면 이 막대기의 변형이 어린이의 사고와 막대기의 개념화에 어떤 작용을 할 것인가? 또 다른 물질과 아이디어 또는 어린이들과 새로운 연결 접속도 일어날 수 있을까? 우리는 물론 내부작용을 기반으로 하는 교육에서 어린이가 배움을 얻어 가는 과정에 관심이 있다. 그러나 개별 어린이가 이전에 이미 학습하거나 경험했을 수 있는 그 어떤 것을 알기 위해 내부작용을 기반으로 하는 교육은 단지 개별 어린이 자체나 어린이가 말한 내용을 주변 환경 및 물질과 분리된 것으로 보지 않는다. 우리는 배움의 사건이 일어난 공간에 관해 교사들이 제기한 질문에 주목할 필요가 있다. 그것은 이 방 안에 있는 물질들과, 그 방에서 어린이들이 어떻게 그것을 사용하는지, 그리고/또는 그 방에서 놀이를 어떻게 지속할 것인지를 규정하는 코드들에 관해 생각하게 만드는 질문이다. 어린이의 배움이 일어날 때 방 안에 있는 어린이와 물질의 사이 내부에서 일어나는 내부작용으로부터 물질-담론적인 힘과 강도가 발현되는데, 바로 이것들이 함께 배움을 구성해 나가는 것이다. 그리하여 배움이란 어린이의 내부에서 단순히 일어나는 것이 아니라, 어린이와 어린이의 몸, 그리고 담론적 새겨짐, 배움의 공간에 존재하는 담론적 조건들, 사용 가능한 물질 재료들, 구체적인 공간 속에 있는 유기체의 시간-공간 관계(인간을 단지 그러한 물질 재료 유기체 중 하나로서 포함하는) 등의 사이 내부에서 발생하는 내부작용의 현상이다.

이러한 관점에서는 배움의 사건 속에 있는 모든 유기체와 물질은 자신의 행위자를 갖는 것으로 이해해야 한다. 그것들은 각 유기체와 물질의 서로 다른 잠재성에 따라 서로 다른 강도와 힘을 가지고 매번 다르게 내부작용한다. 그러나 어떤 물질은 변화나 변형의 과정에서 다른 것들처럼 쉽게 또는 유연하게 관여하지 못한다. 예를 들면, 방 안의 벽면은 움직일 수 없다. 그러나 방 안 내부는 가구나 사물 및 물질 재료와의 내부작용에서 쉽사리 변경될 수 있다. 물과 점토는 높은 강도와 속도를 가지고 변형될 수 있다. 그러나 구성 적목을 예로 들어 보면, 그것을 내리쳤을 때는 무너져 버린다. 물질들 사이의 힘의 강도와 속도는 수없이 다양한 교육 공간의 물질-담론적 조건에 따라 달라지는 것이다. 이 또한 어린이가 참여하는 말과 의미 창조의 담론적 생산, 즉 내부작용이 일어나는 과정에 관련된다. 보다 많은 개념을 활용할 수 있는 좀 더 연령이 높은 어린이는 물질을 다루고 동시적으로 진행 상황을 개념화하면서 담론적 물질의 내부작용을 가속화할 수 있을 것이다. 우리가 지식이나 경험, 학습 등으로 부르는 현상은 이와 같은 모든 물질-담론적 조건들에 따라 서로 간의 내부작용 속에서 전적으로 달라지는 것이다. 이러한 방식으로 사고할 때 교사는 방·공간·시간·사물 등이 어떻게 조직되고 구조화되어 있는지 민감하게 의식할 필요가 있으며, 서로 다른 유기체 사이에 어떠한 종류의 내부작용이 가능한지 파악할 필요가 있는 것이다.

현상으로서의 지식은 물질-담론적 물질화로 볼 수 있다. 다시 말해서, 의미는 교사 또는 교육실습생과 같이 담론적으로 체화된 존재와 재료 속 물질세계에서 협상되는 것이다. 바라드가 행위적 실재론Agential Realism이라고 부른 것에 따르면, 물질화는 내부작용의 역동 차원에서 이해된다. 그리고 물질화는 담론과 의미 창조가 얼마나 중요한가라는 문제일 뿐만 아니라, 어떻게 질료가 그 행위주체성에서 중요한 작용을 하는가라는 문제다. 그런 까닭에 바라드의 행위주체적 실재론에서 새로운 점은 질료를 인식함에 체화된 다른 존재들과 질료 및 담론적 사고와 함께 일어나는 내부작용의 물질화 과정에서 질료가 행위주체적으로 기능한다고 본다. 그러므로 내부작용으로서 배움은 물질-담론적 과정이다.

앞서 예로 든 막대기 놀이 일화와 관련지어 볼 때 내부작용은 우리의 담론적 의미 창조(막대기를 가족 놀이의 놀잇감으로 활용하는)와 물질 사물들(막대기, 물감, 종이) 사이에 놓인 구분을 용해시키고, 배움의 내용(또래관계, 사회관계, 그리고 나무란 무엇이고 그것이 어떻게 살아가는지에 대한)과 학습자의 주체성(그 아이들이 좋은 또는 나쁜 또래로서 각자 자신을 어떻게 인식하는지, 또는 사회적 삶이나 나무의 삶에 대해 호기심을 갖고 더 많이 배우고자 하는 자신을 어떻게 느끼는지) 사이를 구분하는 경계를 허물어뜨린다. 이러한 방식으로 학습 과정을 이해하는 것은 이론/실제 간의 경계를 넘어서는 것인 동시에 담론/물질 및 주체/객체 간의 구분을 넘어서는 일로서, 학습자와 학습되는 내용 간의 분리불가능성을 드러낸다. 더욱이 아이들이 놀이를 변형하여 여성적/남성적인 것이라고 명명하기 힘든 방식으로 또래관계와 나무에 관한 내용으로 전개하기 시작했을 때, 이 일화는 남성/여성의 구분을 전체적으로 넘어서서 발전하는 모습도 보여 주었다. 특히 그들이 놀이 내용을 바꾼 이후로는 소녀들도 관심을 지니게 되어 다양한 배움과 놀이 상황이 발현되는 대로 보다 많은 어린이들이 참여하기 시작했다.

이 놀이의 전체적인 발전 과정에서 무슨 일들이 일어났는지 일련의 구체적인 사건들을 중심으로 살펴보면, 어린이의 배움과 되기를 변화시키는 매우 중요한 전환점들이 있었음을 알게 된다. 첫 번째 전환점은 크리스틴이라는 교육실습생이 마크에게 그가 들고 있는 막대기의 이름을 물었을 때 일어났다. 두 번째 전환점은 어린이들이 막대기를 삶과 죽음을 겪는 살아 있는 나무의 일부분이라고 말하기 시작했을 때 일어났다. 이러한 구체적인 사건들에서 완전히 새로운 그 무엇인가가 발생할 수 있었던 것이다. 그 과정에서 크리스틴이 마크와 아이들에게 제기한 질문들은 들뢰즈의 관점에서 보면 일종의 발명적인 '탈주선'을 촉발시키는 역할을 했다. 그것을 통해 아이들은 막대기 놀이에 대해 다시 생각해 보고, 이제 나무를 살아 있는 존재라고 인식하는 공동의 이해에 이르렀다. 이로써 아이들에게 일종의 새로운 되기becomings가 일어났던 것이다.

독자도 아마 짐작하겠지만, 교사인 우리가 어린이가 하는 활동과 말을 담론적으로 이해하기 위해 코드화하고 탈코드화하며 재코드화하는 일을 어떻게 잘 선택할 수 있는가, 또는 어린이 스스로 자신의 활동을 코드화·탈코드화·재코드화하도록 어떻게 안내할 것인가가 중요하다. 다시 말해서, 어떻게 의미를 제공하고 해독하며, 그러한 의미 창조가 내부작용의 과정에서 어떻게 다시금 구성되도록 할 것인가 하는 문제다. 이 문제는 결국 어린이의 배움을 활성화시키는 필수 조건으로 어떤 놀이 형태를 제공할지, 그리고 그로부터 어떠한 배움 현상이 출현하게 될지를 결정해 준다. 다른 말로 하면, 종국에 이르러 마침내 배움이라는 현상으로 물질화되는 것은, 우리가 아이들에게 무엇을 말하고 그들의 탐구를 어떻게 격려 또는 제약하는지, 또한 우리가 어떻게 아이들의 놀이 일정이나 탐구 과정을 조직하는지, 어떤 물질 재료를 어떤 시간대에 어떤 환경에서 제공하는지 등에 달려 있다. 이 모든 내용은 이 책의 제4장에서 더 상세하게 다룰 것이다.

이 소년들의 놀이와 탐구 활동을 기록작업의 형식으로 받아 적고 사진을 찍음으로써 아이들의 말은 물질적 실재의 형태를 띠게 되었다. 말이 문자 텍스트로 물질화되면 그 기록된 말은 강력한 행위주체성을 지니게 된다. 앞서 크리스틴이 자신의 연구 일기에 마크의 말을 기록해 두었다가 또래 소년들에게 큰 소리로 읽어 주기로 결정했던 것처럼 말이다. 그것은 즉각적으로 새로운 내부작용이 발생하도록 한다. 다시 말해서 기록작업이 새롭게 첨가된 물질을 포함하여 새로운 의미 창조와 탐색적 행위가 일어나도록 활성화한 것이다. 크리스틴은 자신이 사진 찍고 녹음하며 받아 적었던 내용을, 주위 성인 및 어린이들에게 자신이 한 말과 행동을 읽어보고 그 내용에 귀 기울이며 들여다보게 하는 방법의 하나로 사용했다. 그리하여 자신들이 무슨 활동을 할 것인지 공동으로 협상하게 되었고, 새로운 배움과 질문 사태 속으로 도전해 나갈 수 있게 되었다. 문자와 사진으로 기록된 내용은 이해 가능한 내용의 물질적 한계를 구성해 주었으며, 이는 크리스틴이라는 교육 실습생의 담론과 함께 내부작용했다. 기록작업에 기초해 아이들과 토론하면서 구성된 의미는 크리스틴으로 하여금 아이들과 함께 더 확장된 그다음 탐색 활동을 할 수 있도록 이끌어 주는 역할을 했다. 크리스틴은 아이들과 함께 막대기들이 원래 붙어 있었던 몸체는 나무이며, 나무는 자신의 고유한 삶을 살고 있는 존재이고, 아이 자신들과 마찬가지로 물을 마시고 숨 쉬는 존재라는 확장된 배움으로 나아갈 수 있었다.

(Lenz Taguchi, 2009: 30-38. 강조는 원저자)

사례 2: 자연문화 공동 세계의 아동기

두 번째는 포스트휴먼의 관점을 어느 하나의 유아교육기관에 적용한 사례가 아닙니다. 인간이 중심에 있지 않고 특권도 갖지 않는 '자연문화 공동 세계'의 관점에서 아동기를 회복하는 것이 무엇을 의미하는지를 고민한 아프리카 테일러의 성찰에 관한 것입니다. 테일러는 CEC 시리즈 중 하나인 자신의 책(Taylor, 2016)에서 인간이 '자연문화 공동체'에 대한 책임을 공유해야 한다고 말합니다. 그리고 우리 시대의 환경 위기와 교육의 변화에 대해 성찰하고 있습니다. 또한 '인간/인간관계 그 이상의 어떤 것'을 그리는 교육적 원리 몇 가지를 제시하고 있는데, 첫 번째가 '관계가 모든 것의 중심이다'를 이해하는 것입니다. 여기에서 우리는 권력 관계, 관계적 윤리학, 배치를 포함해 앞서 다루었던 몇몇 개념을 만나게 될 것입니다.

아동기를 자연문화 공동 세계 안에 다시 놓고 자연과 맺는 우리의 관계를 변화시킴으로써 우리는 우리의 삶을 힘들게 만들거나 아이들이 자신의 운명을 짊어지고 살도록 하려는 것이 아니다. 실제 아이들이 계승하고 거주하고 있는 급속하게 세계화되고 있는 21세기 전경과 일치하고 있기도 하며 또한 직접적인 관련이 있는 변화를 만들고 있기에 아이들에게는 궁극적으로 유용할 것이다. 21세기 아이들이 직면하고 있는 두 가지 중요한 윤리적 도전이 있다.

첫째는 점점 더 복잡해지고, 상호 연결되고, 혼동되고, 경계 흐려지고, 혼종적이고, 대단히 불평등한 세계 안에서 인간과 인간 그 이상의 존재들과 함께 평화롭게 사는 데 대한 도전이다. 둘째는 생태학적으로 상호 의존적임에도 인간이 지배하고 손상시킨 지구 환경의 지속가능성을 보장해야 하는 도전이다. 공동 세계로 접근하는 방식은 현재-미래 두 시나리오와 직접적인 관련이 있다. 이것은 얽힌 '함께하는 차이들'과 이러한 차이점들에 의해 제기된 윤리적이고 정치적인 '긴장된 매듭'과 맞물리는 문제를 중점적으로 다루고 있다. 그것은 또한 더 넓은 자연문화 세계 안에서 얽힌 인간과 인간 그 이상의 것들 간 관계의 상호 결정적인 영향을 강조한다. 지속가능성 측면에서 이러한 상호결정은 아마도 인간이 초래한 지구 온난화라는 거시적 자연문화 사건 내에서 가장 심오하고 불안하게 전개되고 있다고 하겠다. 이것이 바로 우리가 살고 있고 아이들에게 물려줄 세상이다. 나는 우리가 이것을 다룰 수 있을 뿐만 아니라 다루어야 할 책임이 있다고 주장한다.

제3장에서 나는 현대 자연 기반 교육nature-based education이 어린 아이들의 자연세계에 대한 내재된 경험과 연관성 그리고 미래의 환경지킴이가 될 아이의 자질 간의 상관을 강조한다는 점에 주목했다. … 이러한 책임의 관계는 단지 어린이가 '자연'에 관해 배우는 것이 아니라 '자연 '내'에서 그리고 '자연으로부터' 배운다는 것을 전제하며, 유아기가 자연과 유대를 맺는 중요한 시기라는 발달론적 신념을 바탕으로 한다. 자연에서 어린이가 적기에 몰입한다는 시간과 공간 차원 모두의 이중적 이원론에 의해 구성된 것이다. 문화 영역(루소의 '인간의 교육'이 일어나는 곳)에서 아이를 데려와 오염되지 않은 자연 공간(자연이 스승인 곳)에 넘겨주며 이러한 인계는 아직 아동기에 있을 때 이루어져야 한다고 본다. 완전히 합리적인 행위주체자인 성인이 되어 자연을 보호하는 궁극적인 영웅적(그리고 문화적) 과제에 대비하기 위해 어린이가 아직 덜 합리적이고 감각적인 단계에 있을 때 이루어져야 하는 것이다. 자연/문화 그리고 아동/성인으로 분리하는 이원론뿐만 아니라 환경 보호의 선구자로서 자연 교육을 요구하는 것 또한 전반적으로 휴머니즘 패러다임 안에서 해석된다. 휴머니즘은 (이성적인 성인) 인간을 뛰어난 능력을 가진 의도적 행위자이자 자율적인 개인으로서 (자기 결정적이고 세상을 구하기 위해) 행위주체성을 행

사하는 기본 단위로 본다.

휴머니즘 발달주의 담론에서는 (합리적이고 자율적이며 행위주체적인) 발달하는 개별 아동, 아동 중심성, 개인적 요구를 필연적으로 강조하는데, 미래의 소비자와 자본주의 정신을 기르는 일에 잘 들어맞는다. 하지만 이미 얽히고 점점 더 상호 연결되고 경계선이 흐려지고 있는, 위에서 확인한 바와 같이 글로벌한 하이브리드 세계를 살아갈 어린이를 준비시키는 일은 거의 하지 않고 있다. 환경 교육 담화와 관련 있고 자연을 불러 들여 젊은 환경지킴이를 육성하고 가르치는 휴머니즘 담론은 필연적으로 인간을 예외처럼 여기며 개별 영웅적 행동을 강화한다. 우리가 자연의 아이에 대해 말하고 있든 말든 아이의 개성과 자율적인 행위주체성(그들의 행위성과 자연을 보호하는)조차도 정통적인 아동 중심 사상에서는 아무도 홀로 서 있거나 행동하지 않는다는 것을 인식하지 못하고 있다. 모든 인간의 삶은 인간과 인간 이외의 존재와 불가분의 관계에 있다. 모든 인간은 다른 존재(비인간과 자연문화를 포함한 다른 존재들)와 관련이 있고 영향을 미친다. 나의 요점은 21세기를 살아갈 아이들은 개인주의적 성향이 아닌 관계적이고 집단적인 성향을 가질 필요가 있다는 것이다. 그들이 상속받은 세계 내에서 잘 살 수 있도록 준비시켜야 한다는 것이다. 아이들이 이질적인 세상에서 평화적으로 공존해야 한다면, 종종 윤리적 딜레마를 야기하는 차이점들이 존재하고 이러한 차이점들을 지배하거나 동화시키거나 적절하게 해결해야 한다면, 공유된 소속감이 필요하다. 바로 공동 세계의 자연문화 집단 내에서 책임을 공유하는 것이다. 이미 혼란을 겪고 있는 지구 생태에서 공존할 수 있는 큰 문제에 효과적으로 대응하려면, 동일한 자연문화 집단과의 기본적인 연결성을 기반으로 구축할 수 있어야 한다. 그러한 성향과 능력은 자연을 사랑하든 그렇지 않든 아동 중심적이며 과잉 개인주의적인 발달 프레임 워크의 적용을 통해서는 결코 촉진 되지 않을 것이다.

포용적 전환

관계에서 자연으로 옮겨 가려는 나의 동기는 포괄성과 정의에 대한 관심 이었다. 새로운 방식과 확장된 근거로 포괄성을 실천하고자 하는 나의 욕구 는 아이를 개별성으로 개념화하는 것에서 벗어나게 할 뿐만 아니라 아이를 사회문화적 맥락 내에서 개념화하는 것을 넘어서도록 했다. 이 책을 쓸 때 인간과 비인간 집단에 대한 세상의 공통된 비전을 포괄하기 위해 포괄성의 한계를 넓히는 것이 의도였다. … 아이들의 공동 세계는 인간과 인간 이상 의 존재들 집합된 '전체의whole-lot' 세계다. 자연의 선하고 아름답고 결백하 며 순수하고 풍요로운 특성만을 인정하는 선택적이고 정치화된 세계가 아 니다. 우리에게 보호주의와 분리주의를 포기하고 새롭게 구성된 테크놀로지 와 자연문화 혼종을 확산시키는 것을 포함한 전체를 개방하도록 한다. 균 열적인 권력 관계와 도전적인 딜레마다. 이러한 변화를 이루기 위해서는 우 선, 우리는 (루소가 우리에게 말한 것처럼) 아이의 어린 시절을 자연 외딴 곳에서 격 리시키고자 하는 충동에 저항한 다음, 덜 완벽하지만 세속적인 세계로 나 가 아이들의 얽힌 삶에 있는 중요한 다른 모든 참여자들(또는 역할자)를 적극 적으로 모으고, 만나고, 인정하고, 포함시켜야 한다.

유아교육은 포용적이라는 자부심을 갖는 분야다. 다양성을 존중하고 모 든 어린이가 가족을 환영함으로써 자신이 소속감을 느끼도록 노력한다. 그 들의 성별, 계급, 종교 및 문화적 배경과 그들의 특별한 필요의 중요성에 적 응하고, 지역 사회의 사람과 관계를 구축한다. 다양성과 포용성에 대한 이해가 인간이나 사회적 영역을 넘어서는 경우는 거의 없다는 점을 인식하는 것이 중요하다. 동시에 유아교육자들은 포용과 정의의 윤리 내에서 자연과 관련 있는 또는 환경의 문제를 거의 다루지 않는 것을 인식하는 것도 중요하다. 라투르Latour가 '거창한 구분Great Divide'이라고 불렀던 자연/문화의 분리는 우리로 하여금 사회 세계와 자연 환경을 분리된 영역에서 수행되어야 할 별도의 프로젝트로 여기게끔 한다. 항상 이것 아니면 저것이라는 식의 시나리오인 것이다.

우리는 뒤섞인 자연문화의 공동 세계 내에서 어린 시절을 회복함으로써 이러한 분리를 없애고 포용과 정의를 위한 가능성의 범위를 넓힐 수 있다. 공동 세계로의 접근은 인간과 인간이 아닌 관계의 얽힘을 인식하기 때문에 전체를 포함한다. … [그것은] 어린이들이 궁극적으로 반응해야 하는 혼란스럽고 분리 할 수없는 관계를 물려받는다는 것을 인정하는 것이다. 공동 세계 프레임에서는 사회적 포용과 유아 공동체에 대한 인간 중심적인 이해를 넘어서, 신중하고 가치 있는 것으로 간주되고 상속되고, 인간과 인간 이외 모든 존재의 중요한 관계를 포함한다. 세계는 인간 이상의 모든 존재의 집합체—전형적으로 가치 있고 외형적으로는 '자연' 진영으로 분리되어 있는 다른 동물, 식물, 날씨, 물 그리고 '자연' 물질과 같은 실체와 요소가 포함된다—로 … 하지만 어린이들이 자연에서 보내는 시간(예를 들어 야외에서 아이들을 데리고 놀거나 숲으로 데려가는 시간)을 길게 하여 어린 시절을 복원하거나 향상시키는 대신에, 천연 재료(예: 놀이 반죽 대신 진흙을, 플라스틱 대신 나무를)를 가져오거나 어린이가 식물과 길들여진 동물(예: 정원 가꾸기, 병아리 키우기 등)과 상호 작용할 수 있는 기회를 제공할 수 있다. 공동 세계의 포괄성은 아이들의 삶에도 필수적이다. 이미 어린이는 자연문화 집단의 구성원으로 참여하고 있다. 그들의 부가가치나 아이들에게 주는 교육적 혜택 때문에 선택되거나 선택되지 않는 것이 아니다. 어린이는 공동 세계에 이미 얽혀 있다. 얽힌 공동 거주자로 이미 특정 어린이의 삶을 형성한다. 그것들은 이미 존재하고 이미 중요한 행위자로 자연문화에 얽혀 있다.

교육적 전환

공동의 세계 프레임워크는 자연과 아동기에 새로운 관계를 제공할 뿐만 아니라 배움의 '특성'과 새로운 교육적 가능성을 향한 몸짓의 변화를 보여준다. 새로운 교육 가능성에 대한 전망은 '자연', 기술 및 하이브리드를 포함해 세상을 포괄하는 데 관심이 있는 유아교육자들에게 호소해야 한다. 21세기 어린이들이 직면하는 실제 도전 과제. 예를 들어 차이와 지속가능성과 평화롭게 협력하는 등을 해결할 수 있도록 해야 한다.

[많은] 자연 기반의 교육학은 처음에 해러웨이의 인용[1]에서 이야기한 거창한 분리로 인한 인간 중심주의의 함정을 본다. 여기에는 다음과 같은 것들이 포함된다. 자연을 정의하고(자연을 고정된, 단수로 그리고 가끔은 개별적 실체로) 그것을 소유함(자연을 과학의 섭리 및 / 또는 어린 시절의 상태라고 주장). 자연을 자연주의를 사용해 필수주의 또는 보편 주의적 '진리'를 인정하는 것(유년기와 학습의 진실을 포함하고 있는). 주의 깊고 감상적이며 향수를 불러일으키는 것으로 봄(자연을 이국적인 어떤 것으로 봄).

이 함정에 대한 대안으로, 얽힌 자연문화로서의 공동 세계에 대한 이해는 다양한 유년기와 모든 관계를 포함한다. 이것은 새로운 교육학적 가능성을

---

1) 우리는 화합, 소유, 향수 이외에도 자연과의 다른 관계를 찾아야 합니다. 자연을 구성하는 모든 강력한 파트너가 함께 모여 새로운 의미를 만드는 기반을 찾을 수 있습니다(Haraway, 2004: 158).

제공한다. 우리가 공동 세계를 인식한다면, 해러웨이가 이야기하는 집단적이고 '함께 만드는 새로운 의미의 장'이 된다면, 자연에 대해 아는 것에서 이미 우리와 얽혀 있는 존재와 함께 배우는 것으로 교육학적 전환으로 나아갈 수 있을 것이다. 공동 세계 내 관계 속으로 들어간다면 모든 집단적 및 협력적(인간과 인간 그 이상의 존재) 그리고 교육적 전환의 길에 들어설 수 있을 것이다.

인간과 인간이 아닌 그 이상의 모든 존재와의 관계를 이끌어 내는 교육학은 표준과는 거리가 멀지만, 이는 '자연과의 관계를 바꿀 수 있는 가능성'이라고 할 수 있다. 자연에 대한 변화와 '자연과' 함께 의미를 만드는 것'의 예다. 미리암 지운니Miriam Giugni는 호주의 한 도시의 유아교육기관에서 펼쳐졌던 '함께 살아가는 종 교육과정companion species curriculum'에 대해 썼다. 이 교육과정은 처음에 우리에 갇힌 병아리와 함께 생활하면서 던진 딜레마, 즉 '꼬투리 매듭'으로 씨름하는 일부 교육자와 어린이들로부터 나왔다. 그리고 그들이 우리에서 풀려나 자유롭게 돌아다닐 수 있게 되면서 '함께 살아가는 종 교육과정'은 그러한 문제들에 의해 가능해진 다른 사람들과 함께 학습할 수 있는 가능성으로 발전했다.

마거릿 서머빌Margaret Somerville은 호주의 고도로 산업화된 광업 지역에 사는 초등학교 어린이들이 인근에 건설된 습지에서 개구리와 교류하는 것에 대해 보고했다. … 아이들은 여러 수준에서 작용하는 개구리와 관계를 형성했다. 개구리를 계산하고 기록하고 분류하는 주니어 개구리 과학자가 되는 방법을 배움으로써 개구리와 과학적 관계를 구축하기도 하고, 개구리의 실제 세계를 보면서 개구리와 내부적인 내재된 관계를 만들기도 했다. 들뢰즈와 가타리의 '되기becoming'와 그로즈Groz의 인간·비인간의 연결성에 대한 글을 바탕으로 서머빌은 아이들의 '개구리 되기'에 내재된 과정으로 장소 교육학의 흥미로운 점을 보여 주었다. 그녀는 아이들의 다감각적인 과정을 이야기한다. 아이들은 '개구리 공동체'를 보면서, 비인간 몸과 얽혀 가면서 '개구리 되기'가 되었다. 개구리 세계에 대한 이러한 구체화되고 배치된 경험을 바탕으로 아이들은 개구리의 움직임을 모방하고 습지에서 녹음한 개구리가 우는 음악으로 개구리 춤을 개구리처럼 수행했다.

제니 리치Jenny Ritchie 등이 실시한 뉴질랜드 10개 유아교육기관에서의 대규모 연구 프로젝트는 '생태적 지속가능성 문화 구축'으로 시작되었다. '자신과 다른 사람을 돌보는 윤리'와 '환경과 장소 윤리'를 제정할 때 이 프로젝트는 다른 센터에서 상당히 다르게 전개되었다. 인간과 인간 이외의 다른 존재 사이의 분리에 도전하는 몇 가지 일반적인 원칙을 기반으로 실행되었다. 가장 중요한 것은 마오리족의 존재인식론을 존중했다는 점이다. 후견인 Kaitiakitanga과 환대Manaakitanga를 존중하는 마오리족의 생태적 인식을 포함시켰다. 이 프로젝트를 뒷받침하는 그 지역의 토착적 관점을 존중하여 교육학적 초점과 함께 지역적이고 윤리적인 교육학적 접근을 보장했다는 것이다.

'함께 의미를 만들어 간' 교육 프로젝트가 보여 주듯, 자연에 대한 학습에서 인간과 비인간의 집합이 자연과 함께 배우는 쪽으로 전환하는 데는 미리 정한 로드맵이나 청사진이 없다. 그것은 항상 특정 공동 세계 내에 존재하는 함께 던져진 관계의 산물이다. 전개되는 과정은 늘 새롭고 놀라웠다. 공동 세계 내에 함께 존재하는 존재들이 함께 만든 산물이었다. 함께 학습하면서 습지와 개구리에 대해 아이들이 배우면서 생태학적 존재인식론과 윤리적 실천들과 자연문화 집합 내에서 구성된 것들이었다. 공동 세계 내에서 학습이 어떻게 전개되는지 방식을 예측하는 것은 불가능하지만, 제4장에서 배치한 몇 가지 주요 개념과 원리에 대해 이야기해 볼 수 있다. 제5장에서 교육적 전개를 지원하는 유용한 비계에 대해서도 이야기해 볼 수 있다.

교육적 원리

공동 세계에서 어린이의 관계에 주의를 기울이기

관계가 모든 것의 중심이라는 것을 이해하는 것이 첫 번째 원칙이 될 것이다. 이를 통해 세계의 다른 사람들과 아이들과의 관계에 참석하는 것이 공동 세계 교육학의 초점이 될 것입니다. 캐런 마틴Karen Martin은 유아교육 학자이면서 호주 퀸즐랜드의 콴다무카 원주민 여성이다. 마틴은 유아교육자들에게 가르치고 배우는 것에 대해 생각할 때 어린이와 그들 주변 세계 사이에 상호 관계를 고려할 것을 촉구했다. 그는 콴다무타 사람들의 문화적 전통에서 어린이의 성장은 "사람, 식물, 동물, 기후, 땅과 하늘과의 관련성 집합을 구성하는 과정으로 여겨진다"고 설명했다. 이것은 현대 아동기를 (이성적) 성인이 되어 가는 첫 번째 단계로 보는 서구의 관점과 매우 다르다. 나는 교육자들이 어디서나 마틴의 원주민 세계관을 적용해야 한다고 제안하는 것이 아니다. 인간 발달에서 개별 아동 발달을 고려하는 것이 보편적인 실제가 아니며 교육학의 유일한 방법도 아님을 강조하고 싶다. 그것은 개별 발달이 아니라 공동 세계를 구성하는 관계다. 공동 세계 내에서 아이들을 재배치함으로써 관계 자체가 교육적 관심의 중심이 된다.

차이의 관계는 아이들이 인간보다 타인과 형성하는 공동 세계 교육학 내에서 특히 중요하다. 차이의 관계에 중점을 두면 아이들은 공동 세계의 이종성과 직접적으로 관계를 맺고 반드시 그렇지 않은 다른 사람들과 평화롭게 공존해야 하는 어려움에 직면할 수 있다. 이 초점과 더불어 차이의 관계는 종종 비대칭적이라는 인식이 있다. 차이에 기초한 권력 관계의 비대칭에는 윤리적인 대응이 필요하다. 아이들은 공동 세계에서 인간과 인간 아닌 다른 종 사이의 고르지 않은 차이를 평가하고 그러한 비대칭 관계에 내재된 책임을 반영하도록 지원받는다. 이것은 공동 세계 교육과정의 중요한 측면일 것이다. 그것은 개인의 책임이 아니라 성찰과 질문하는 성향과 집합적 감각을 요구할 것이다. 다시 말해서 어린이들은 인간의 차이를 인식하고 존중하는 것뿐만 아니라 (종종 이미 존재하는 것처럼) 모든 다른 거주민들과 공존함으로써 발생하는 딜레마에 반응하도록 격려 받을 것이다. 모든 존재의 가치는 동등하다. 어린이들에게 그들이 선택한 관계뿐만 아니라 상속받은 관계에 의문을 제기하고 차이의 관계와 공존하는 최선의 방법을 반영하도록 유아교육자들은 실제에서 이들을 지원할 수 있다. 사라 왓모어Sarah Whatmore는 이를 '관계의 윤리학'이라고 했다.

공동 세계에서 어린이의 위치에 주의를 기울이기

어린이들의 관계는 공동 세계에서 이루어진다. 모든 관계와 마찬가지로 이것 또한 특정 시간과 장소에서 만들어지고 힘을 발휘한다. 그것은 위치하고 배치된 관계다. 시간뿐만 아니라 공간도 생성되고 생상적인 특성을 갖는다. 이것이 공동 세계 교육학의 또 다른 원리다. 그런데 많은 사람은 공간이란 고정되고 정적인 것으로 간주한다(인간 행동이 일어나는 배경쯤으로 여긴다). 반면 역사는 능동적이고 역동적인 결정인자로 본다. 그러나 푸코가 지적했듯이, 역사에서 권력의 공간성 또는 지리(공간과 장소)가 역사를 분산시키는 방식에 충분히 주의를 기울이지 않았다. 다른 곳에서 상황이 다르게 나타난다는 겉보기에 헛된 사실처럼 보이는 것이 우리가 공동 세계 내에서 공간이 갖는 생산적 중요성을 인식하는 데 도움이 된다. 권력의 기하학이 지역의 공간에서 매우 중요한 지점이 되는 방식에 대한 인식은 공동 세계의 정치적이고 불균형하며 고르지 않은 공간이라는 점을 우리에게 알도록 한다. 권력 관계로 가득 찬 '시공간적 사건'에서 공간의 개념은 아동의 공동 세계의 중요성을 이해하고 교육을 통한 학습을 설계하는 데 매우 중요하다. 우리가 공동 세계에서 어린이의 위치에 대한 교육학적 중요성에 관심을 가질 때 공간은 생산적임을 인식할 수 있다.

많은 교육학자가 공간의 교육학적 (잠재적) 지원을 제안했지만, 아이리스 던Iris Duhn은 공동 세계와 동의어로 배치에 대해 이야기한다. 던은 유아교육자들에게 공간이란 인간과 인간 아닌 모든 존재의 '생생한' 배치로 간주해야 한다고 했다. 여기서 기관은 모든 질료(단지 인간만이 아니라)에 의해 행위성은 드러난다. 그렇게 유지된다. 이러한 방식으로 생각하면 행위성은 더 이상 인간(때로는 영웅)에게만 제한되지 않는다. 그녀는 배치로 공간을 고려하는 교육학에서 행위성은 알아 가는 주체(인간)와 알게 되는 대상을 구별하는 것을 경계를 흐리게 한다고 했다. 같은 방식으로, 공동 세계 교육학은 대상으로 자연에 대해 배우고 아이들은 배우는 주체인 서구의 교육학적 관점을 우회하게 한다. 공동 세계에 아이들을 위치하게 하는 유아교육학은 세계 내 얽힘을 강조하면서 집합적으로 함께 배우고 되어가는 원리를 따를 것이다.

공동 탐구 활용하기

인간과 인간 이외의 모든 존재에 대해 궁금해 하지 않으면서 그리고 자연 문화에서의 관계성에 대한 집단적 탐구 없이 공동 세계의 교육적 기회를 인식하는 것은 불가능하다. 집단적 탐구는 공동 세계 교육학의 학습 방법이 된다.

공동 탐구에는 교육자와 어린이들이 인간이 존재하고 이미 존재하는 세계에 대해 더 많은 것을 알기 위해 (인간과 인간 이외의 더 많은 존재) 많은 사람과 함께 배우는 것이 포함된다. 첫 번째 과제는 그들이 어디에 있는지, 누구와 함께 있는지, 그들 모두가 어떻게 지낼 수 있는지, 살았던 다른 삶의 종류와 이야기, 그리고 그들과 다른 사람들이 적합한 공간에 대한 관점을 교환하는 것이다. 상호 연결된 삶과 이야기 안에서 그들이 찾은 곳은 특정 공동 세계의 자연문화에 달려 있다.

이 교육적 탐구에 윤리적 차원을 더하기 위해 유아교사는 어린이들이 공동 세계에서 발생하는 유전과 공존의 도전해 보도록 지원할 수 있다. 차이와 차이가 동등하지 못하게 가치매김하고 있는 것에 대해 질문할 수 있다. 유아교사는 아이들에게 불균등한 근거를 어떻게 다루는 것이 가장 좋은지, 그리고 (인간과 인간 이외의 더 많은 존재) 모든 차이점을 인정하면서 공존하는 방법에 대한 중요한 윤리적 문제에 대해 생각해 보도록 한다. 이러한 원리에 따른 집단적 탐구는 공동 세계 자연문화 집단의 모든 구성원을 포함하고, 공동 세계에서 다른 사람들과의 차이점을 궁금해 하기 위해 자신과 다른 세계 사이의 연결성을 추적하도록 하는 아동의 성향을 기를 수 있다.

이런 종류의 교육학은 아이들이 자신이 살고 있는 실제 세계에서 스스로 자리 잡도록 한다. 그것은 그들이 함께 가장 최고의 미래를 만들어 내기 위해 세상을 공유하는 다른 존재와 함께 행동하는 방식을 보여 줄 것이다.

(Tatyor, 2013: 116-124. 강조는 원저자)

질문들

제1장의 마지막에 제가 제시했던 질문들을 포함하여 이 장을 읽은 후 떠오르는 생각과 질문들을 공유하고 토론하는 것을 잊지 마십시오. 다음은 제가 여러분에게 드리는 몇 가지 질문입니다.

- 인간으로서 여러분은 인간과 세계 내 다른 것과의 관계에 대한 포스트휴머니즘의 관점에 어떻게 답하겠습니까?

- 여러분은 선택과 사회구성주의에 대한 포스트휴머니즘의 질문에 동의합니까?

- 렌스 타구치가 들었던 예처럼, 물질(질료)이 어린이의 학습과 학습자로서의 주체성 구성에 중요하게 작동하는 경우를 생각해 볼 수 있나요?

- 이 장을 읽고서 아동과 아동기에 대한 생각에 변화가 있었나요? '아동 중심주의'에 대한 포스트휴먼 질문에 어떻게 답하겠습니까?

- 아프리카 테일러의 세 가지 교육 원리 중 하나를 선택해 토론해 보십시오. 전반적으로 동의하나요, 동의하지 않나요? 여러분이 알고 있는 환경에서 그 원리가 어떻게 적용될 수 있을까요?

제8장

그다음 이야기는?

해야 할 이야기가 더 있습니다

저는 책의 의도를 밝히면서 이 책을 시작했습니다.

저는 이 책이 오늘날 유아교육의 '대안적 내러티브'와 '다양한 관점', 그리고 현장에서 서로 다르게 사유하고 말하고 행하는 방식 등의 일부를 여러분이 더 명료하게 파악하는 데 도움이 되기를 바랍니다. 여기서 '모두'가 아니라 '일부'라고 말한 점에 주목해 주시기 바랍니다. 저는 세상에 존재하는 참으로 다양하고 풍부한 내러티브와 관점을 모두 잘 알고 있다거나 이 책에서 모두 다루겠다고 주장하지 않습니다. 이 책이 여러분에게 불확정성과 불확실성을 남겨서 이전에는 당연시해 왔던 일들에 의문을 제기하고 더 기꺼이 비판적으로 되는 동시에 유아교육의 새로운 관점들을 유능하게 탐색할 수 있기를 바랍니다. 마지막으로, 이 책이 여러분이 앞으로 유아교육을 다르게 읽어 낼 수 있는 논쟁점과 대안을 보여 주는 저서 및 학술논문의 세계로 더 깊숙하게 들어가 다양한 글 읽기를 할 수 있도록 격려하는 역할을 할 수 있기 바랍니다.

이와 같은 희망과 함께 이 책을 쓰게 된 저의 주된 동기는 많은 학생, 현장 실천가, 그리고 다른 여러 사람을 포함하여 유아교육에 종사하고 있는 사람들에 대한 강한 믿음에서 비롯된 것입니다. 오늘날 유아교육의 지배적인 담론이라고 불리는 것들, 즉 질과 고수익에 대한 이야기와 기술적이고 도구적이며 경제적인 특성을 지닌 시장 이야기 등의 마법에서 풀려나서 현대의 유아교육에서 발견할 수 있는 대안적인 이야기들과 다수의 관점 및 토론에 대해 더 많이 알았으면 하는 바람에서 시작되었습니다. 또한 유아교육의 더 나은 안녕well-being과 활력은 민주적인 정치 분야의 육성에 달려 있다는 믿음에서도 동기부여를 받았습니다. 이것은 대안들을 격려하고 확산시키는 것을 의미하며, 대안에 대한 정치적 질문의 모순된 대답과 토론의 다양성을 의미합니다. 의견 차이는 더 많고, 의견 일치는 더 적습니다.

이 책은 대안에 대한 책이지만 단지 소개에 불과하며, 하나의 대안적인 내러티브와 몇 개에 불과한 대안적인 패러다임과 이론적 관점을 제공했을 뿐입니다. 이와 관련된 더 많은 것이 있습니다. 저는 레지오 에밀리아, 푸코, 들뢰즈, 포스트휴머니즘에 대해 소개만 했을 뿐입니다. 이런 이론과 실제에 대해 더 말할 수 있고 논의할 수 있는 것도 훨씬 많습니다. 제가 내용이 풍부하고 복잡한 주제들을 몇 페이지로 제시하고, 가능한 한 접근할 수 있는 형식으로 표현하면서 지나치게 단순화했다는 점에 죄책감을 가져야 한다고 느끼는 사람들도 있을 것입니다. 어쩌면 저는 이런 이론과 실제에 대해 공정하고 정당하게 제시하지 못했다는 위험을 감수해야 할지도 모르겠습니다.

동시에 저는 최선을 다했지만 많은 독자가 제가 쓴 글에서 다소 금기시되고 좋아할 수 없는 글들, 심지어 때론 이해할 수 없는 글들을 많이 발견했을 것이라고 생각합니다. 간략화하려는 저의 노력에도 불구하고, 일부 용어와 개념들은 손에 잡히기 어려울지도 모르겠습니다. 분명한 것은 저의 소통 능력을 충분히 반영해 썼다는 점입니다. 하지만 문제가 있다면 그 문제는 더 논의될 수 있다고 생각합니다.

우리 대부분은 실증주의 패러다임 속에서 성장하고 교육을 받았습니다. 앞서 제가 주장했듯이 이 패러다임은 현재 유아교육 분야에서 지배적인 이야기들을 생산하고 있습니다. 우리 대부분은 이 패러다임이 정의 내리는 가정과 신념, 일반적인 세계관을 구현하고 있습니다. 그것들은 우리에게 제2의 천성이 되었습니다. 일반적으로 실증주의는 사회 세계에 대해 간략하고 접근하기 쉬운 관점을 제공합니다. 우리는 뚜렷하고 측정할 수 있는 부분으로 삶을 나눌 수 있고, 한 부분이 다른 부분에서 어떻게 작용하는지 정의하고, 그다음 이런 간단한 인과 모델을 기반으로 그 부분들을 조작함으로써 변화되는 것을 보고자 합니다. 이런 실증주의가 거의 지속적으로 그리고 보편적으로 작동하지 않는다는 사실은 적어도 특정한 사람들과 조직들의 뿌리 깊은 신념을 약화시키지 못하는 것 같습니다. 이런 사람들과 조직들은 이 기계론적 모델이 확실성·통제·폐쇄의 약속과 함께 더 앞선 방식으로 우리를 괴롭히는 많은 문제와 도전의 해결책을 제시할 수 있다는 신념을 가지고 있습니다.

이런 모델과 실증주의 패러다임을 포기하는 것은 흥미진진하고 해방감을 느끼는 '매우 즐겁고 긍정적인 사건'일 수 있지만, 불안감을 갖게 하며 걱정에 휩싸이게 합니다. 새로운 이야기를 듣고, 새로운 관점을 시도해 보고, 새로운 토론에 참여하는 것은 상호 연관성과 복잡성, 혼란스럽고 불확실함이 지배하는 낯선 지평과 함께 새로운 영토로 진입하는 것을 의미합니다. 이곳을 여행하는 여행자는 스스로 사유하기와 맥락화된 의미 만들기에 대한 책임감을 훨씬 더 가져야 하지만, 그 과정의 일부로 다른 사람들과 대화할 준비가 되어 있어야 합니다. 이곳에서는 규정집의 영향을 덜 받으며 주관성이 더 많이 작동합니다. 놀랍지 않게, 정해진 도달점이 없는 그런 유목적인 운동의 전망은 양면적인 감정을 야기해서 악화될 수 있습니다. 그 이유에 대해서는 더 설명하겠지만, 대안적인 이야기와 다른 관점을 가지고 일하는 것은 많은 실천적인 질문을 제기하고 이런 대부분의 질문에 대해 아직 충분히 대답을 얻지 못했기 때문입니다.

여러분을 위한 다음의 장소는

저는 이 책을 '독자들이 좀 더 친숙한 곳에서 벗어나서 유아교육에 대해 사유하고 행하는 새로운 방식과 마주침이 일어나는 다리'라고 생각합니다. 그 다리를 영구적으로 건널 필요는 없습니다. 다른 쪽을 살펴보면서 나중에 건널지 그리고 친숙한 곳에 머물 것인지 결정할 수 있을 것입니다. 저의 관점에서 보면 이것은 정치적 선택이고 의도적으로 취한 입장으로 이해되기 때문에 대안이 있다는 것을 충분히 알고 있으면서 내린 결정이라면 괜찮다고 생각합니다. 그러나 다리를 건너고 있는 몇몇 독자는 더 이상 그 친숙했던 곳에 매력을 느끼거나 유지하기를 바라는 대신에 다리 너머 대안적인 내러티브를 듣고 그 밖의 많은 관점과 토론에 참여하기로 결정했으면 좋겠습니다.

어떻게 하면 될까요? 무엇보다도 많이 읽어야 합니다. 책과 논문 모두 좋은 문헌들입니다. 저는 CEC 시리즈의 책들을 진지하게 읽고 있지만, 제1장에서 제안했듯이 여러분이 읽을 수 있는 다른 유용한 책이 많이 있습니다. 개인적으로 그리고 몇몇 사람들은 동의하지 않을 수도 있지만, 저는 유아교육 분야를 넘어서서 '우리 시대의 진단'을 위해 오늘날 세계에서 어떤 일이 벌어지는지를 (정치적으로, 문화적으로, 과학적으로, 경제적으로, 사회적으로) 이해할 수 있는 다른 분야의 문헌을 읽는 것도 중요하다고 생각합니다. 저는 유아교육, 더 나아가 모든 교육은 로리스 말라구치가 '살아 있는 페다고지living pedagogy'라고 언급한 다음의 내용을 염두에 두고 그 진단에 참여하는 것이 중요하다고 생각합니다.

> '살아 있는 페다고지'란 페다고지에 대한 우리의 개념이 미라가 아니라 역동적일 때만 가능하다. 모든 인문과학과 마찬가지로 페다고지는 시대의 새로운 조건에 기초해 다시 만들어지고 재구성되고 업데이트된다. 또한 페다고지를 적용하는 그 시대에 조응하기 위해 그것의 본질, 기능, 적절한 역량 등을 잃어버리기도 하지만, 무엇보다도 미래를 예견하고 예상하고 준비하게 한다(Cagliari et al., 2016: 143).

하지만 저는 독서에 대한 몇 가지 문제점을 인식하고 있습니다. 첫째, 여러분이 대학 도서관을 이용할 수 있다면 책과 논문을 이용하는 데 문제가 없습니다. 그런데 만약 그럴 수 없다면 비용이 많이 들기 때문에 어려움이 많습니다. 둘째, 독서는 충분한 시간과 지속적인 집중력이 필요한데, 시간과 집중력은 정신없이 바쁘게 돌아가고 산만한 오늘날의 세계에서는 충분히 공급되지 않을 수 있습니다. 셋째, 독서가 중요하더라도 여러분이 구성하고 있는 새로운 지식과 창조적인 사유 과정에서 나타나는 불확실성과 복잡성에 대해 다른 사람과 이야기할 수 있다면, 여러분이 무엇을 읽고 있는지 다른 사람과 토론하는 것이 필수적이며 이것이 훨씬 더 생산적이라고 말하고 싶습니다. 여러분은 기존 집단(제1장에서 언급했던 네트워크처럼)을 통해 다른 사람들과 토론할 수 있을 것입니다. 또는 보다 비공식적으로 지역의 독서 그룹을 찾아볼 수도 있고 여러분이 스스로 만들 수도 있습니다.

몇몇 사람들은 특정한 관점에 초점을 두고 선택하여 그 부분을 깊게 탐구하기도 합니다. 예를 들면, 푸코 또는 들뢰즈의 연구를 더 깊이 탐구하기로 결정하거나 보다 심도 깊게 포스트휴먼을 공부하기도 합니다. 평생의 일이 될 수도 있고, 아주 만족스러운 일이기도 합니다. 또는 여러분이 자신의 내러티브를 형성하는 것을 돕기 위해, 다양한 메뉴에서 흥미롭고 유용한 것을 발견하고 이를 취해 좀 덜 상세하더라도 더 넓은 관점과 토론에 대해 이해하기 위해 독서하는 것을 결정할 수도 있습니다. 저는 이런 까치 접근법magpie approach을 채택했음을 고백합니다. 하지만 몇몇 사람들은 이런 접근법이 많은 관점 사이에 존재하는 모순을 무시함으로써 오히려 피상적이고 죄책감을 갖게 한다고 생각하고 있다는 것도 인정합니다.

대안적인 내러티브와 관점의 세계로 한걸음 더 나아가기 위한 여러분의 전략이 무엇이든 간에 그것이 문제를 일으키지 않을 거라고 생각하는 것은 순진한 일입니다. 저는 무엇이 낯설고 불안한지 이해해야 하는 문제와 가능하다면 다른 사람들과 함께 일하는 것이 얼마나 중요한지에 대해 이미 언급했습니다. 도전과 순응 없이 지배적인 담론의 규칙이 예상되는 환경에, 비판적인 사고가 진가를 발휘하지 못하는 환경에, 대안적인 내러티브와 다양한 관점들에 대한 논의가 공허한 이해나 경멸의 반응을 받을 수 있는 환경에 고립되어 있는 자신을 발견하는 문제가 있을 수 있습니다. 이는 질과 고수익에 대한 이야기와 시장 이야기를 다루는 센터들과 다른 조직에서 일하는 자신을 발견하는 현장실천가에게 특히 힘들 수 있습니다. 니컬러스 로즈에 따르면, 질과 고수익 이야기와 시장 이야기는 '불변하고 본질적이고 의심할 여지가 없는' 것으로서 분명한 정체성과 주관성, 순응성과 기술을 채택하는 강력한 압력과 휴먼 테크놀로지를 배치함으로써 뒷받침되고 있습니다.

물론 여러분이 원하는 대안과 관점에 대해 더 분명해지면, 이런 대안과 관점이 공유되거나 최소한 존중받는 현장을 찾는 것이 가능할 것입니다. 예를 들면, 레지오 에밀리아의 페다고지 아이디어와 실천에 진정한 영감을 받거나, 이에 관심을 갖고 있는 교육자들이 있는 유아교육기관이나 학교 또는 대학 등이 바로 그런 현장일 수 있습니다. 그러나 많은 사람에게 이런 선택권이 있지는 않을 것입니다. 그런 곳이 없다면 단지 여러분이 직면하게 될 어려움을 인정할 수밖에 없습니다. 그리고 여러분에게 거절의 정치 또는 미시정치의 수행에 대해 언급했던 이 책의 아이디어들을 돌아보고, 여러분이 스스로의 주체성을 가지고 일하면서 처방적인 교육과정과 예언적 페다고지의 의도를 전복시킬 수 있는 그런 기회를 이용하라고 말하겠습니다. 여기서 '두 발로 걷는' 개념이 유용할 수 있습니다. 이는 여러분이 특정한 요구조건 (임대료 또는 융자금을 갚아야만 한다)을 수용해야 하면서도 동시에 다르게 사유하고 실천하기 위한 모든 기회를 취해야 한다는 것입니다. 그런 방식으로, 여러분은 자발적인 비복종, 성찰적 비순종의 '기예'를 진화시킬 수 있습니다. 이역시 쉽지 않다는 것도 인정합니다.

두려움, 희망 그리고 해야 할 많은 과제

오늘날 걱정해야 할 것이 많습니다. 이를 부정하는 것은 의미가 없습니다. 세계가 환경적 구렁텅이의 가장자리에 불안정하게 서 있기 때문에 종말의 시계는 자정에 가까워져 있습니다. 신자유주의적 정치·경제 체제는 불평등, 불안, 끝없는 파괴적 소비를 낳고 있으며, 인류가 맞닥뜨린 심각한 위기를 해결할 수 있는 특성인 민주주의, 돌봄, 협력, 연대 등을 약화시키고 있습니다. 좀 더 구체적으로 말하면, 질과 고수익 그리고 시장에 대한 지배적인 이야기들은 막을 수 없는 거대한 괴물일 수 있지만, 신자유주의라는 시대정신에 고무되어 정부, 국제기구나 지역의 비정부기, 기업 이익 및 일부 학계가 권력적인 강력한 연합을 구축하여 선포하고 있습니다. 많은 분야에서 일어나는 저항 운동에도 불구하고 때때로 절망적으로 보일 수도 있지만, 결국 우리 모두에게 손짓하는 듯한 그 구렁텅이에 빠질 때까지 세상은 같은 방식으로 필연적인 궤적을 설정하고 있습니다.

저는 우리가 미래에 대해 현실적이어야 한다고 생각합니다. 나쁘게 보일 수도 있고 정말 그럴 수도 있는데, 최고를 기대하면서 지나치게 낙천적일 이유도 없습니다. 그러나 이것은 우리가 절망해야 한다는 것을 의미하지 않습니다. 더 나은 세상이 불가피하다는 것이 아니라 가능할 수도 있기 때문에 우리는 희망을 가져야 합니다. 환경적 위험에 대한 인식과 그런 환경의 난장판에서 인류를 이끌어 내기 위한 창조적 행동에 대한 인식이 증가하고 있습니다. 이는 '암흑의 산 프로젝트'(제1장 참조)가 표현한 것처럼 우리를 생태학적 붕괴, 물질적 위축, 사회·정치적 해제의 시대로 이끈 이야기[1]들은 힘을 잃고 있습니다. 그리고 우리는 목소리를 찾을 수 있는 새로운 현실을 엮어 낼 수 있는 새로운 이야기를 만들고자 합니다. 논쟁의 여지는 있지만, 신자유주의 이야기에 적용해 보면 마찬가지로 신자유주의도 힘을 잃고 있습니다. 신자유주의의 가설들은 잘못된 것으로 증명되고 있고, 신자유주의의 가치는 사회복지를 부식시키고 있으며, 신자유주의의 결과는 역기능적이고 지속 불가능합니다. 경제학자인 케이트 라워스Kate Raworth는 "시장을 맹신하는 것은 우리를 생태학적·사회적·재정적 붕괴의 벼랑 끝으로 몰고 가고 있다"(Raworth, 2017: 70)고 결론 내렸습니다.

유아교육 분야에서 전 지구적으로 저항 운동이 증가하고 있다는 희망의 표시로 대안들을 모색하고, 이와 같은 중요한 비중으로 이 대안들을 실행하면서 그것들이 작동할 수 있음을 보여 주고 있습니다. 저는 이 책의 예시들이 이러한 대안들의 풍부한 잠재력을 보여 주기를 희망합니다. 그리고 발견할 수 있는 다른 예시들도 많이 있음을 기억해 주십시오. 제가 생각하기에 희망적인 상황에 대한 하나의 근거는 신자유주의—계산, 경쟁, 경영 통제 등에

---

1) OECD의 관련 데이터베이스는 OECD 국가들 간의 국내총생산의 비율 대비 유아교육 및 보육에 대한 공적 지출을 비교해 놓은 표를 제공하고 있습니다. 공적 지출의 비율은 0.2퍼센트의 터키와 0.3퍼센트의 미국부터 1.6퍼센트의 스웨덴과 1.8퍼센트의 아이슬란드까지 큰 차이를 보이고 있습니다. OECD(31개의 국가)의 평균 공적 지출 비율은 0.7퍼센트입니다.

의해 지배되고 단순화되는—를 비롯한 지배적인 담론들—단순한 원인-결과 관계로 감환해 버리는 삶에 대한 빈곤한 관점을 가정하고 전제하는—에 대한 환멸이 증가하고 있다는 것입니다. 이는 지배적 담론들이 대부분 사람들이 가지고 있는 삶의 경험이나 미래에 대한 희망과는 일치하지 않는다는 것입니다.

미래에 대한 공인된 희망적인 관점으로 볼 때 이미 존재하는 지배적인 이야기들이 신뢰감과 추종자를 잃고 있기 때문에 우리는 더 나은 세계, 일반적으로 그리고 좀 더 구체적으로 유아교육을 위한 가능성을 열어 주는 변혁이 생성되는 시기에 접근하고 있거나 진입하고 있습니다. 만약 그러한 가능성들이 정말로 존재한다면(그것을 확신할 수 없지만), 그것들을 실현하기 위해 해야 할 많은 일들이 있습니다. 이런 일들은 새로운 이야기를 창조하는 것을 포함하며 또한 그런 이야기들을 현실화하는 데 어떤 조건들이 필요한지 생각하는 것도 포함합니다. 바꾸어 말하면, 제4장에서 말했듯이 우리의 '진짜 유토피아'는 단지 희망을 위한 것뿐만 아니라 실행가능성과 성취가능성을 위한 것이라고 부를 수 있을 것입니다.

『유아교육의 변혁적 변화와 진정한 유토피아』에서 저는 신자유주의를 이야기하는 사람들이 1950년대와 1960년대를 어떤 방식으로 어떻게 이해하고 있는지에 대해 썼습니다. 그 시기는 매우 다른 경제 체제가 우세했고 대부분은 신자유주의적 이야기들을 들어 보지도 못했고 혹시 들어 봤더라도 믿기 어려웠을 때입니다. 그러나 이렇게 맞지 않은 환경에도 불구하고 신자유주의를 이야기하는 사람들이 있었습니다.

역사의식은 유지되었다. 그들은 포기하지 않았다. 그들은 그들의 시대를 다시는 결코 나타나지 않을 시대라고 생각하지 않았다. 아니었다. 그들은 신자유주의를 진짜 유토피아적인 프로젝트로 다루었다. 그들은 그들의 이야기들을 개발했고, 새로운 청취자들을 찾았으며, 그들은 그들의 원하는 것과 실행 가능한 대안들을 고안한 현장 뒤에서 함께 일했다. … 그들은 전쟁 이후 지배적이었던 케인스 체제가 불안정해지면서 변화가 찾아올 것으로 예상했다. 그리고 그렇게 되었을 때 그들은 기회를 잡고 그들의 이야기를 내세우고 그들의 진정한 유토피아를 이룩하기 위한 준비를 해야만 했다. 그들의 전략은 1962년 신자유주의의 부활의 사제였던 경제학자 밀턴 프리드먼에 의해 윤곽이 그려졌다.

> 위기만이―현실적이든 또는 지각된 것이든―진정한 변화를 만들어 낼 뿐이다. 그 위기가 발생할 때 주위에 놓여 있는 아이디어에 의존한 행동들이 취해진다. 생각건대, 그것이 우리의 기본적인 기능이다. 기존 정책에 대한 대안을 개발하고, 정치적으로 불가능한 정책들이 불가피하게 실행될 때까지 대안들을 살려 놓고 이용할 수 있게 하는 것이다(Friedman, 1982: ix).

> (Moss, 2013: 203-204)

제가 희망을 갖게 되는 순간은 유아교육에서의 저항 운동(다른 분야도 마찬가지입니다)의 전략적 역할이 기존 정책에 대한 아이디어(설득력 있는 이야기)와 '대안들'(이야기를 현실화하기 위한 조건)을 개발하여 위기에 대비하는 것이라고 생각합니다. 제4장에서 보았듯이, 레지오 에밀리아는 그 두 가지―이야기와 조건―를 결합하여 폭넓은 매력을 가진 확장적이고 오래 지속되며 역동적인 시스템을 갖추게 된 훌륭한 예시를 제공합니다. 레지오 에밀리아는 정치적 선택 그리고 페다고지 아이디어 및 실천은 물론 우리에게 생각하도록 자극하는 많은 측면을 가지고 있습니다. 그러나 유토피아적 사고와 강렬한 실현 가능성을 결합하는 능력도 간과할 수 없습니다.

제가 매력적이라고 생각한 것은 민주주의·실험·잠재력에 대한 이야기인데, 제4장뿐만 아니라 『유아교육의 변혁적 변화와 진정한 유토피아』에 더 자세히 실려 있습니다. 이 책은 다양성과 복잡성, 운동과 탈주선에 관한 이야기입니다. 그러나 동시에 이 이야기가 모든 어린이와 어른에 대한 공통의 권리를 정의하는 더 넓은 도시의·지역의 또는 국가의 틀 안에서 현실화되는 것(예를 들면, 영유아기부터 유아교육센터에 다닐 수 있는 자격, 만족스러운 봉급과 근로 조건에 대한 교사의 권리, 교육자, 부모 및 시민이 여러 서비스의 민주적인 운영에 참여할 가능성 등), 또한 공통의 이미지·가치·목표를 설정하는 것(예를 들면, 비교적 간략한 형식의 교육과정으로 표현된 것), 민주주의와 실험 그리고 잠재력을 가능하게 하는 실행 조건 등을 보장하는 것(이를테면, 충분한 공적 자금, 학력 조건을 갖춘 노동력, 다양한 언어를 가진 전문화된 아뜰리에와 아뜰리에스타, 유능한 시스템[174쪽 참조], 주의를 기울여 설계된 건물뿐만 아니라 모든 자료를 갖춘 잘 설계된 환경 등) 등을 예상 가능하게 합니다. 바꾸어 말하면, 민주주의·실험·잠재력에 대한 이야기는 개별적인 지역적 프로젝트에 관한 것으로 지역적 맥락에 반응적이며, 일관성 있는 전체의 일부로서 공동으로 구성한 지식과 경험을 공유하기 위해 함께 일할 수 있는 그런 프로젝트를 생성할 수도 있습니다.

민주주의·실험·잠재력 이야기의 실현을 위해 기존 정책에 대안을 개발하는 것이 가장 절실한 두 가지 영역은 교육과정과 평가입니다. 이 두 영역은 필수적입니다. 특히 유아교육은 그러한 교육에 책임을 져야 하며, 그렇게 함으로써 교육에 대한 특정한 이미지·가치·목표에 동의(또는 동의해야)하는 사회에 민주적으로 책무성을 갖게 해야 합니다. 또한 교육과정과 평가 두 영역은 엄격한 주체성과 실험을 성취하는 데 필수적입니다. 희망하건대, 실증적인 접근법과 객관적 진리에 대한 신념이 없어도 무엇이 진행되든 크게 우려하지 않았으면 합니다.

문제는 교육과정과 평가가 어떻게 민주주의·실험·잠재력을 촉진하는데 상응할 수 있느냐 하는 것입니다. 막대한 자원이 질과 고수익 이야기에 상응하는 교육과정과 평가에 배치되고 있습니다. 이는 상당히 부적합하며 다른 이야기에 피해를 줍니다. 그런 자원의 일부만이라도 교육과정과 평가에 대한 대안적인 접근법을 탐구하기 위해 배치한다면 큰 차이를 만들 것입니다.

유아교육의 미래는 불확실한 상태입니다. 그러나 지배적인 담론에 질문을 준비하는 사람이 많을수록, 대안적인 내러티브와 다수의 견해와 토론에 기꺼이 참여하려는 사람이 많을수록, 진정한 유토피아를 건설하는 어려운 일에 헌신하려는 사람이 많을수록, 전망은 더 좋아질 것입니다. 저는 이 책이 이 중요한 작업에 대한 참여의 증가를 가져오기를 바랍니다.

질문들

제1장의 마지막에 제가 제시했던 질문들을 포함하여 이 장을 읽은 후 떠오르는 생각과 질문들을 공유하고 토론하는 것을 잊지 마십시오. 다음은 제가 여러분에게 드리는 몇 가지 질문입니다.

- 여러분의 그다음은 무엇입니까? 어떤 내러티브 또는 관점을 따르겠습니까? 무엇이 매력적이었는지, 그 이유는 무엇 때문인가요? 그것을 어떻게 할 수 있을까요?

- 여러분은 대학이나 고용주가 지배적인 담론에 의문을 제기하고 대안을 더 깊이 연구하는 학생들과 현장실천가들에게 더 많은 것을 해 줄 수 있다고 생각하시나요? 그들은 무엇을 해야 할까요?

- 유아교육에서 여러분이 느끼는 두려움은 무엇인가요? 희망은 무엇인가요?

- 짧더라도, 매력적이라고 생각되는 유아교육에 대한 이야기를 들려줄 수 있나요?

- 그 이야기를 실현하는 데 필요하다고 여겨지는 조건들은 어떤 것들이 있을까요?

- 우리나라의 유아교육 및 보육에 대한 공적 지출은 어떠한가요? 여러분은 예산이 무엇을 위해 사용되어야 한다고 생각하시나요?

- 교육과정 또는 평가에 대해 생각해 봅시다. 여러분이 매력적이

라고 생각하는 이야기에서 교육과정과 평가는 어떤 것인지 간략하게 설명할 수 있나요?

* 표시는 CEC 시리즈입니다.

Allen, G. (2011). *Early Intervention: Smart Investment.* Massive Savings. London: Cabinet Office.(www.gov.uk/government/publications/early-intervention-smart-investment-massivesavings)

Alvaredo, F., Chancel, L., Piketty, T., Saez, E. and Zucman, G. (2017). *World Inequality Report 2018: Executive Summary.*(http://wir2018.wid.world/files/download/wir2018-summaryenglish.pdf)

Archer, M. (2008). "Childcare and early years provision in a diverse market: the government's approach." paper presented at a seminar organised by the International Centre for the Study of the Mixed Economy of Childcare. London, 12 May 2008.(www.uel.ac.uk/icmec/seminar/index.htm)

Ball, S. (2013). *Foucault, Power and Education.* London: Routledge.

Ball, S. (2016). "Subjectivity as a site of struggle: Refusing neoliberalism?" *British Journal of Sociology of Education*, 37 (8), 1129-1146.

Ball, S. and Vincent, C. (2006). *Childcare, Choice and Class Practices: Middle-Class Parents and Their Children*. London: Routledge.

Barad, K. (2007). *Meeting the Universe Halfway: Quantum Physics and the Entanglement of Matter and Meaning*. Durham: Duke University Press.

Barad, K. (2009). "Matter feels, converses, suffers, desires, yearns and remembers." interview with Karen Barad, 6 June 2009.(https://quod.lib.umich.edu/o/ohp/11515701.0001.001/1:4.3/-new-materialism-interviews-cartographies?rgn=div2;view=fulltext)

Bauman, Z. (1993). *Postmodern Ethics*. Oxford: Blackwell.

Bauman, Z. (1995). *Life in Fragments: Essays in Postmodern Morality*. Oxford: Blackwell.

Berger, P. and Luckmann, T. (1966). *The Social Construction of Reality*. New York, NY: Doubleday.

Biesta, G. (2007). "Why 'What works' won't work: Evidence-based practice and the democratic deficit in educational research." *Educational Theory*, 57 (1), 1-22.

Bloch, M. N. (1992). "Critical perspectives on the historical relationships between child development and early childhood education research." in S. Kessler and B. B. Swadener. (eds.). *Reconceptualizing the Early Childhood Curriculum: Beginning the Dialogue*. New York: Teachers College Press.

Bloch, M. N., Swadener, B. B. and Cannella, G. (eds.) (2018, 2nd ed.). *Reconceptualizing Early Childhood Care and Education: Critical Questions, New Imaginaries and Social Activism: A Reader*. New York: Peter Lang.

Bradbury, A. and Roberts-Holmes, G. (2017). *The Datafication of Primary and Early Childhood Education: Playing With Numbers*. London: Routledge.

Braidotti, R. (2013). *The Posthuman*. Cambridge: Polity Press.

Bruner J. S. (1990). *Acts of Meaning*. Cambridge: Harvard University Press.

Bush, J. and Phillips, D. (1996). "International approaches to defining quality." in S. Kagan and N. Cohen (eds.). *Reinventing Early Care and Education: A Vision for a Quality System*. San Francisco: Jossey-Bass.

Butin, D. W. (2001). "If this is resistance I would hate to see domination: Retrieving Foucault's notion of resistance within educational research." *Educational Studies*, 22 (2), 157-176.

Cagliari, P., Barozzi, A. and Giudici, C. (2004). "Thoughts, theories and experiences: For an educational project with participation." *Children in Europe*, 6, 28-30.

*Cagliari, P., Castegnetti, M., Giudici, C., Rinaldi, C., Vecchi, V. and Moss, P. (eds.) (2016). *Loris Malaguzzi and the Schools of Reggio Emilia: A Selection of His Writings and Speeches 1945-1993*. London: Routledge.

Catarsi, E. (2004). "Loris Malaguzzi and the municipal school revolution." *Children in Europe*, 6, 8-9.

Colman, F. J. (2005). "Rhizome." in A. Parr (ed.). *The Deleuze Dictionary*. Edinburgh: Edinburgh University Press.

Cousins, J. (2003). *Listening to Young Children: How They Can Help Us to Plan Their Education and Care*. London: Jessica Kingsley.

Dahlberg, G. (1985). *Context and the Child's Orientation to Meaning: A Study of the Child's Way of Organizing the Surrounding World in Relation to Public Institutionalized Socialization*. Stockholm: Almqvist and Wiksell.

Dahlberg, G. (2000). "Everything is a beginning and everything is dangerous: Some reflections on the Reggio Emilia experience." in H. Penn (ed.). *Early Childhood Services: Theory, Policy and Practice*. Buckingham: Open University Press.

Dahlberg, G. (2003). "Pedagogy as a loci of an ethics of an encounter." in M. Bloch, K. Holmlund, I. Moqvist and T. Popkewitz (eds.). *Governing Children, Families and Education: Restructuring the Welfare State*. New York: Palgrave Macmillan.

Dahlberg, G. and Moss, P. (2005). *Ethics and Politics in Early Childhood Education*. London: Routledge.

Dahlberg, G. and Moss, P. (2009). "Foreword" to Olsson (2009).

Dahlberg, G. and Bloch, M. (2006). "Is the power to see and visualize always the power to control?" in T. Popkewitz, K. Pettersson, U. Olsson and J. Kowalczyk (eds.) *The Future Is Not What It Appears to Be: Pedagogy, Genealogy and Political Epistemology. In Honour and in Memory of Kenneth Hultqvist*. Stockholm: HLS Förlag.

Dahlberg, G., Moss, P. and Pence, A. (2013, 3rd ed.). *Beyond Quality in Early Childhood Education and Care: Languages of Evaluation*. London: Routledge.

Dark Mountain Project (2009a). *Uncivilisation: The Dark Mountain Manifesto*.(http://darkmountain.net/about/manifesto/)

Dark Mountain Project (2009b). *FAQs*.(http://dark-mountain.net/about/faqs)

*Davies, B. (2014). *Listening to Children: Being and Becoming*. London: Routledge.

Deleuze, G. (1992). "Postscript on the societies of control." *October*, 59 (Winter), 3-7.

Deleuze, G. (1994). *Difference and Repetition*. trans. Constantin Boundas. New York: Columbia University Press.

Deleuze, G. and Guattari, F. (2004). *A Thousand Plateaus: Capitalism and Schizophrenia*. London: Continuum.

Deleuze, G. and Parnet, C. (1987). *Dialogues*. trans. Hugh Tomlinson and Barbara Habberjam. London: The Athlone Press.

Department for Education (England) (2013). *More Great Childcare: Raising Quality and Giving Parents More Choice*. London: Department for Education. (www.gov.uk/government/uploads/system/uploads/attachment_data/file/170552/More_20Great_20Childcare_20v2.pdf.pdf)

Department for Education (England) (2015). *Review of Childcare Costs: The Analytical Report: An Economic Assessment of the Early Education and Childcare Market and Providers' Costs*. London: Department for Education. (www.gov.uk/government/uploads/system/uploads/attachment_data/file/479659/151124_Analytical_review_FINAL_VERSION.pdf)

Dewey, J. (1976). "Creative democracy: The task before us." in J. Boydston (ed.). *John Dewey: The Later Works, 1925-1953, Volume 14*. Carbondale: Southern Illinois University Press.

Diedrich, W. W., Burggraeve, R. and Gastmans, C. (2003). "Towards a Levinasian care ethic: A dialogue between the thoughts of Joan Tronto and Emmanuel Levinas." *Ethical Perspectives*, 13 (1), 33-61.

Edwards, C., Gandini, L. and Forman, G. (eds.) (2012, 3rd ed.). *The Hundred Languages of Children: The Reggio Emilia Experience in Transformation*. Santa Barbera: Praeger.

Eisenstadt, N. (2011). *Providing a Sure Start: How Government Discovered Early Childhood*. Bristol: Policy Press.

Elfström, I. and Furnes, K. (2010). "Solmasken och signaljärnmasken [The sun mask and the signal iron mask]." in I. M-C. Colliander, L. Stråhle and C. Whener-Godée (eds.). *Om värden och omvärlden: Pedagogik och teori med inspiration från Reggio Emilia*. En vänbok till Gunilla Dahlberg. Stockholm: Stockholms universitets förlag.

Fendler, L. (2001). "Educating flexible souls: The construction of subjectivity through developmentality and interaction." in K. Hultqvist and G. Dahlberg (eds.). *Governing the Child in the New Millennium*. London: RoutledgeFalmer.

Fisher, B. and Tronto, J. (1990). "Toward a feminist theory of caring." in E. Abel and M. Nelson (eds.). *Circles of Care, Work and Identity in Women's Lives*. New York: State University of New York Press.

Flyvbjerg, B. (2006). "Social science that matters." *Foresight Europe* (October 2005-March 2006), 38-42.

Fortunati, A. (2006). *The Education of Young Children as a Community Project: The Experience of San Miniato*. Azzano San Paolo: Edizioni Junior.

Foucault, M. (1978). *The History of Sexuality, Volume 1: An Introduction, trans. Robert Hurley*. New York: Pantheon Books.

Foucault, M. (1987). "The ethic of care for the self as a practice of freedom." in J. Bernauer and D. Rasmussen (eds.). *The Final Foucault*. Cambridge: MIT Press.

Foucault, M. (1988a). *Politics, Philosophy, Culture: Interviews and Other Writings 1977-1984*. trans. Alan Sheridan and others. London: Routledge.

Foucault, M. (1988b). "Technologies of the self." in L. H. Martin, H. Gutman and P. H. Hutton (eds.) *Technologies of the Self: A Seminar With Michel Foucault*. Amhurst: University of Massachusetts Press.

Foucault, M. (1990). "Qu'est-ce que la critique?" *Bulletin de la Société Française de Philosophic*, 84, 35-63.

Freire, P. (2004). *Pedagogy of Hope*. London: Continuum.

Friedman, M. (1962, 1982). *Capitalism and Freedom*. Chicago: University of Chicago Press.

Gesell, A. and Ilg, F. (1946). *The Child From Five to Ten*. New York, NY: Harper and Row.

Giamminuti, S. (2013). *Dancing With Reggio Emilia: Metaphors for Quality*. Mt Victoria, NSW: Pademelon Press.

Gillies, D. (2011). "State education as high-yield investment: Human capital theory in European policy discourse." *Journal of Pedagogy*, 2 (2), 224-245.

Giudici, C. and Krechevsky, M. (eds.) (2001). *Making Learning Visible: Children as Individual and Group Learners*. Reggio Emilia: Reggio Children.

Gough, N. (2006). "Foreword [sous rature]." in I. Semetsky (ed.). *Deleuze, Education and Becoming*. Rotterdam: Sense Publishers.

Gray, J. (2009). *Gray's Anatomy: John Gray's Selected Writings*. London: Allen Lane.

Greenhalgh, T. and Russell, J. (2006). "Reframing evidence synthesis as rhetorical action in the policy making drama." *Healthcare Policy*, 1 (2), 34-42. (www.ncbi.nlm.nih.gov/pmc/articles/PMC2585323/)

Grosz, E. (2005). *Time Travels: Feminism, Nature, Power*. Durham: Duke University Press.

Grosz, E. (2008). "Darwin and Feminism: Preliminary investigations for a possible alliance." in S. Alaimo and S. Hekman (eds.) *Material Feminisms*. Bloomington and Indianapolis: Indiana University Press.

Guattari, F. (1995). *Chaosmosis: An Ethico-Aesthetic Paradigm*. trans. Paul Bains and Julian Pefanis. Bloomington: Indiana University press.

Harari, Y. N. (2016). *Homo Deus: A Brief History of Tomorrow*. London: Harvill Sacker.

Haraway, D. (1988). "Situated knowledges: The science question in feminism and the privilege of partial perspective." *Feminist Studies*, 14, 575-599.

Haraway, D. (2004). "Otherworldly conversations: terran topics; local terms." in *The Haraway Reader*. London: Routledge.

Heissen, A. H. (2017). "The Art of Mixology." *BBC World Service*, 5 December 2017. (www.bbc.co.uk/programmes/w3cswccz)

Hoyuelos, A. (2004). "A pedagogy of transgression." *Children in Europe*, 6, 6-7.

Hoyuelos, A. (2013). *The Ethics in Loris Malaguzzi's Philosophy*. Reykjavik: Isalda.

Hultman, K. and Lenz Taguchi, H. (2010). "Challenging anthropocentric analysis of visual data: A relational materialist methodological approach to educational research." *International Journal of Qualitative Studies in Education*, 23 (5), 525-542.

Hyslop-Margison, E. J. and Sears, A. M. (2006). *Neo-Liberalism, Globalization and Human Capital Learning: Reclaiming Education for Democratic Citizenship*. Dordrecht: Springer.

Klenke, K. (2016). *Qualitative Research in the Study of Leadership*. Bingley: Emerald Group Publishing Limited.

LaingBuisson (2014). Online order form for "Children's Nurseries, UK Market Report, Thirteenth Edition."(www.laingbuisson.com/wp-content/uploads/2016/06/ChildrensNurseries_13_bro.pdf).

Lather, P. (1991). *Getting Smart: Feminist Research and Pedagogy With/In the Postmodern*. London: Routledge.

Lather, P. (2006). "Paradigm proliferation as a good thing to think with: Teaching research in education as a wild profusion." *International Journal of Qualitative Studies in Education*, 19 (1), 35-57.

Latour, B. (1993). *We Have Never Been Modern*. Cambridge: Harvard University press.

Latour, B. (2009). "A collective of humans and non-humans: Following Daedelus's labyrinth." in D. M. Kaplan (ed.). *Reading in the Philosophy of Technology*. Lanham and Plymouth: Rowman & Littlefield.

*Lenz Taguchi, H. (2009). *Going Beyond the Theory/Practice Divide: In Early Childhood Education: Introducing an Intra-Active Pedagogy*. London: Routledge.

Lenz Taguchi, H. (2010). "Rethinking pedagogical practices in early childhood education: A multidimensional approach to learning and inclusion." in N. Yelland (ed.). *Contemporary Perspectives on Early Childhood Education*. Maidenhead: Open University Press.

Levinas, E. (1987). *Time and the Other*. Pittsburgh: Duquesne University Press.

Luke, A. (2011). "Generalising across borders: Policy and the limits of educational science." paper presentation to the American Educational Research Association Annual Meeting, 8-13 April 2011, New Orleans.(https://eprints.qut.edu.au/41118/1/C41118.pdf)

*MacNaughton, G. (2005). *Doing Foucault in Early Childhood Studies: Applying Poststructural Ideas*. London: Routledge.

Marks, J. (1998). *Gilles Deleuze: Vitalism and Multiplicity*. London: Pluto.

Mirowski, P. (2013). *Never Let a Serious Crisis Go to Waste: How Neoliberalism Survived the Financial Meltdown*. London: Verso.

Monbiot, G. (2017). *Out of the Wreckage: A New Politics for an Age of Crisis*. London: Verso.

Moss, P. (2007). "Meetings across the paradigmatic divide." *Educational Philosophy and Theory*, 39 (3), 229-240.

*Moss, P. (2013). *Transformative Change and Real Utopias in Early Childhood Education: A Story of Democracy, Experimentation and Potentiality*. London: Routledge.

Moss, P., Dahlberg, G., Grieshaber, S., Mantovani, S., May, H., Pence, A., Rayna, S., Swadenere, B. and Vandenbroeck, M. (2016). "The Organisation for Economic Co-operation and Development's International Early Learning Study: Opening for debate and contestation." *Contemporary Issues in Early Childhood*, 17 (3), 343-351.

Moss, P. and Urban, M. (2017). "The Organisation for Economic Co-operation and Development's International Early Learning Study: What happened next?" *Contemporary Issues in Early Childhood*, 18 (2), 250-258.

Mouffe, C. (2007). "Artistic activism and agonistic spaces." *Art and Research*, 1 (2, Summer).

*Murris, K. (2016). *The Posthuman Child: Educational Transformation Through Philosophy With Picturebooks*. London: Routledge.

OECD (2011a). *Investing in High-Quality Early Childhood Education and Care* (ECEC). (www.oecd.org/education/preschoolandschool/48980282.pdf)

OECD (2011b). *Divided We Stand: Why Inequality Keeps Rising*. Paris: OECD.

OECD (2012). *Starting Strong III: A Quality Toolbox for Early Childhood Education and Care*.(www.oecd.org/edu/school/49325825.pdf).

OECD (2015). *Call for Tenders: International Early Learning Study*.(www.oecd.org/callsfortenders/CfT%20100001420%20International%20Early%20Learning%20Study.pdf)

OECD (2017). *Early Learning Matters.*(www.oecd.org/edu/school/Early-Learning-MattersProject-Brochure.pdf)

OECD (2018). *Family Database, Child Poverty.* (www.oecd.org/els/CO_2_2_Child_Poverty.pdf)

*Olsson, L. M. (2009). *Movement and Experimentation in Young Children's Learning: Deleuze and Guattari in Early Childhood Education.* London: Routledge.

Olsson, L. M. (2013). "Taking children's questions seriously: The need for creative thought." *Global Studies of Childhood*, 3 (3), 230-253.

Osberg, D. and Biesta, G. (2007). "Beyond presence: Epistemological and pedagogical implications of 'strong' emergence." *Interchange*, 38 (1), 31-51.

Otto, D. (1999). "Everything is dangerous: Some poststructural tools for human rights law." *Australian Journal of Human Rights*, 5 (1), 17-47.

Popkewitz, T. (1997). "A changing terrain of knowledge and power in educational research: A social epistemology." in T. Popkewitz (ed.). *Critical Theory and Educational Discourse*. Johannesburg: Heinemann.

Prout, A. (2004). *The Future of Childhood*. London: Routledge.

Raworth, K. (2017). *Doughnut Economics: Seven Ways to Think Like a 21st-Century Economist*. London: Random House.

Readings, B. (1966). *The University in Ruins*. Cambridge, MA: Harvard University Press.

Rinaldi, C. (2006). *In Dialogue With Reggio Emilia: Listening, Researching and Learning*. London: Routledge.

Roberts, C., Lawrence, M. and King, L. (2017). "Managing Automation: Employment, Inequality and Ethics in the Digital Age." *IPPR.*(https://www.ippr.org/files/2018-01/cej-managing-automation-december2017.pdf)

Roberts-Holmes, G. and Bradbury, A. (2016). "Governance, accountability and the datafication of early years education in England." *British Educational Research Journal*, 42(4), 600-613. DOI: 10.1002/berj.3221.

Rose, N. (1999). *Powers of Freedom: Reframing Political Thought*. Cambridge: Cambridge University Press.

Roy, K. (2003). *Teachers in Nomadic Space: Deleuze and Curriculum*. New York: Peter Lang.

Santos, B. de S. (2004). "Interview with Boaventura de Sousa Santos." *Globalisation, Societies and Education*, 2 (2), 147-160.

*Sellers, M. (2013). *Young Children Becoming Curriculum: Deleuze, Te Whᐓriki and Curricular Understandings*. London: Routledge.

Sevenhuijsen, S. (1998). *Citizenship and the Ethics of Care: Feminist Considerations on Justice, Morality and Politics*. London: Routledge.

St. Pierre, E. A. (2000). "The call for intelligibility in postmodern educational research." *Educational Researcher*, 29 (5), 25-29.

St. Pierre, E. A. (2012). "Another postmodern report on knowledge: Positivism and its others." *International Journal of Leadership in Education*, 15 (4), 483-503.

St. Pierre, E. A. and Pillow, W. (2000). *Working the Ruins: Feminist Poststructural Theory and Methods in Education*. New York: Routledge.

Steadman Jones, D. (2014). *Masters of the Universe: Hayek, Friedman, and the Birth of Neoliberal Politics*. Princeton: Princeton University Press.

Stiglitz, J. (nd.). *Inequality and Economic Growth*. (https://www8.gsb.columbia.edu/faculty/jstiglitz/sites/jstiglitz/files/Inequality%20and%20Economic%20Growth.pdf). Tan, E. (2014). "Human capital theory: A holistic critique." *Review of Educational Research*, 84 (3), 411-445.

*Taylor, A. (2013). *Reconfiguring the Natures of Childhood*. London: Routledge.

Tobin, J. (2007). "Rôle de la théorie dans le movement Reconceptualiser l'éducation de la petite enfance." in G. Brougère and M. Vandenbroeck (eds.). *Repenser l'éducation des jeunes enfants*. Brussels: P.I.E. Peter Lang.

Tronto, J. (1993). *Moral Boundaries: A Political Argument for the Ethics of Care*. London: Routledge.

Truss, E. (2013). "More great childcare." speech to a Policy Exchange meeting, London, 29 January 2013.

Unger, R. M. (2005a). *What Should the Left Propose?* London: Verso.

Unger, R. M. (2005b). "The future of the Left: James Crabtree interviews Roberto Unger." *Renewal*, 13 (2/3), 173-184.

Urban, M., Vandenbroeck, M., Lazzari, A., Van Larer, K. and Peeters, J. (2012). *Competence Requirements in Early Childhood Education and Care: Final Report*. (https://files.eric.ed.gov/fulltext/ED534599.pdf)

Vadeboncoeur, J. (1997). "Child development and the purpose of education." in Richardson, V. (ed.). *Constructivist Teacher Education*. London: Falmer Press.

Vecchi, V. (2004). "The multiple fonts of knowledge." *Children in Europe*, 6, 18-21.

*Vecchi, V. (2010). *Art and Creativity in Reggio Emilia: Exploring the Role and Potentiality of Ateliers in Early Childhood Education*. London: Routledge.

Vygotsky, L. S. (1978). *Mind in Society: The Development of Higher Mental Processes*. Cambridge: Harvard University Press.

Wave Trust (2013). *Conception to Age 2: the Age of Opportunity*. London: Wave Trust.(www.wavetrust.org/key-publications/reports/conception-to-age-2)

Wilkinson, R. and Pickett, K. (2009). *The Spirit Level: Why More Equal Societies Almost Always Do Better*. London: Allen Lane.

Wootton, D. (2016). *The Invention of Science: A New History of the Scientific Revolution*. London: Penguin Books.

Wright, E. O. (2006). "Compass points: Towards a Socialist alternative." *New Left Review*, 41 (September-October), 93-124.

Wright, E. O. (2007). "Guidelines for envisioning real utopias." *Soundings*, 36 (Summer), 26-39.

Young, R. (1990). *White Mythologies: Writing History and the West*. London: Routledge.

Zigler, E. (2003). "Forty years of believing in magic is enough." *Social Policy Report*, XVII (1), 10-11.

A

affect—감응

agency—행위주체성

agential realism—행위적 실재론

alterity—타자성

assemblages—배치

attentiveness—주의 기울임

B

becoming—생성, 되기

being—존재

C

care of self—자기 배려

child—아이, 어린이

classification—분류

co-constructor—공동 구성자

co-construction—공동 구성

code—규약, 법규

co-functioning—공기능화

common world—공동 세계

competence—능력, 자질

comune—코무네

construction—구성, 의미구성

control society—통제 사회

D

datafication—데이터화

dataveillance—데이터 감시

deconstruction—해체

democratic expermentism—민주적 실험
주의

desirability—바람직성

desire—욕망

depoliticization—탈정치화

developmentality—발달성

difference—차이

disciplinary society—규율 사회

discipline—규율

discursive 담론적인

E

emergence—발생, 발현

emotion—감정

encounters—마주침

entities—실체(들)

epistemology—인식론

events—사건(들)

experimentation—실험

evidence-based practice—증거 기반 실제

enactment—집행, 현행화

en route—경로

entan-glement—얽힘

ethical practice—윤리적 실천

ethics—윤리

새로운 관점과 그 실천 사례를 담고 있는 '유아교육 다시 읽기Contesting Early Childhood'(이하 CEC로 약칭) 시리즈가 국내에 적극적으로 소개되어 읽히기 시작한 지 5년이 다 되어 갑니다. 낯설고 새로운 용어와 관점이 가득한 텍스트들은 지금까지 우리가 해 오던 교육 실천을 되돌아보게 하고 균열을 내고 실험으로 이끕니다. 유아교육 분야에서 학술적 논의가 더 다양해지고 풍요로워지면 그 결과는 현장의 생산성으로 이어져 아이들에게 돌아가게 되겠지요.

『유아교육과 대안적 내러티브Alternative Narratives in Early Childhood』는 CEC 시리즈의 총괄 편집자인 피터 모스가 가장 최근에 출판한 책입니다. 이 책은 유아교육을 지배하고 있는 현재의 담론에 대해 의문을 제기하며 여러 곳에서 생성되고 있는 대안적인 담론들과 사례들을 종합적으로 소개하고 있습니다. 그는 일인칭 시점으로 호소하듯 글을 써 내려갑니다. 시작하는 글에서 어렵고 추상적인 글쓰기에서 탈피하여 일상적인 글쓰기 방식으로 다양한 사례를 소개할 것임을 밝히고 있습니다. 번역서를 읽는 독자가 피터 모스의 생생하고 강력한 목소리를 들을 수 있도록 경어체로 번역했습니다. 그의 오랜 고민과 비판적 사유, 질문, 그리고 다양한 정치-윤리적 선택들을 더 가깝게 만나보시길 바랍니다.

번역작업에 참여하게 된 역자 일동은 또다시 번역이라는 고되고 무거(서)운 선택을 했고 각자의 바쁜 시간과 마음을 모았습니다. 번역서의 출판을 부탁드릴 때마다 한결같이 "이 책이 우리나라 유아교육에 도움이 되는 것이 맞지요?"라는 질문으로 교육자로서의 선택과 책임을 되돌아보게 하는 출판사 살림터가 함께했습니다. 피터 모스는 책을 "독자들이 좀 더 친숙한 곳에서 벗어나서 유아교육에 대해 사유하고 행하는 새로운 방식과 마주침이 일어나는 다리"라고 표현하며 무엇보다도 많이 읽을 것을 권유합니다. 교사가 되기를 희망하는, 지금 교사인, 그 교사를 지원하는 교육자들에게 깊은 연대를 느끼며 감사의 마음을 전합니다.

역자 일동

삶의 행복을 꿈꾸는 교육은
어디에서 오는가?

교육혁명을 앞당기는 배움책 이야기 혁신교육의 철학과 잉걸진 미래를 만나다!

한국교육연구네트워크 총서

 01 핀란드 교육혁명
한국교육연구네트워크 엮음 | 320쪽 | 값 15,000원

 02 일제고사를 넘어서
한국교육연구네트워크 엮음 | 284쪽 | 값 13,000원

 03 새로운 사회를 여는 교육혁명
한국교육연구네트워크 엮음 | 380쪽 | 값 17,000원

 04 교장제도 혁명
한국교육연구네트워크 엮음 | 268쪽 | 값 14,000원

 05 새로운 사회를 여는 교육자치 혁명
한국교육연구네트워크 엮음 | 312쪽 | 값 15,000원

 06 혁신학교에 대한 교육학적 성찰
한국교육연구네트워크 엮음 | 308쪽 | 값 15,000원

 07 진보주의 교육의 세계적 동향
한국교육연구네트워크 엮음 | 324쪽 | 값 17,000원
2018 세종도서 학술부문

 08 더 나은 세상을 위한 학교혁명
한국교육연구네트워크 엮음 | 404쪽 | 값 21,000원
2018 세종도서 교양부문

 09 비판적 실천을 위한 교육학
이윤미 외 지음 | 448쪽 | 값 23,000원
2019 세종도서 학술부문

 10 마을교육공동체운동:
세계적 동향과 전망
심성보 외 지음 | 376쪽 | 값 18,000원

 11 학교 민주시민교육의 세계적 동향과 과제
심성보 외 지음 | 308쪽 | 값 16,000원

 12 학교를 민주주의의 정원으로
가꿀 수 있을까?
성열관 외 지음 | 272쪽 | 값 16,000원

한국교육연구네트워크 번역 총서

 01 프레이리와 교육
존 엘리아스 지음 | 한국교육연구네트워크 옮김
276쪽 | 값 14,000원

 02 교육은 사회를 바꿀 수 있을까?
마이클 애플 지음 | 강희룡·김선우·박원순·이형빈 옮김
356쪽 | 값 16,000원

 03 비판적 페다고지는
세상을 변화시킬 수 있는가?
Seewha Cho 지음 | 심성보·조시화 옮김 | 280쪽 | 값 14,000원

 04 마이클 애플의 민주학교
마이클 애플·제임스 빈 엮음 | 강희룡 옮김 | 276쪽 | 값 14,000원

 05 21세기 교육과 민주주의
넬 나딩스 지음 | 심성보 옮김 | 392쪽 | 값 18,000원

  06 세계교육개혁:
민영화 우선인가 공적 투자 강화인가?
린다 달링-해먼드 외 지음 | 심성보 외 옮김 | 408쪽 | 값 21,000원

 07 콩도르세, 공교육에 관한 다섯 논문
니콜라 드 콩도르세 지음 | 이주환 옮김 | 300쪽 | 값 16,000원
2019세종도서학술부문

 08 학교를 변론하다
얀 마스켈라인·마틴 시몬스 지음 | 윤선인 옮김
252쪽 | 값 15,000원

 09 존 듀이와 교육
짐 개리슨 외 지음 | 심성보 외 옮김 | 376쪽 | 값 19,000원

 10 진보주의 교육운동사
윌리엄 헤이스 지음 | 심성보 외 옮김 | 324쪽 | 값 18,000원

 11 사랑의 교육학
안토니아 다더 지음 | 심성보 외 옮김 | 412쪽 | 값 22,000원

비고츠키 선집 시리즈 발달과 협력의 교육학 어떻게 읽을 것인가?

 생각과 말
레프 세묘노비치 비고츠키 지음
배희철·김용호·D. 켈로그 옮김 | 690쪽 | 값 33,000원

 성장과 분화
L.S. 비고츠키 지음 | 비고츠키 연구회 옮김
308쪽 | 값 15,000원

 도구와 기호
비고츠키·루리야 지음 | 비고츠키 연구회 옮김
336쪽 | 값 16,000원

 연령과 위기
L.S. 비고츠키 지음 | 비고츠키 연구회 옮김
336쪽 | 값 17,000원

 어린이 자기행동숙달의 역사와 발달 I
L.S 비고츠키 지음 | 비고츠키 연구회 옮김
564쪽 | 값 28,000원

 의식과 숙달
L.S 비고츠키 | 비고츠키 연구회 옮김
348쪽 | 값 17,000원

 어린이 자기행동숙달의 역사와 발달 II
L.S. 비고츠키 지음 | 비고츠키 연구회 옮김
552쪽 | 값 28,000원

 분열과 사랑
L.S. 비고츠키 지음 | 비고츠키 연구회 옮김
260쪽 | 값 16,000원

 어린이의 상상과 창조
L.S. 비고츠키 지음 | 비고츠키 연구회 옮김
280쪽 | 값 15,000원

 성애와 갈등
L.S. 비고츠키 지음 | 비고츠키 연구회 옮김
268쪽 | 값 17,000원

 비고츠키와 인지 발달의 비밀
A.R. 루리야 지음 | 배희철 옮김 | 280쪽 | 값 15,000원

 흥미와 개념
L.S. 비고츠키 지음 | 비고츠키 연구회 옮김
408쪽 | 값 21,000원

 정서학설 I
L.S. 비고츠키 지음 | 비고츠키 연구회 옮김
584쪽 | 값 35,000원

 정서학설 II
L.S. 비고츠키 지음 | 비고츠키 연구회 옮김
480쪽 | 값 35,000원

 수업과 수업 사이
비고츠키 연구회 지음 | 196쪽 | 값 12,000원

 관계의 교육학, 비고츠키
진보교육연구소 비고츠키교육학실천연구모임 지음
300쪽 | 값 15,000원

 비고츠키의 발달교육이란 무엇인가?
비고츠키교육학실천연구모임 지음 | 412쪽 | 값 21,000원

 비고츠키 생각과 말 쉽게 읽기
진보교육연구소 비고츠키교육학실천연구모임 지음
316쪽 | 값 15,000원

 비고츠키 철학으로 본 핀란드 교육과정
배희철 지음 | 456쪽 | 값 23,000원

 교사와 부모를 위한 비고츠키 교육학
카르포프 지음 | 실천교사번역팀 옮김 | 308쪽 | 값 15,000원

 비고츠키와 마르크스
앤디 블런던 외 지음 | 이성우 옮김 | 388쪽 | 값 19,000원

 혁신학교
성열관·이순철 지음 | 224쪽 | 값 12,000원

 대한민국 교사, 어떻게 가르칠 것인가?
윤성관 지음 | 320쪽 | 값 15,000원

 행복한 혁신학교 만들기
초등교육과정연구모임 지음 | 264쪽 | 값 13,000원

 아이들을 어떻게 가르칠 것인가
사토 마나부 지음 | 박찬영 옮김 | 232쪽 | 값 13,000원

 서울형 혁신학교 이야기
이부영 지음 | 320쪽 | 값 15,000원

 모두를 위한 국제이해교육
한국국제이해교육학회 지음 | 364쪽 | 값 16,000원

혁신교육, 철학을 만나다
브렌트 데이비스·데니스 수마라 지음
현인철·서용선 옮김 | 304쪽 | 값 15,000원

 경쟁을 넘어 발달 교육으로
현광일 지음 | 288쪽 | 값 14,000원

 혁신교육 존 듀이에게 묻다
서용선 지음 | 292쪽 | 값 14,000원

 독일 교육, 왜 강한가?
박성희 지음 | 324쪽 | 값 15,000원

 다시 읽는 조선 교육사
이만규 지음 | 750쪽 | 값 33,000원

 핀란드 교육의 기적
한넬레 니에미 외 엮음 | 장수명 외 옮김 | 456쪽 | 값 23,000원

 대한민국 교육혁명
교육혁명공동행동 연구위원회 지음 | 224쪽 | 값 12,000원

 한국 교육의 현실과 전망
심성보 지음 | 724쪽 | 값 35,000원

경쟁과 차별을 넘어 평등과 협력으로 미래를 열어가는 교육 대전환! 혁신교육 현장 필독서

 교실 속으로 간 이해중심 교육과정
온정덕 외 지음 | 224쪽 | 값 13,000원

 초등 백워드 교육과정
설계와 실천 이야기
김병일 외 지음 | 352쪽 | 값 19,000원

 포스트 코로나 시대의 교육
성열관 외 지음 | 224쪽 | 값 15,000원

 학습격차 해소를 위한 새로운 도전
보편적 학습설계 수업
조윤정 외 지음 | 240쪽 | 값 15,000원

 내일 수업 어떻게 하지?
아이함께 지음 | 300쪽 | 값 15,000원

 마을교육공동체란 무엇인가?
서용선 외 지음 | 360쪽 | 값 17,000원

 학교의 미래,
전문적 학습공동체로 열다
새로운학교네트워크·오윤주 외 지음 | 276쪽 | 값 16,000원

 강화도의 기억을 걷다
최보길 지음 | 276쪽 | 값 14,000원

 마을교육공동체
생태적 의미와 실천
김용련 지음 | 256쪽 | 값 15,000원

 체육 교사, 수업을 말하다
전용진 지음 | 304쪽 | 값 15,000원

 학교폭력, 멈춰!
문재현 외 지음 | 348쪽 | 값 15,000원

 평화의 교육과정 섬김의 리더십
이준원·이형빈 지음 | 292쪽 | 값 16,000원

 학교를 살리는 회복적 생활교육
김민자·이순영·정선영 지음 | 256쪽 | 값 15,000원

 마을교육과정을 그리다
백윤애 외 지음 | 336쪽 | 값 16,000원

 삶의 시간을 잇는 문화예술교육
고영직 지음 | 292쪽 | 값 16,000원

 혁신교육지구와 마을교육공동체는
어떻게 만들어지는가?
김태정 지음 | 376쪽 | 값 18,000원

 미래교육을 디자인하는
학교교육과정
박승열 외 지음 | 348쪽 | 값 18,000원

 아이들을 어떻게 가르칠 것인가
사토 마나부 지음 | 박찬영 옮김 | 232쪽 | 값 13,000원

 교실 속으로 간 이해중심 통합교육과정
온정덕 외 지음 | 224쪽 | 값 15,000원

 코로나 시대,
마을교육공동체운동과 생태적 교육학
심성보 지음 | 280쪽 | 값 17,000원

혐오, 교실에 들어오다
이혜정 외 지음 | 232쪽 | 값 15,000원

수업, 슬로리딩과 함께
박경숙 외 지음 | 268쪽 | 값 15,000원

물질과의 새로운 만남
베로니카 파치니-케처바우 외 지음 | 240쪽 | 값 15,000원

그림책으로 만나는 인권교육
강진미 외 지음 | 272쪽 | 값 18,000원

수업 고수들
수업·교육과정·평가를 말하다
박현숙 외 지음 | 368쪽 | 값 17,000원

아이들의 배움은 어떻게 깊어지는가
이시이 준지 지음 | 방지현·이창희 옮김
200쪽 | 값 11,000원

미래, 공생교육
김환희 지음 | 244쪽 | 값 15,000원

들뢰즈와 가타리를 통해 유아교육 읽기
리세롯 마리엣 올슨 지음 | 이연선 외 옮김
328쪽 | 값 17,000원

혁신고등학교, 무엇이 다른가?
김현자 외 지음 | 344쪽 | 값 18,000원

시민이 만드는 교육 대전환
심성보·김태정 지음 | 248쪽 | 값 15,000원

평화교육
과거, 현재 그리고 미래를 그리다
모니샤 바자즈 외 지음 | 권순정 외 옮김 | 268쪽 | 값 18,000원

대전환 시대 변혁의 교육학
진보교육연구소 교육과정연구모임 지음
400쪽 | 값 23,000원

서울대 10개 만들기
김종영 지음 | 348쪽 | 값 18,000원

선생님, 통일이 뭐예요?
정경호 지음 | 252쪽 | 값 13,000원

함께 배움
학생 주도 배움 중심 수업 이렇게 한다
니시카와 준 지음 | 백경석 옮김 | 280쪽 | 값 15,000원

다정한 교실에서 20,000시간
강정희 지음 | 296쪽 | 값 16,000원

즐거운 세계사 수업
김은석 지음 | 328쪽 | 값 13,000원

밥상혁명
강양구·강이현 지음 | 298쪽 | 값 13,800원

학교를 개선하는 교장
지속가능한 학교 혁신을 위한 실천 전략
마이클 풀란 지음 | 서동연·정효준 옮김 | 216쪽 | 값 13,000원

선생님, 민주시민교육이 뭐예요?
염경미 지음 | 244쪽 | 값 15,000원

교육혁신의 시대
배움의 공간을 상상하다
함영기 외 지음 | 264쪽 | 값 17,000원

도덕 수업, 책으로 묻고 윤리로 답하다
울산도덕교사모임 지음 | 320쪽 | 값 15,000원

교육과 민주주의
필라르 오카디즈 외 지음 | 유성상 옮김
420쪽 | 값 25,000원

교육회복과 적극적 시민교육
강순원 지음 | 228쪽 | 값 15,000원

비판적 미디어 리터러시 가이드
더글러스 켈너·제프 셰어 지음 | 여은호·원숙경 옮김
252쪽 | 값 18,000원

지속가능한
마을, 교육, 공동체를 위하여
강영택 지음 | 328쪽 | 값 18,000원

참된 삶과 교육에 관한
생각 줍기